NEW 蓝狮子策划
MADE-IN-CHINA | MOOK 02

新国货浪潮

NEW MADE-IN-CHINA

中国城市商业密码

何丹　主编

云南出版集团
云南人民出版社

新闻债

实际上是一

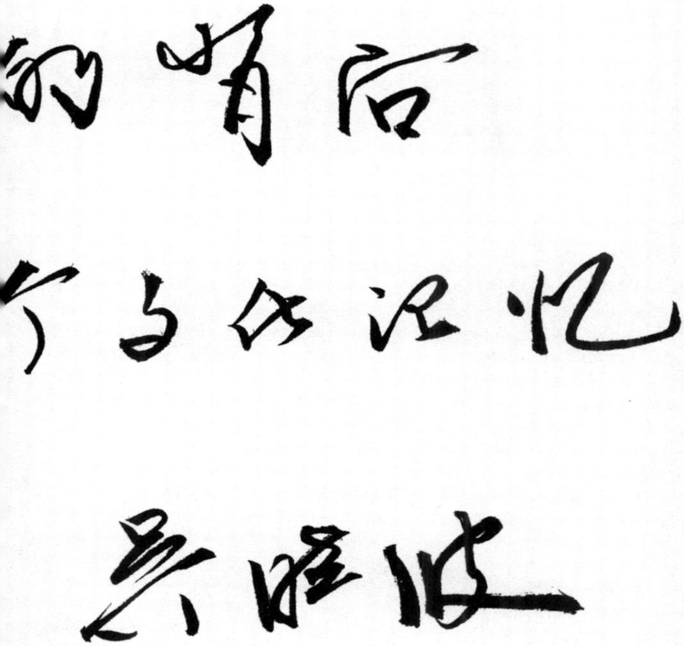
吴晓波

目录

大国风物

文 / 郭旻汐

十里不同风，百里不同俗。

江河湖海，山地高原，寒温气候，都对文化产生影响，使其各具特色。中国土地的幅员辽阔，在造就了中国的地理文化差异之外，也造就出不同的经济文明及产业。而化妆品行业不仅与民生消费、科学研究息息相关，同时也是营销的“灯塔行业”。历史是根，地理是基，不同时期的中国历史以及地理环境，则造就了现如今生机盎然但也充满腥风血雨的中国美妆江湖。

纵观当下中国美妆江湖，则是“三足鼎立”的状态，分别是珠三角地区为首的“广州大佬”、长三角地区以上海及杭州为代表的“小资贵族江浙沪”、北方地区异军突起的“山东西安美妆技术派”。“三足鼎立”背后的故事，折射了整个中国化妆品行业的变迁乃至中国经济的发展历程。

从时间线来看，早在20世纪初，中国最早出现的一批如“百家利”“大成”“三凤”“广生行”“唐裕生”等化妆品品牌，大多设立在上海，这其中还包括历史最悠久的中国化妆品企业——上海家化。直到改革开放初期，是中国美妆产业的第一阶段，也被称为“游击队的零星战斗”时期。

时至今日，上海仍然是“中国品牌”的代表城市，不少优质的老牌国货都源于上海，这与上海优越的地理位置和悠久的历史沿革有着密切的关系。

早在19世纪末，外国商品和外资便纷纷涌进长江门户，在上海开设行栈、设立码头、划定租界、开办银行等，给上海带来了诸多方面的影响，如高度包容的文化、繁荣多样的经济和自由博洽的思想。而作为中国最早期化妆品行业的兴盛之地，国际外资品牌的入驻则带动了上游原料厂以及生产企业的发展，上海也为江浙沪乃至全中国铺设了化妆品行业的供应链基石并储备了人才。譬如现如今的薇诺娜、花西子、毛戈平等优秀美妆品牌，均坐落在以上海为中心的江浙沪地区。

中国现代化妆品的历史，是直到改革开放后的1981年，资生堂在北京设立新中国第一家专柜开始的，到现在才刚刚走过40年的历程。20世纪八九十年代，外资品牌的大量涌入正式拉开中国美妆品牌竞争帷幕，以广州化妆品企业为中心代表的第一代国货美妆品牌由此诞生。

迄今为止，广州仍然是中国化妆品行业的“老大哥”。从1982年到1994年，是中国化妆品行业崭露头角的“幼年阶段”，年增长速度在30%～50%。此时，作为化妆品工业的一环，化妆品代工企业开始出现。广州则成了化妆品生产企业创立的高峰地区，但大多是为外资企业代工生产商品，渠道也以批发流通货为主。

但正是依托广州逐渐成形的供应链环境，特别是21世纪初中国加入世界贸易组织后，则开始诞生真正意义上的第一批中国当代化妆品国货品牌，以1998年丹姿在广州的诞生为品牌代表，拉芳、丸美、卡姿兰、美肤宝等品牌均诞生于广东。日后，这些品牌与诞生在江浙沪的自然堂、珀莱雅、欧诗漫等一同，成为CS渠道（即线下化妆品店渠道）的王者。

这一批在今天被视为“经典国货”的美妆品牌的崛起，则为中国美妆产业的第二阶段。国货品牌如群星般闪耀，他们在与国际大牌打交道的过程中，摸索出一套符合当时传播环境的行之有效的营销及成长模式：签约明星代言人、拍摄硬广、买下黄金时段的电视媒体资源进行广告轰炸、占领“代理商+知名终端”以获得市场、召开渠道订货会并联合代理商在线下渠道终端做动销拉动销量，稔熟这套操作手法的国货们成为上一时代行业的宠儿。

历史的车轮滚滚向前，支撑起中国真正意义上第一批经典国货品牌崛起的CS渠道、80后消费者已经步入中年，新一代年轻消费者已经成长起来，以Z世代（95后、00后们）为目标受众的新锐品牌们，选择电商平台、社交媒体（简称社媒）及KOL作为营销的主阵地，在2018年前后迎来急剧变化的新时代，迎来了行业的“新锐品牌阶段”。这也是中国美妆产业的第三阶段，新锐品牌崛起于各大电商社媒平台，以DTC的形式发展壮大。

在这轮从线下到线上的市场切换中，今天中国市场上知名的新锐国货品牌大多诞生于2017—2021年这5年间，它们借助社媒营销声名渐起，如完美日记、Home Facial Pro、花西子等，从彩妆、护肤，再到个护香水，如璀璨的群星集体崛起，已然成为中国化妆品市场不可小觑的新一代品牌力量。

而这些新锐国货品牌的出现，背后则是基于电商以及社交媒体行业的迅速发展，不仅改写了过往品牌的起盘方式，也改写了化妆品品牌在全国的布局：尽管广州仍然作为化妆品行业的“老大哥”，但从长三角地区的上海、杭州，再到北方的山东及西安等地区，都诞生了不少新锐国货品牌，逐渐形成“三足鼎立”的中国美妆江湖。

迄今为止，国货美妆发展的能力无论从渠道到营销都有了长足的进步以及完善的生态体系，但整个化妆品行业与国际大牌相比，仍是“大而不强”的现状，尤其体现在科研技术层面，譬如独创原料以及自有研发体系。

而在中国美妆江湖的北面，我们也看到了以山东及西安为首的北方地区在美妆技术层面的突破与创新，这则与当地药企的基础及高校人才的浓厚科研背景有着密不可分的关系，构建了中国美妆品牌坚实的护城河。

在这样的变迁背后，是哪些力量在行业的水面之下默默支撑美妆品牌的繁荣生态？他们集中在哪些省份，又有哪些角色，并有着怎样的分工协同？

我们将以“美妆”为切入点，探析宝洁系、潮汕帮的崛起，广州美妆存在的现状（及未来）等内容，延伸到江浙沪、山东等美妆重镇的行业发展，梳理美妆对于新国货的参考价值。

中国化妆品产业三个历史阶段

AFTER 2018 新时代的开篇

SNS KOL　Z世代　碎片化圈层化　新一代品牌崛起　DTC品牌

HEDONE　植观　薇诺娜　美康粉黛　WIS　完美日记

2018 HFP

1998-2018 国货品牌的集体崛起

品牌： 百雀羚、欧诗漫、卡姿兰、御泥坊、舒克
温碧泉、韩后、雅丽洁、奥谷生物、高姿
（2018中国化妆品国际TOP20品牌榜）

2017 御家汇、珀莱雅拉芳、名臣健康上市

2012 御泥坊

2008 水密码 玛丽黛佳

2006 珀莱雅

CS专营店　韩妆风潮　电商崛起　IPO

2002 自然堂 韩束

2002 拉芳、卡姿兰上海家化上市

2000 丸美 相宜本草

1999 美肤宝

1998 佰草集 丹姿集团

BEFORE 1998 游击队的零星战斗

品牌： 双妹、友谊、雅霜、美加净、羽西、郁美净
谢馥春、孔凤春、丁家宜、霞飞、大宝

1997 欧莱雅正式进入中国

1991 美国庄臣与上海家化成立合资公司

1988 广州宝洁成立

1981 资生堂在北京商场开售

1978 改革开放

国际品牌　百货商场

广州

国货美妆风云

在中国美妆江湖版图中，广州无疑是一个绕不开的城市。

在数量上，广州是占据了中国化妆品企业半壁江山的老大哥。药监局官网的化妆品生产许可企业数据显示，截至2022年1月，全国一共有5234家化妆品生产企业，而在广东的企业就占据了3008家，占比约57%，是第二名浙江省（455家）的6.6倍多。

在2020年9月第一财经商业数据中心（CBNData）与天猫联合发布的《城市商业创新力——2020新国货之城报告》中显示，在广

广州地区国货品牌行业消费规模偏好度

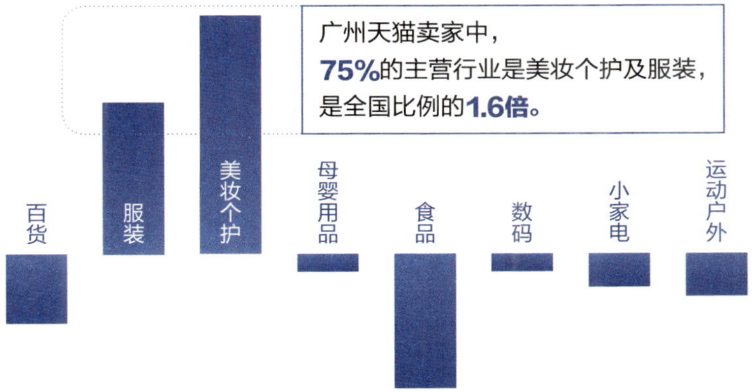

2020美妆行业城市榜

1 广州市　2 上海市　3 杭州市　4 济南市　5 北京市

6 南京市　7 长沙市　8 昆明市　9 郑州市　10 通化市

"海洋的意义是鼓励人类重视商业利润，
向海外发展，从而引发重商主义，
引领经济体制的发展方向。
重商主义是资本主义发展的前提。"

——黑格尔

州天猫卖家中，75%的主营行业是美妆个护和服饰，是全国比例的1.6倍，广州的颜值产业在全国的领域可谓是"一骑绝尘"。

广州美妆产业的一骑绝尘，离不开时代的机遇与产业的积淀，也离不开几代的蜕变与沉浮。

广州的海洋基因造就商业文明

作为千年商都，广州是海上丝绸之路[①]的重要起点，海洋文明孕育了重商重利且开放的岭南文化。

从地理位置来看，岭南居南海之滨，有漫长的海岸线及河流。一有珠江水系聚集内地产品，经天然良港转输海上；二有季候风吹送，帆船行驶便捷；三有邻近的环南海周边的弧形岛国，即东南亚地区，可通过南海而作彼此间的经济文化交流。[②]

在历史上，广州很早就是中国海外贸易中心，是中外文化的交流窗口。

早在唐玄宗开元年间(713—741年)，广州就设置了由宦官担任的

① 中国境内海上丝绸之路主要由广州、泉州、宁波三个主港和其他支线港组成。2017年4月20日，国家文物局正式确定广州为海上丝绸之路申遗牵头城市，联合南京、宁波、江门、阳江、北海、福州、漳州、莆田、丽水等城市进行海上丝绸之路保护和申遗工作。

② 叶显恩：《岭南文化与海洋文明》，https://www.docin.com/p-472571562.html，2007年7月9日。

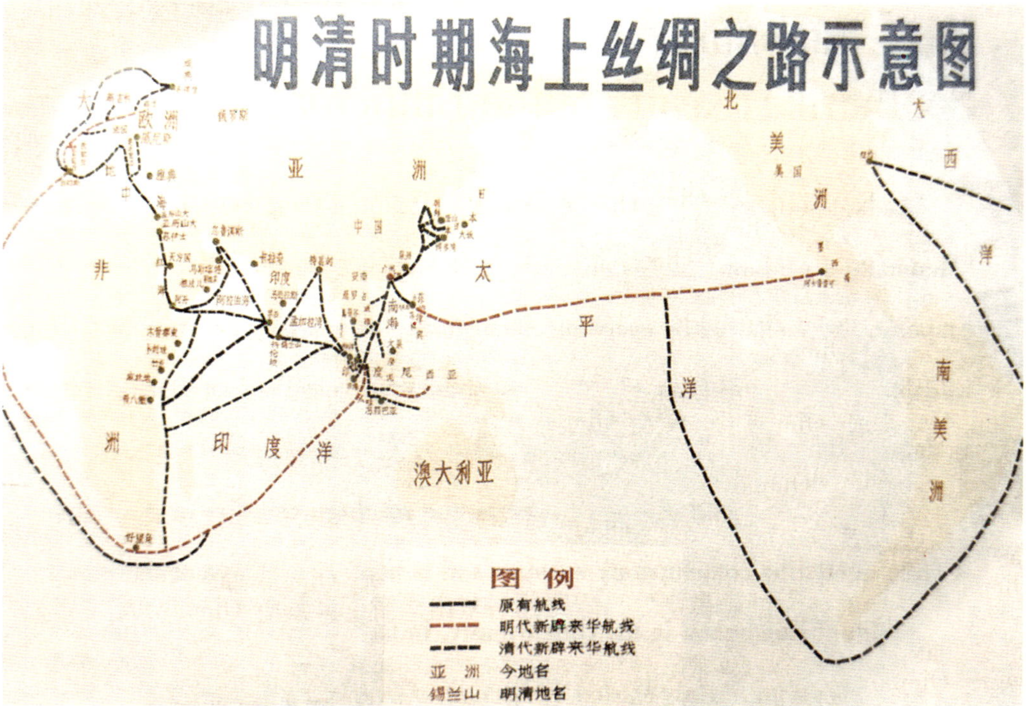

明清时期海上丝绸之路示意图（图片来源：《中国广州：海上丝绸之路发祥地》[③]）

市舶使，也是我国历史上第一个海关。彼时海外的僧侣、中外使节、商人，都沿着海上丝路前来广州，或由广州转往京都。岭南由此开始了东西文化的交流、碰撞和融合，国外的舶来品也随之纷纷踏入中国。“连天浪静长鲸息，映日帆多宝舶来”描写的就是唐代的南国重镇——广州港。

而广州优渥的海运地理位置，不仅让广州成为世界级大港，也为其后来的制造运输业铺下了坚实的基础，成为中国的东大门，连接中国与海外的桥梁。

尽管到了清代，政府实行海禁政策，但广州港仍然为中国海上丝绸之路上唯一对外开放的贸易大港，清政府则将对外贸易锁定在

③ 中共广州市委宣传部：《中国广州：海上丝绸之路发祥地》，广东人民出版社，2017。

十三行，也就是后来人们口中所讲的“一口通商”时期。

在广州被确定为与西方独口通商口岸后，西方各国前来广州的商人，在广州十三行商人的中介下做商品交易，广州十三行商人逐渐取代徽、晋商人成为当时的国内首富。其中一位商人伍秉鉴，私人财产达2600万两银币（当时美国最富有的人也只有700万两），被认为是当时世界上最大的商业资本。

第一次鸦片战争爆发后，按照《南京条约》规定，清廷开放五口通商，虽然广州也名列其间，但已经失去了在进出口贸易方面的独家优势，可广东的商业活动依然很活跃，早期活跃在上海的买办仍是“半皆粤人为之”。后来随着中国生产力的发展和科技的进步，大海载着的经济文化之舟不断冲破地域的壁垒，为后来的改革开放奠定了坚实的基础。

南国春早，广东争先

20世纪80年代开始，民间流传着一句俗语：“东西南北中，发财到广东。”随着改革开放的春风，内地成千上万的年轻人，背井离乡乘坐南下的火车，来到广东打工。甚至许多在机关和企事业单位工作的人员，纷纷放弃在传统体制内的位置，千里迢迢来到广东寻找“淘金发财”的机遇。

民工南下的风潮，为广州这座城市改革开放后的迅速发展以及基础建设，提供了大量的劳动力。广州地区以其改革开放前沿的优势，伴随着生产力的发展，投资引商的深入，各行业的先进技术迅速掌握其中，广货开始大行其道。在当时，广州全市工业品75%以上供应着全省、全国并出口。

在民间，也流传着“吃广州粮，饮珠江水”的说法，如内地卖的饼干大多是广州产的，如今的威化、克力架，这些命名也都是粤语发音的音译。同时，在广东产的电器以及服饰，因其新颖美观且物美价廉的款式，当时也成了国内的潮流风向标。因此也有了“远看是洋货、近看是广货”现象的出现，广州商业经济飞速扩张。

而这一现象，则与1984年广州开发区正式奠基后创新的体制政策，所吸引的大量外资企业进驻广州有关。不同于北方以天津开发区为代表“主张开发区就是要高精尖且一般项目不让进”的做法，广州开发区从一开始就提出要以“简政、高效、亲商、务实”的原则开发这片土地，当时在全国首创了“一个窗口对外”、“一站式”办公、“一条龙”服务等制度。这些卓有成效的体制创新，为后来外资大量进入中国创造了良好条件。①

几乎在一夜之间，珠三角遍地都是港资、台资企业和外资企业。广州开发区正式奠基4年后的1988年，中国的第一家合资企业——宝洁（中国）有限公司在广州正式成立，为后来广东快速消费品行业的大规模发展打下了坚实的基础。

中国商界的“黄埔军校”

宝洁全球前首席执行官兼董事长雷富礼（A.G.Lafley）这样回忆当初到中国考察旅行时的场景：“今天（2009年）与20年前相比是一件非常有趣的事情。当时我认为中国不是一个消费社会。我记得走进工厂后发现，在周末工厂将会在衣帽间和澡堂为男性和女性提供洗

① 北京大学汇丰商学院跨国公司研究项目组：《与中国一起成长：宝洁公司在华20年》，北京大学出版社，2009。

1988年年底，第一批海飞丝洗发露在肥皂厂出产（图片来源：《与中国一起成长：宝洁公司在华20年》①）

澡用品，即香皂和洗发剂。我们在一些大的工作单位达成的业务要远远超出许多中小型单位。因此当时的中国还不是一个消费社会，而仍然是一个生产社会。”

宝洁决定进军中国这块尚未被开发的巨大市场，是看到了中国在改革开放后经济的飞速发展和社会稳定、超10亿人口的巨大市场以及不断攀升的国内电视机普及率。选择在广州登陆，则考虑到了这座城市的特殊性：灵活的投资环境以及毗邻港澳对人才招募的便利。

20世纪80年代，当时的香港已经是国际大都市。广州毗邻香港，对人才的招募有着积极的帮助，解决了宝洁第一批外派人员的生活、子女教育等现实问题。当年不少人才就是通过香港这座城市

① 北京大学汇丰商学院跨国公司研究项目组：《与中国一起成长：宝洁公司在华20年》，北京大学出版社，2009。

被招聘来到广州，过着工作日在广州上班、周末返回香港的“双城”生活。

1988年的中国市场还有着计划经济的痕迹，按照中国政府的规定，外资企业进入中国必须与当地的企业合资。宝洁最终选择的合资伙伴是当时的广州肥皂厂和香港和记黄埔集团。

随着后来宝洁在中国市场大面积地取得成功，大批与化妆品相关的原料供应商、包装供应商纷纷登陆广东。一份宝洁成立三十周年的材料中显示：“宝洁50%的投资在广东，包括了亚洲较大的工厂、数字创新中心以及最新的设备投资。宝洁每年在广东采购的商品和服务总额达数十亿元人民币，涉及200多家公司。”在当时，200多家公司，几十亿采购额这样的体量，在国内厂商与国际巨头的短兵相接中，助益了不少在广州OEM供应商的生产技术和管理水平。

宝洁对消费者研究深入骨髓的能力，很早就实行的品牌经理制度，以及在中国拥有较大的自主权，让宝洁中国的团队可以反复地实验各种想法，这些特质，让宝洁在中国培养了一批高效的人才团队，宝洁中国也被誉为中国商界的“黄埔军校”，尤其为中国美妆日化市场输送了大批专业人才。

随着中国民营经济的崛起，广州以其地理优势和政策优势，在化妆品生产企业中，股份制及私营企业占到了近八成。

那时候，多数日化产业上游的原料大部分掌握在国际公司手中，而这些企业的亚太区代表驻地大多数设于香港，而非如今的上海，这让位置上接近香港的广州有着天然的地理优势。且当时的行业大部分采取的是代理商分销的业务模式，早期分销商大多数具有港台背景。因此，下游的品牌把工厂建在广州，沟通上便捷度高。

与此同时，作为化妆品工业的一环，化妆品代工企业开始在广州批量出现。20世纪90年代是广州化妆品生产企业创立的高峰。进入21世纪，随着中国加入世界贸易组织，广州化妆品生产企业加速发展。如栋方股份、广东芭薇等业内知名的化妆品企业正是在2001年到2006年期间成立的。

“三元里”美妆批发商圈

除了化妆品代工厂之外，一个名叫“三元里”的地方，则成了亚洲最大的化妆品批发市场之一。

2000年前后，全国各地卖的化妆品大多是从此市场批发出货，三元里街化妆品商圈在当时已经拥有几千个化妆品商铺，分布在美博城、兴发广场、怡发广场、怡发国际、泰安广场、鸿发广场、润发广场和顺发广场这些化妆品市场。

当时，兴发广场和美博城是亚洲最大的美妆批发商圈。那时的商铺老板主要以批发“走量”的流通货进行销售，也就是从厂家进货再转手销售，或者自己注册商标再找工厂代工。“那时候做这行的还比较少，生意也非常好，入秋时候的润肤膏霜卖得很火，凌晨2点还在开单。”一位从1996年起就在兴发广场租下20多平方米店铺的张女士回忆道。

后来，随着更多同行的不断加入，市场上的商铺也愿意不局限于“价低量多”的流通货，商家们开始有了最初的品牌意识，开始开设自己的工厂，也有工厂开始在兴发广场设立展示铺位展示自己的品牌形象和产品品质。时至今日，兴发广场仍是全中国最具影响力的化妆品批发市场，先后孵化出丹姿、珀薇、好迪等国货品牌。娇兰佳人董事长蔡汝青、妍丽董事长周冠伦也都曾在兴发广场打拼过。在中国化妆品市场一路高歌的40年里，兴发广场承载了非常多的历史意义。

广州美妆黄金时代

古语有谓："三十年为一世而道更。"如果以此为单位，那么中国国际美博会（CIBE，原广州美博会，以下简称美博会）正好走过了一世。

1989年，中国人的美容意识、商业意识都刚刚萌芽。虽然中国最大的国际交易盛会——广交会已连续举办了32年，但在当时的产业结构中，美容化妆品还只是归属于饮食服务里的一个小板块。

1989年，第一届广州国际美博会召开。

"那还是一个'雪花膏'的时代，美容化妆品被人们认为是奢侈品，因此举办美博会这样一个展会的难度可想而知，"中国国际美博会创始人马娅回忆道，"在招展和推广方面都很困难。我们在招展和招商时要一个一个去说服，才有了最初的1000多平方米面积，50多个展位的展览。"

30年来，从过去本土企业的野蛮发展，到如今的规模化发展和百花齐放的产业格局，广州美博会见证了化妆品产业中最具商业触觉的商人成长为身价数十亿乃至百亿的企业家的历程。

1999年，丹姿的创始人张楚标带着丹姿团队第一次参展美博会。

红头船

指清代潮州与南洋（东南亚一带）航运远洋船队所用帆船，船头油漆成红色，并画上两颗大眼睛，像一条大鱼。船首的大眼睛寓意这艘船在穿越大海时能够更好地看清航路，象征着保持正确方向。红头船曾经是中国同世界各地经济和文化交流的纽带。潮汕地区是红头船的故乡和始发地，大多数潮汕先辈为了生存和梦想，驾着红头船远渡重洋。红头船可乘坐数百人，载重量几百吨。每年9到10月左右启航，顺风一个半月即可抵达暹罗国（今泰国）。图为1847年中国外销画画家所画的“耆英号”，该船有明显的“红头船”特征。1846年被英国人购入，一路行驶，抵达波士顿与纽约。

香港海事博物馆藏图《耆英号》（图片来源：《东帆西扬：“耆英号”之航程（1846—1855）》[1]）

① [英]戴伟思：《东帆西扬：“耆英号”之航程（1846—1855）》，浙江：浙江大学出版社，2021年

“在广州流花路中国出口商品交易会展馆中，我们带着自己上油漆的木架展示产品。”当时参展人并不多，参展厂家也少，“大家都在做洗发水、洗面奶等产品”，品牌意识不强、营销意识薄弱是彼此的通病。但“美博会不仅为我们起到了招商作用，当时还有一些户外的形象宣传，现场对品牌的传播起到了相当大的作用。几乎每次参展都能收获8到10个客户”。张楚标的话颇能代表不少本土企业的心声。

“农村包围城市”的潮汕帮

环顾广州的美妆品牌，如丹姿、卡姿兰、拉芳、温碧泉、立白、万邦的雅邦、名臣的蒂花之秀、飘影、雅丽洁，再到美妆连锁店屈臣氏等，我们发现，这些品牌的创始人都来自广东潮汕地区②，业内也将他们称之为美妆品牌的“潮汕帮”。

回溯“潮汕帮”历史，潮汕人的生意经与“红头船”的历史息息相关。所谓“红头船”，是指清时潮汕与南洋航运远洋船队所用帆船，因船头漆成朱红色而得名。

1858年，列强逼迫清政府将汕头设为通商口岸，许多潮汕人便离开了地少人多的潮汕地区，前往东南亚、香港等地从事种植、商业和转口贸易业，这些人也有一个当地的称谓——“番客”。

古时潮汕人称南洋为“番”，而潮汕人几乎家家户户都有在番邦的亲戚或家人，每逢番邦亲人回乡探亲，潮汕人便亲昵地称呼侨胞们为“番客”。“红头船”时期，有许多经营红头船商贸生意的家族，一听说番客回来，大家都特别高兴，一方面是久别的亲人归来，一方面是番客会带来许多外国的优质食品、日化用品及外来文化。

② 潮汕地区在地域上为潮州、汕头、揭阳三个地级市的统称。

“潮汕帮”创建的美妆品

数据来源：聚美丽2021

1989	1992	1994	1994	1996	1998
雅倩集团	**万邦集团**	**立白集团**	**广东名臣**	**飘影集团**	**拉芳家化**
缤丽 / 佳雪	雅邦 / 兰瑟	立白 / 好爸爸	蒂花之秀 / 美王	飘影	拉芳 / 美多丝 / 雨洁 / 圣峰
玉丽 / 清逸	悠姿	超威	可妮维CROIRE	柏亚化妆品	**丹姿集团**
名兰		蓝天六必治		孔凤春	丹姿 / 水密码 / 他能量

在当时，对于生活用品功能仅停留于“洗得干净”的大部分国人，突然用到一瓶番客们从海外带来的“洗完头发顺滑又香气宜人”的洗发水，着实新鲜又好奇，这潜移默化地改变了沿海一带人民的生活习惯。

随着改革开放，汕头港口凭借特殊的区位优势，成为与外资往来的重要港口，许多国外的化妆品从汕头港运往国内。与此同时，汕头特区的政策也吸引着外资的入驻，这些外资企业绝大多数是海外潮汕人独资或合资、合作创办。改革开放30年以来，其在潮汕地区外商投资企业总户数和实际利用外资总额中几占一半左右。

一有港口以及番客带来当时海外先进的生活理念及日化用品，二有海外潮人（华侨）在家乡踊跃投资兴办实业，从一定程度上促进了整个广东化妆品行业的建设和发展，也孕育了后来美妆江湖中远近闻名的“潮汕帮”。宗族观念很强的潮汕人，喜欢以一句“胶己人”来链接相互认同的人际关系，意为自己人的意思。市面上的批发以及零售渠道很多是潮汕系，潮汕人对彼此的认同感强，有互相帮衬，共同发财的理念，一句俗语“胶己人，拍死无相干！”（意思为：自己人，打死没关系）不仅使得他们总是能拿到最便宜的货源，开店赚钱也比其他地域的人更容易一些，因此也造就了潮汕独有的家族企业。

2017年3月13日，拉芳家化在上交所主板挂牌上市，标志着拉芳成为13年来国内第一只A股日化上市公司。而对于业界及市场投资者

立白集团

“潮汕帮”的代表企业还有立白。立白的创始人陈凯旋陈凯臣兄弟俩早年以贸易公司起家，销售洗衣粉、洗发水、香皂等日化百货。到1991年前后，陈凯旋发现，简单的“拿货”“代理”的模式已经难以为继，甚至陷入亏损。

陈凯旋决定创立自己的品牌。1991年5月8日，陈凯旋注册了“立白”商标，开始贴牌生产立白洗衣粉。1994年，陈凯旋将立白从普宁搬到了广州。“白天当老板，晚上睡地板”，是那个年代潮汕创业者的真实写照。在日化林立的广州，立白凭着潮汕人的一股冲劲，打破宝洁垄断，拿下了多个行业第一。

1998年2月，广州立白企业集团有限公司成立（图片来源：企业提供）

来说，更引人注目的是拉芳上市背后长达4年的IPO之路以及招股书中现身的30多位拉芳“亲戚”。

多达30位的“亲友团”现身于IPO的招股书中，这在A股上市过程中也是比较罕见的。但从拉芳招股书披露的信息中可解读，家族关系对创业的重要性以及稳定性有着举重若轻的地位，我们也从中窥视到拉芳集团这个家族是宗族观念很强的潮汕帮中的一个缩影。

拉芳家化掌门人吴桂谦的发家史也是一部从农村到城市的奋斗史。出生于汕头潮南区一个十口之家的吴桂谦，几十平方米的老房子里只有唯一的小窗户。吴桂谦兄弟的父亲吴荣成，育有“五男二女”，潮汕地区这一带有个风俗说法，生“五男二女”的人，是“好命人”，人丁兴旺。但民间俚语也有“五男二女受拖磨”，即儿女太多，父母会受尽拖累。

吴荣成夫妻与祖辈一样，都是耕稼陶渔的农民，每天日出而作，日落而归。为了让家人过得更好，吴桂谦选择从商。20世纪80年代，吴桂谦的母亲将亲戚资助修葺房屋的钱交给了他，吴桂谦开始做起了小生意。骑车拉过客，当过学徒，卖过蚊帐、塑料花等日用品，直到有一些积蓄后，吴桂谦开始认真考虑创业。第一次创业是卖音像盒，由于彼时正好是音像业辉煌发展的时代，磁带、录像带等也走进了千家万户，吴桂谦凭借着卖音像盒赚取了人生中第一桶金。

后来，音像业逐渐没落，吴桂谦也站在十字路口面临抉择。时逢90年代，中国化工原料市场需求量非常大，吴桂谦的一些客户向他提出，希望吴桂谦能帮助进口化工原料。于是，他找到了当时生产化工原料皂基最好的马来西亚有利凯玛公司，开始了化工原料的代理。在这个过程中，他萌生了办厂的念头。

1998年，吴桂谦筹办拉芳。吴桂谦有个三弟叫吴桂标，是飘影集团、柏亚国际掌门人。吴桂标同样也是靠皂基代理起家，之后再进入日化业。在一次进口皂基原料的贸易中，有个外商问他："吴先生，你为什么只做原料生意而不把这些原料制成成品出售呢？"于是1996年，吴桂标生产了第一块飘影美容香皂。吴桂谦兄弟转行进入洗涤及化妆品行业，事实上也是潮汕地区产业转型发展过程中的一个缩影。

在往后的时间中，随着"爱生活、爱拉芳"这句广告词被传遍大江南北，拉芳集团以"农村包围城市"的渠道模式，在乡镇市场的终端和批发渠道进行大规模的陈列和户外广告（刷墙、贴海报）宣传，再加上热门电视媒体的轰炸式宣传，开始抢夺日化行业的蛋糕。

在短短不到10年的时间里，面对外资品牌的强势进攻，拉芳通过这种方式，占据了被外资品牌忽视的乡镇农村市场，跨入了中国洗发水品牌市场占有率的前十名，成为中国日化界的领头企业。

以"农村包围城市"的渠道模式，是当时大部分品牌起盘的方式，他们大多都看到了外资巨头尚未重视的乡镇市场以及空白的价格带。除了"农村包围城市"的商超渠道，还有一种则为CS渠道（线下化妆品渠道），同样是潮汕人创立的品牌卡姿兰则走了CS渠道的路线。

在21世纪初，唐锡隆从一家国有企业中辞职，看到表哥销售日化用品做得风生水起，于是决定从当时投资少、竞争小的彩妆入行。而当时在中国市场，彩妆还被界定为奢侈品，国产彩妆更是凤毛麟角。被消费者广泛认知的品牌当属美宝莲，其进入中国市场已经6年，在国内彩妆市场是"一牌独大"的局面。而当时的美宝莲更多是在一二线城市的商超百货销售，广大的三四线乡镇仍然是个空白的市场。

卡姿兰进入市场的第一步就选择了刚萌芽的CS渠道进行终端操作，在广大的三四线市场以及一二线市场的边缘寻找商机。当时更多的化妆品店都是做单品零售的夫妻经营店，将一个个产品放在货架上卖，毫无美感可言。因此，唐锡隆提出“不做单品零售”的想法，销售商想要拿货，必须是一整套的卡姿兰产品，且需要配制有灯光、试妆镜一系列元素打造的专柜。这套做法现如今看来尽管已是线下专柜的“标配”，但在中国彩妆市场还鲜少有人谈及“品牌形象”的21世纪初，卡姿兰在终端形象方面的统一让当时的渠道客户开始有了品牌的理念。

与此同时，卡姿兰还邀请明星做广告，这是当时国内彩妆商家少用的广告方式。2004年，唐锡隆拿出了前三年的全部利润，邀请当时炙手可热的明星张柏芝代言。这在当时看起来是个冒险的决定，后来被事实证明是正确的。从那一年开始，卡姿兰成为第一个启用明星代言的国内化妆品品牌，实现了“时尚就是卡姿兰”的最初转型，也开启了国内品牌争夺代言人的市场。

广州的外来创业者们

20世纪90年代至千禧年，看到化妆品市场空白的，不仅有潮汕人，还有来自全国各地的创业者，他们纷纷都将创业投资的目光投向了广州。

丸美董事长孙怀庆来自重庆。在重庆一家国企做了六年的车间管理工作之后，孙怀庆于2002年在广州创立丸美，选择了化妆品行业中当时并不被市场看好的细分领域——眼霜。那个时候，国内外还未有任何一家品牌专注于做眼部肌肤护理，原因在于眼部皮肤面积较小，产品容量有限，因此当时的大部分品牌不屑于做一个如此细分的市场。

孙怀庆先是通过“中日合资”的方式——“日本技术+中国生意”——引入日本资生堂的专业人才，将制造和研发交给日本人去做。这在当时国内的化妆品市场，属于较为前沿的做法。孙怀庆在谈到为什么能邀请前资生堂中国区总经理镰田正志来到广州加入丸美时，这么说道：“我当时告诉他福布斯评选中国最佳商业城市，广州已经连续三年第一。这里有吃的、住的、新鲜空气，还有认同感。”

2019年7月丸美股份上市，同年9月12日，丸美股份以56.25元收盘，总市值达到225.56亿元，正式超越上海家化223.59亿的市值，成为中国美妆第一股。

环亚集团董事长胡兴国来自河南。胡兴国年轻时在老家从事的是教育行业，1987年离开家乡河南，先到武汉打了两年工后，从别人手中借来1800元，与朋友一起到湖北襄阳创办了自己的职业学校。1991年6月，胡兴国与其妻子吴知情创办了昆明环亚美容院，此后便和化妆品行业结缘终身。

“当我第一次接触到美容产品，这个当时在中国尚处起步阶段的新兴产业所蕴含的巨大潜力，让我找到了新的方向。”在广州创建自己的品牌美肤宝之前，胡兴国夫妇先是从经销商、代理商做起，走了8年的时间。在2017年，环亚集团下属法兰琳卡和美肤宝两个品牌分别由夫妻二人分开管理，夫妻俩各有分管，促进家庭和谐。

现如今的环亚集团，是少有的“跨界选手”，从代理商跨入品牌，再从专业线转入日化线。2007年，瞄准国内日化品类发展势头的环亚，一举由专业线转入日化线。彼时的胡兴国判定，国内化妆品市场除护肤及洗护类产品之外，洗面奶领域还未出现强势知名品牌。因此，胡兴国一口气推出数个洗面奶品牌，并投入相当的财力、物力、人力去打造这一品类。但在15年前的中国化妆品市场，大部分消费者还未养成购买单品洗面奶的消费习惯，这个颇具“前瞻性”的决定，则让胡兴国交了一次“学费”。

尽管现如今在环亚的事业版图中，专业线已成为过去时，代理业务也将画上休止符，但一个覆盖多渠道、不同消费层级、多日化品类的多品牌阵营已成为广州乃至整个国内化妆品行业的代表集团之一。

与此同时，在2007年12月18日，环亚集团投资在广州兴建了中国美容化妆品历史博物馆，这也是中国第一家化妆品行业博物馆。里面的史料记载着上下五千年中国美容化妆品的发展历史。该馆面积1500平方米，收集藏品1055件，集中国美容化妆历史之大成。而现如今的环亚集团，则将工厂以及办公区域均设在了广州高新技术产业开发区科学城内，旗下有美肤宝、法兰琳卡、幽雅、滋源等多个不同定位的品牌。

韩后品牌的创始人“王敢敢”——王国安，则是从最底层做起的“草根”。1999年，王国安从江西九江师专毕业，被分配至中学任教。他自幼丧母，是家里最小的孩子，全家人都盼着他成为一名稳定、体面，还能拿退休金的老师。或许被当时“南下广东淘金”的创业热所影响，王国安给家里留下了一句“宁愿在广州当保安，也不愿在农村当老师”，带着400元钱离开了老家江西，来到了佛山。在大街上四顾茫然的他，看到了一则招聘化妆品推销员的信息——口红推销员，售卖一支口红29.8元，他可以提成6元。这便是王国安进入化妆品行业的起点。

在1999年的中国化妆品市场做生意的确像是在“淘金”，即便是像王国安这种既没用过口红更分不清口红色号的“直男”，在刚入行的前半个月时间里就赚了1000块，相当于他在老家当教师两个月的工资。那时候的王国安，觉得自己选择来广东是正确的。但一个月后他发现，口红进货价才5元。于是，他决定单干，自己联系厂家拿货。为更好地推销口红，他每晚流连于各大夜场，向夜间工作者推销他的口红。但在夜场看到了太多不想看到的东西，他放弃了这一生意。不久后，与同学陈侦健一同在厦门销售新疆奶片，凭借奶片生意，赚了第一桶金30万。

2001年，王国安带着他的第一桶金来到珠海，在一家化妆品原料厂做推销员。他知道，要想快速了解一个行业，就需要从基层业务员做起。那年，王国安经常出入广州各大化妆品批发市场，细心的他发现，开档口的小老板们大都是文化水平不高、年纪也比自己小的潮汕人，但这一点不妨碍他们依靠“暴利”的化妆品赚大钱。“这帮人白天坐在门口卖货，晚上就躲在被窝数钱，作为大学毕业生的我，为啥不能干？”2005年，王国安筹借得到15万，游说老乡彭卫华出资5万加入，股份各占70%与30%，成立了广州十长生化妆品有限公司，这就是韩后的前身。

洋名字与重广告下的危机

从1998年到2018年这20年间，无数的中国美妆品牌以百花齐放的方式争相诞生，又以几乎相同的方式打开市场扩大声量，即签约明星代言人、买下黄金时段的电视媒体资源进行广告轰炸。但部分品牌在建立之初，也往往以“借鉴”外国品牌的方式，披着

“洋品牌”的外套诞生。2005年，王国安曾趁着《大长今》在国内热播，韩流正席卷中国，于是将自己的品牌取名叫兰芝。而此时真正的韩国最大的化妆品集团爱茉莉太平洋旗下的兰芝品牌已经进入中国市场三年，并拥有了较高的知名度。但他还在自己的产品包装上，印上《大长今》的韩国主演李英爱的肖像，造成李英爱代言的假象。事实上，李英爱从未代言过兰芝品牌，无论是真兰芝，还是假兰芝。

该假冒产品经代工企业生产并完成包装后，在三四线城市专营店成功地销售了出去。在当时，化妆品巨头们竞争的主战场是商超、卖场和百货大楼，并无人注意到这些多由当地小老板控制，地痞流氓混杂其间的线下专营店。王国安仅用了3年，年回款就达到了3000万。但到后来，这些产品质量开始出现问题，同时舆论开始越来越多地指向其山寨“兰芝”的事实，深陷“内忧外患”的王国安请了广州的一家广告公司为之提供“品牌服务”，假“兰芝”最终改名为“韩后”。

而同样有着“洋品牌”历史的卡姿兰，在其早期官网上写着这样的品牌介绍：“卡姿兰的诞生，源自法国巴黎一名艺术家为了寻找创作灵感，深入森林中欣赏大自然变幻多姿的生动色彩。”2001年10月从巴黎经由香港，法国卡姿兰（香港）有限公司将“卡姿兰”彩妆品牌引入中国大陆市场。 这一举动，也被无数媒体多次公开报道。2010年，面对媒体记者的无数次追问，唐锡隆说，“我们马上就会把‘法国’二字去掉，不要了。又不是只有我们一家企业如此，很多化妆品品牌、服装品牌都这样搞，反复追问这个问题很无聊。”[①]唐锡隆这番话，其实是道出了当时广州化妆品行业“假洋品牌”这一现象。

在广州，直接照搬跨国大牌名字的品牌也不少见，比如“广州

① 严翠：《老总一赌气 卡姿兰要放弃法国国籍》，载《每日经济新闻》，2010年4月8日。

娇兰”“广州契尔氏”等，前者与法国LVMH（即酩悦·轩尼诗-路易·威登集团）旗下的正牌Guerlain毫无关系。而后者本属欧莱雅集团旗下品牌Kiehl's的中文名称，却因为被广州厂商提前抢注商标，不得不改名“科颜氏”。

同样的操作手法还有温碧泉。温碧泉的品牌故事中这么写道：“温碧泉品牌源于一个法国小镇，一名化学家弄伤了手然后用泉水治好了，最后化学家提取出泉水中的物质，进而创造出品牌。”从产品包装到命名上，都与欧莱雅集团旗下的碧欧泉品牌有“异曲同工之妙”。2006年，温碧泉以“补水就用温碧泉”为广告语，通过大力投放电视广告，迅速占领三四线城市的市场，在全国的专营店超过10000家，其中二三四线城市占比达到75%以上，在国内的护肤领域一时风头无两。

现在回望过去，这种披着“洋品牌”外衣，依靠传统电视广告及代言人火速占领市场的方式，已成为中国化妆品时代的一个缩影。但这更多的是时代决定了这些品牌，一方面是在中国化妆品品牌野蛮发展的初期，消费者对于国内品牌的信任背书尚未形成，觉得“国外的月亮比中国圆”，国内品牌希望通过嫁接“洋牌”的方式，让自己显得更国际化，具有可信度；另一方面，消费者获取信息的渠道也较为闭塞与集中，品牌只能通过“押宝”传统电视广告的形式单向地向消费者传递。

但随着国货品牌升级换代，以及市场运营模式历史性切换，近年来这批依赖于通过简单粗暴的广告营销方式“续命”，而核心科研能力较弱的传统国货，开始出现集体乏力的隐患。同样，曾经的广东派传统国货品牌包括韩后、温碧泉等也日渐式微，目前丸美、卡姿兰、水密码、美肤宝等品牌虽然尚在主流牌桌，但关注度与其巅峰时代不可同日而语。

白云的“中低端”困境

全国化妆品生产企业一半在广东，广东绝大部分化妆品生产企业在广州白云区。由七大化妆品商贸城集群形成的三元里商圈，是广州乃至全国最大的美妆用品集散地。2019年，白云区光注册在案的化妆品企业就1300多家。白云区做化妆品的历史有40多年，其化妆品产业在国内的地位举足轻重。

兴发广场

兴发广场的原初设想是打造成华南一大陶瓷专业市场。机缘巧合下，兴发广场承接了因附近升级改造准备另寻址的一批百货、化妆品商铺，这也成为白云化妆品商圈的种子。

兴发广场落成纪念明信片

在高歌猛进的发展过程中，白云区化妆品行业也陷入了“知名度高，美誉度低”的尴尬处境。时至今日，讲到广州白云出品的化妆品，其中一个撕不掉的不利标签是“中低端”。这与中国化妆品品牌金字塔中，位于中腰部、底部的品牌多出产于广州有关。在广州3000多家化妆品生产企业中，有大半是生产规模不大、科技水平不高的小厂，这也导致广州本土的品牌出现了严重的同质化、假冒伪劣屡禁不止的现象。

而十几年前野蛮生长、遍地捡钱的“淘金热”，也逐渐暴露出广州地区高端人才缺乏，无品牌意识等行业弊端。“因为从原材料到包材到物流，白云区整个产业链都能完全闭合，所以在这里做化妆品的成本为全国最低。但从另一方面来说，这也给假货制造者提供了最好的土壤，他们的利润可以得到最大化。”一位在白云从事化妆品行业的人员分析道。

而广州白云的中低端则集中体现在以下几个方面：

缺乏品牌建设。大部分企业仍处于“做产品”阶段，缺乏本土成长领军型企业，区域产品整体形象较低端，品牌信誉度不高。

技术研发实力和检验检测水平不足。部分制造企业设有技术研发或检测部门，但级别不高，暂无权威机构设立高级的技术研发和检测中心。

假冒伪劣屡禁不止，部分企业制假售假，大有“劣币驱逐良币”之势，严重影响白云区正规化妆品企业发展。

企业运作模式落后。生产主要以小工厂居多，缺乏先进的生产线和管理模式，产品质量和标准不高。

在2018年，白云区政府就发布过一份《白云区化妆品产业提质增效三年行动计划(2018—2020年)》，该报告就明确提到：“针对当前我区化妆品产业总体发展仍较低端的现象，区科工商信局在前期调研中明确了这一产业‘有什么’‘缺什么’‘需要补什么’三个核心问题后，提出要围绕产业链，在‘强链、补链’上下工夫。”

白云区政府与行业共同努力的行为折射出的社会现象是：随着电商社媒时代的崛起、年轻消费者对于护肤美妆知识的增长，消费者对于产品愈发追求功效性，过往单一“补水保湿、美白”的简单功效性能以及靠CS渠道铺量就能“俘获”消费者芳心的时代已经告一段落。在接下来的两年时间里，广场二期投入使用，化妆品商铺如雨后春笋般地选择到兴发广场经营。

因此，早期通过在白云区鱼龙混杂的工厂中贴牌生产出来的“山寨”产品以及低端品牌，已渐渐被市场所淘汰。取而代之的新品牌更乐于寻找更高级别的正规工厂，这时，具有一定历史的、能保证相应质量的如栋方公司，行业龙头诺斯贝尔、科丝美诗等越来越得心应手。

与此同时，2017年起社交媒体崛起则给市场带来渠道变革的大洗牌，在这一新历史潮流中，宝洁系创业者集体站上了广州派的新潮流风口。

社媒时代：“宝洁系”后生仔

2017年开始，电商社媒渠道崛起，中国化妆品行业进入新的发展阶段。互联网的全面冲击下，新一代品牌（以下简称：新锐品

“宝洁系”创建的美妆品牌

数据来源：聚美丽2021

2011	2014	2014	2014	2016	2018	2020
岚萃贸易	**妮趣化妆品**	**蛋壳网络科技**	**护家科技**	**逸仙电商**	**寻梦说生物**	**诺德溯源**
花皙蔻	植观	HFP	HBN	完美日记 丸子心选 小奥丁	MIXX觅研	溪木源

牌）的崛起路径和核心能力都发生了翻天覆地的变化，品牌想依靠某个单一渠道、大广告的形式是无法生存发展的，取而代之的是“新渠道+新营销+新人群”的品牌起盘模式。他们大多通过小红书、微信公众号、抖音、快手等社交媒体平台而崛起，打破了原来传统品牌的格局。以3—5年甚至更短的时间,完成传统品牌需要10-20年才能累积的销量规模及品牌声量。

最先诞生的新锐品牌则大比例地出现在了广州，而非电商基础和服务生态较为完善的杭州或北京，甚至也不是雅诗兰黛、欧莱雅和众多美妆外企总部云集的上海。而细数社媒时代最早开始高速发展的新锐品牌，我们发现背后的操盘手大多为宝洁系的“毕业生”。宝洁系品牌的诞生，与三个时代背景息息相关：

首先，从2010年起电商购物逐渐渗透进人们的生活方式，更多年轻人开始习惯于线上购物，而超市已经变成中老年人的散步天堂。与此同时，社交媒体平台的诞生，如：微博、微博、小红书、抖音、B站等，也不断地吸引着年轻人聚集在这些平台上。这也是社交媒体时代的新锐品牌与传统品牌最直接的区别：传统品牌诞生于线下渠道，新锐品牌则诞生于线上平台。

其次，外资大牌已经在国内深耕十多年，从代工厂系统到原料、配方的升级再到包材体系完善，中国化妆品供应链已逐渐成

中国化妆品市场规模和人均GDP

数据来源：Euromonitor、国家统计年鉴、华创证券

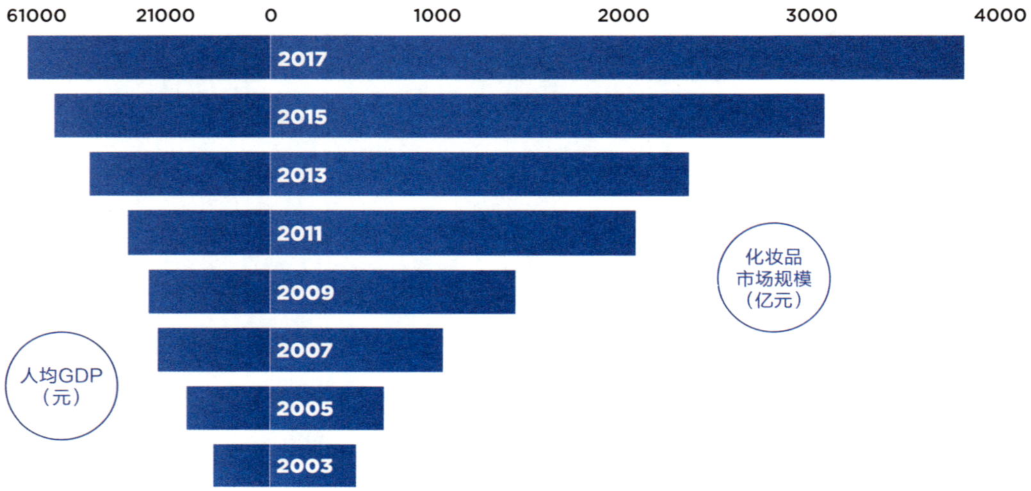

熟，国货的快速崛起可以轻松地站在巨人的肩膀上。

最后，中国化妆品市场规模以及人均GDP在2003—2017年间不断上涨，中国化妆品市场呈现出巨大的增长空间，也为国货的崛起奠定了基石。

宝洁系创造的美妆品牌，有几个集中特点：品牌诞生于线上，利用线上渠道精准定位目标群体；具备通过消费者研究所衍生的数据洞察能力；宝洁系创始人的复合创业经历。

一、品牌诞生于线上，利用线上渠道精准定位目标群体

“消费者在哪，品牌就在哪。”2017年的初创期间，完美日

记团队发现有用户在小红书上发布了品牌的试色和种草内容，引发了一些热度和讨论。创始团队意识到彩妆内容形式推广的重要性，于是将目光锁定在了小红书——国内美妆爱好者的聚集区，通过与大量小红书KOL（关键意见领袖）合作，用优质内容引流的打法，累积了第一批完美日记的用户：以大学生、职场新人为主，大多是“化妆小白”。而这也决定了完美日记初期的产品需要走极致性价比，也就是“大牌平替”的路线。

后来不只是小红书，完美日记在所有年轻人聚集的平台都大手笔投入：B站、微博、微信等各大主流平台，形式有内容种草、开屏广告、直播带货等，打造了一条全渠道营销链条。

与此同时，完美日记的产品上新的周期也十分密集，其母公司逸仙电商招股书显示，逸仙电商可在6个月内完成从新品的概念提出、开发到上线。这一举措，可提高用户的复购率及不断吸引更多年轻消费者的注意。公开数据显示，仅2019年，完美日记就在天猫旗舰店上架了近千个SKU（库存量单位）。这与研发、新品迭代周期通常需要半年到一年的国际大牌相比，完美日记的产品上新速度迅速与国际大牌拉开距离。

而完美日记的极致性价比和产品上新的速度，则与中国化妆品行业的供应链成熟息息相关。完美日记早期产品以OEM（代工生产）和ODM（贴牌生产）两种生产模式为主，与科丝美诗、莹特丽和科玛等外资大牌工厂合作，而这些大牌工厂则服务过YSL、雅诗兰黛等外资大牌。这意味着，完美日记通过与国际大牌相同生产线的代工厂合作，在节省高昂研发费用的同时，还能贴上“高性价比”“大牌平替”的标签。对于完美日记的目标用户，也就是大学生或刚出社会的年轻女性消费者而言，可以用两位数的价格买到与国际大牌类似的产品，是件喜闻乐道的事情。

2020年11月19日，逸仙电商创始人黄锦峰和创始团队，一起敲响了上市的大钟。股票代码为“YSG”的完美日记母公司逸仙电商，成为国内首个在美股上市的中国美妆集团。从广州走到纽交所敲钟上市，逸仙电商只用了三年时间。这其中，完美日记联合创始人黄锦峰，最初是在中山大学毕业后进入宝洁工作。而完美日记诞生于线上，利用线上渠道精准定位目标群体的起盘打法，则与宝洁对消费者数据研究的工作方式有着直接关系。

二、具备通过消费者研究所衍生的数据洞察能力

一直以来，宝洁的市场研究部，也叫CMK（Consumer & Market Knowledge），一直被称为宝洁最神秘核心的部门，负责研究消费者的喜好以及购买习惯。是工业史上最早的市场研究部门之一，成立的历史可以追溯到1924年，同时也是宝洁进入中国的第一个部门。

宝洁对消费者研究的能力，使得几位从宝洁出来的品牌创始人及团队，懂得不断通过数据分析判断过去和未来发生了什么，这种实时分析数据的能力，成为众多宝洁人的工作习惯，也使得他们成为第一批“嗅”到越来越多年轻消费者的购物习惯逐渐从线下转移到线上的创始人。

黄锦峰还专门写过一篇《我眼中的宝洁CMK》，道出了CMK部门的独特魅力：“即使你是一个新人，也能通过分析有价值的观点得到大家认可和尊重，这会让你感受到肩上责任，并提高商业嗅觉和分析能力。”

与完美日记一起爆火的，还有成立于2014年，开启护肤品“成分党”的品牌Home Facial Pro（以下简称：HFP）。以定位“成分党+功效渲染”的内容营销，其产品目标对象并非一线高端白领市场，而是大学毕业前后的年轻女性，这类女性的特点是自我认知强，但对品牌及产品的认知较弱，同时缺乏化妆品专业知识。

但这类女性群体实在过于庞大，于是HFP充分运用“成分党”这一内容营销的方式，通过不断强调其核心成分，如烟酰胺、玻尿酸、氨基酸等，让有不同护肤需求的消费者找到适合自己皮肤问题的成分，如补水需要玻尿酸，美白需要烟酰胺，以具体的成分功效种草的内容方式，切入细分的用户圈层。

但彼时的大部分国内消费者，对于护肤品的成分有一定了解但又不是特别专业，因此HFP则用相对专业的内容向大众“科普”成分的好处，即某种成分对应某种功效的“原料桶”产品，通过微信公众号丰富的图文种草和专业测评等多管齐下，迅速占领一波“成分党”消费者的市场，打开了属于功效护肤时代的销路。

数据显示，从2016年初的首次公众号投放到2019年，HFP已累计在近2000个公众号上投放了一万多篇软文，其中产生了不少阅读量10万+的爆款文章。

而HFP创始人兼CEO吕博则曾任职于宝洁中国市场研究部达8年之久，对于宝洁引以为傲的市场管理工具——通过消费者研究所衍生的数据洞察能力体系驾轻就熟。

对于线上电商而言，因为信息通道完整，信息采集迅捷、全面、精准，完美符合量化管理的要求，再加上对于品牌消费者的精准定位，促成了HFP敢于大量投放微信公众号的底气。加之宝洁系背景得天独厚的融资能力，和圈子文化形成的公关便利，最终促成了“站外引流天猫成交，站内资源倾力支持”的品牌量运营模式，并成为平台与品牌合作的新一代标杆。

三、宝洁系创始人的复合创业经历

创业的路并非总能一帆风顺。如果说宝洁这所学校带给了创始人们洞察市场机会的视角和科学的工作方法，而社会这所更大的学校则给了他们更丰富的创业经历，使得他们能有野心、资源以及超越常规做事的想象力，让他们实现品牌创建过程中从0到1的跨越。

吕博从宝洁出来后，首次创业选择了利润空间比较大的“悟空茶饮”，因为宝洁系的出身加持，他很快就拿到了第一笔融资。在创业过程中，吕博从装修到选材都是亲自做，并要求做到最好。在营销上也做了各种情怀式的宣传，更是自己手把手地去做每一个用户的忠诚度培养。

然而，他在这个项目上最终以转股退出而告终。第一次创业没成功，吕博吸取了经验并且愈挫愈勇。2014年底，吕博二次创业，这次他做的是一个O2O上门美容保健服务。4个月后，吕博再次融资成功，与上次创业不同，除了规划未来，他更加脚踏实地，一点一滴做最基础的工作。摸索出新路径的吕博终于在这个基础上，开启了他人生的第三个项目：HFP。

而植观的创始人唐亮大学毕业后面试宝洁的第一志愿就是去宝洁市场部，结果被拒之门外，只好去了羊城晚报当记者。而后，他远渡重洋留学读了MBA，回国后再次面试宝洁市场部，又再次被拒之门外。

当时的唐亮认定了中国的消费品市场很有前途，恰逢2003年时强生招管培生，于是就去投递了简历，不过却被告知，他们只要校招。不甘心的唐亮，直接跑到对方办公室，想为自己争取一个机会。应聘主管告诉他说，“有一个东莞分销商销售代表的职位空缺，但并非强生编制，你愿意去吗？”这对于唐亮来说，刚从国外研究生毕业回来，却要做一个非强生编制基层销售的唐亮，且共事的其他销售大多只有初中、中专学历，是一件很难接受的事。

经过挣扎后，为了接近他所向往的事业，唐亮放平心态，成了一个扫街的销售代表。在一开始的时候，唐亮的心态落差是很大的：“之前做记者时，月收入七八千。想不到花了几十万出国留学，回来找到的工作只有三千。以前的同事都是名校本科毕业，现在的同事大多是中专学历。以前做记者时总是被人求，现在是整天求士多店老板下单。”

一次，批发客户反馈半年前进的一批卫生巾的背胶粘不牢，要退货。按照规定，半年前的产品是不能做退货处理的，好说歹说，但客户就是坚持要退。身为大老爷们的唐亮决定把一片卫生巾贴在自己的内裤上，然后走街串巷，下班后还打了一场篮球，发现并没有出现脱胶现象。第二天，他和颜悦色地跟批发商说：“大姐，这批卫生巾我亲测过，粘得很牢。”批发商又好笑又好气，也就不再提退货的事了。

半年后，唐亮成了强生的正式员工，又升任了销售经理。

2006年，已经在箭牌担任品牌经理的唐亮被一个在宝洁工作的师兄告知宝洁正在社招，有兴趣可以申请。唐亮的第一反应是：“我都毕业快十年了，现在去宝洁还得从管培生做起，值得吗？”但师兄的一番话，打动了唐亮，“宝洁是快消品营销领域的黄埔军校。宝洁经历带给Marketer的成长，是外面其他公司都给不了的。作为有志于在快消品行业深耕的人，没有一段宝洁经历是一种遗憾。”就这样，32岁的唐亮跟着一群23岁的大学毕业生一起从管培生做起，向25岁的老板汇报工作，薪水也下降了。

唐亮当时跟自己说：“我就把进宝洁当作去一个顶级大学念了个MBA。宝洁不仅不收我学费，还给我发钱。如果能进宝洁，就算是没工资我也干呀。”唐亮在宝洁任职的八年间，先后经手或近距离观察了伊卡璐、倍瑞丝、飘柔、舒肤佳等多个洗护品牌的实操运作，当中既有成功的经验也有失败的教训，这些都被他总结成《我在宝洁犯过的那些价值十亿元的错误》一文，在互联网上广为流传。

2015年，40岁的唐亮向宝洁提交了辞职信，创办了主打植物氨基酸洗护概念的品牌——植观，彼时的他已经是位年薪百万的全国市场总监。2016年，植观的氨基酸洗发水上市，首月就取得了20万的销售额，2018年在全网的销售额达1.8亿，成为当年洗护行业中的新锐黑马。

植观能取得这么好的成绩，正是碰上了一个好时机：2014年后宝洁的战略收缩，以微信公众号为主的社交媒体兴起红利，为植观在洗护的竞争红海中腾出一道缝隙。凭借着氨基酸洗发水在国货市场的空缺，以及微信公众号投放的红利，植观迅速完成了品牌的冷启动，实现了数千万元的销售回款。

但新品牌的创立依旧是一件充满挑战的事情。随着越来越多品牌参与投放，社媒流量的费用也水涨船高，近两年的植观与一众新锐品牌相比，显得安静了不少。唐亮发现品牌陷入了“不投放，销售额就往下掉，但持续投入，营销费用却越来越不堪重负”的困局中。

事实上，唐亮的担忧却反映了大部分新锐品牌的窘境，即“亏钱换市场”。2018年后不断涌现的新媒体平台（如小红书、抖音及直播）及竞争对手，倒逼着新锐品牌需要不断花钱在社媒平台上找红人合作，以此获取更多的销量。

与此同时，完美日记也正在饱受更大的争议——“用心做营销，用脚做产品”，是不少消费者对完美日记的吐槽。而近年来不断下跌的股价以及财报，也透露出完美日记亏损的背后，是用投入换时间、用亏损换规模的战略性举动。

在唐亮看来，如果大学毕业后就进入宝洁，他也许还是会出来创业，但对渠道、品牌、产品的认知是肯定不一样的，会踩更多的坑。有了宝洁等公司的不同岗位的历练，唐亮才有信心跨过从0到1这一步，也相信自己能战胜这个阶段的艰苦，“如果一直待在原公司，我是到达不了现在的高度的”。

宝洁对消费者的研究洞察，使得几位从宝洁出来的品牌创始人，成为最早一批选择线上平台直接面向消费者的创始人，撇除了过往传统品牌通过应酬、拉关系、开大会的方式聚拢渠道商及代理商的方式。同时也将开设品牌售卖的首选地放在线上，前期无须重大资金去铺设线下渠道，将直面消费者的信息以及资金，更多地集中于产品上。

而在完美日记等新锐品牌崛起后，则有更多的“后生仔”（粤语、闽南语词语，指年轻人、小伙子的意思）美妆品牌在广州诞生。这些后生仔则迈出了更前沿的一步：大部分新锐品牌在形成一定规模的体量之前，第一选择是与实力雄厚的OEM代加工厂合作，但不少后生仔品牌在诞生初就以品牌方的身份主导整个研发过程，与实验室合作甚至开设自有工厂，譬如溪木源及943。

从2019年溪木源成立之初就成立了以研发为核心的溪木源实验

室，组建了包括暨南大学教授、前资生堂研究所专家、深圳医院皮肤科医师等在内的研发科学家团队，2021年8月，溪木源正式与基因工程药物国家工程研究中心达成战略合作。与此同时，溪木源也多次获得顶级资本方的认可。同年8月，溪木源完成C轮超3亿元的融资，投后估值接近40亿元，这是其成立两年来的第7轮融资。

曾在妮维雅集团及屈臣氏工作数年的王军，则对于“渠道为王”的打法十分熟悉。但他在创建品牌943的时候，也放弃了从渠道起家的方式，选择了依托线上平台创业。

在他看来，“品牌-经销商-渠道”的模式要经历层层剥削，且每年房租都在涨，最后留给做产品的钱很少。近两年，国产美妆的崛起与渠道转变密不可分，在业内人士看来，屈臣氏营收出现疲态是行业拐点。据公开资料显示，2014年到2017年，屈臣氏在中国区店铺数量持续增长，从2088家增加到3271家，但整体营收却陷入停滞，且单店年均收入从977万港元下滑到666万港元。2016年，屈臣氏中国全年营收下降了3.82%，首次出现负增长。

因此在品牌创立初期，943就完全采用线上运营的模式，摆脱传统线下渠道的限制。这也让943得以将节省的中间费用投入到研发上，使得该品牌的防晒乳在国货防晒上有了一席之地。而943的合作方是广州栋方生物科技股份有限公司（简称“栋方”），栋方是欧莱雅、韩后等品牌的生产方，也是国内第一家美妆代工领域登陆新三板的企业。王军在早前接受媒体采访时提到，943与栋方的合作是“定制化”的OEM模式，在栋方做研发的工程师熟悉各种成分，但对消费者的需求不敏感，943做的是挖掘用户需求，将需求提供给研发人员进行定制和实验，而不是直接照搬现有配方。

这也成为广州新生代品牌值得关注的崛起路径：不再单纯追求

低质低价，而是更好地依托产业链完善的优势，从研发生产端着手打造真正的好产品。

向海而生、因海而兴，开放是广州安身立命之所。无论从哪个维度审视，千年商都广州都是一座持久散发着经典魅力的宝藏城市。发轫于秦汉、繁盛于唐宋、“一口通商”于明清，广州是中国唯一一座从未向世界关闭过大门的城市。一部2200多年的广州建城史，就是一部通商史、开放史。开放宽容的移民创业热土，使得广州成了一个“英雄不问出处”的城市及淘金地，铸就了国货美妆行业的“半壁江山”。而广东这位化妆品行业的老大哥，能否借助先天优势尽快进行产业升级，撕掉“中低端”的标签，在科研、技术、核心功效等方面建立起护城河，孕育出更多具有长期行动力的品牌?

答案或许在各位广州“后生仔”新锐品牌身上。

江浙沪
从传承到创新

“杭州胭脂扬州粉”，江浙沪的美妆业有着悠久的历史。中国历史上记载最早的两家化妆品企业，孔凤春以及谢馥春，就分别诞生于杭州与扬州。

孔凤春诞生于清同治元年（1862年）杭州河坊街四拐角的一家名为“孔记香粉店”的商铺，为萧山人孔传鸿所开。当时店里的当家产品“鹅蛋粉”供不应求，除此之外还有几款明星产品：玉兰粉、珍珠膏等。“胭脂彩夺孙源茂，宫粉首推孔凤春。北地南朝好颜色，蛾眉淡扫更何人。”是清代《武林市肆吟》里对孔凤春宫粉盛行的描述。《杭州孔凤春化妆品厂厂志》则记载了孔凤春最辉煌的时代，即20世纪二三十年代。每年农历二月农闲时，乡镇农民在“香会”带领下到杭州烧香还愿，其间，孔凤春要接待400艘香船，大概有1.6万人。往往店门还没有开，门口就挤满了人，从大清早热闹到晚上，一天的营业额700多元，在当时能买130担米。

清道光十年（1830年）诞生于扬州的谢馥春，传统产品为谢馥春“三绝”：鸭蛋粉、冰麝油及香件（被誉称为东方固体香水）。1915年，谢馥春与茅台同获巴拿马国际博览会大奖，成为当时中国化妆品第一品牌。

第一次国货运动中，上海作为主战场，涌现了一大批美妆品牌，如百雀羚、双妹等。到21世纪后，浙江地区的珀莱雅、欧诗漫，以及江苏地区的丁家宜、隆力奇、千纤草等经典美妆国货品牌，都诞生于长三角。

俯瞰长三角，特别是上海美妆产业的崛起与广东有着相似的背景，同样也是基于优越的地理位置以及地方政策的倾斜扶持，早早就吸引了大批国际化妆品集团和生产企业在此落地。

除了上海家化，上海百雀羚、自然堂、薇诺娜、上美集团（旗下有韩束、一叶子等品牌）、相宜本草、玛丽黛佳等品牌的总部均在上海。

近年来，伴随着以阿里为代表的电商平台在杭州崛起，以及以外资为核心的苏州高新技术开发区的扩张，这里散布着如科丝美诗、莹特丽、欧莱雅尚美、韩国科玛等世界顶级OEM工厂，使得该地区形成了以上海为中心，半径180公里内由苏州、杭州+湖州产业带，并向外延伸至金华+义乌等城市集结而成的“江浙沪美妆江湖”。

上海：老牌美妆品牌之都的过去与未来

从20世纪90年代起，化妆品产业不断向上海这座城市集结，不仅有联合利华、欧莱雅、雅诗兰黛、爱茉莉太平洋等国际美妆巨头的区域总部，也有科丝美诗、莹特丽、上海臻臣等顶级化妆品生产企业和研发中心。外资企业的不断进入，使得化妆品上下游企业在上海聚集，不仅让上海成为中国美妆产业发展的样板，同时也积极推动了上海美妆产业带——“东方美谷”的形成。

“东方美谷”所处的奉贤生物科技园区，聚集了大量的生物医药和化妆品企业，涵盖研发、生产、包装设计、检测、营销推广等完善的化妆品产业链。“东方美谷”这一概念最早在2014年提出，2016年正式成立了产业促进中心。我们耳熟能详的诸多国内优秀的化妆品企业也均在这里安家落户，如上海家化、百雀羚、伽蓝、上美、相宜本草等。

时至今日，上海仍然是除广州之外在中国化妆品行业最重要的城市。

其中很大一部分原因，在于上海所聚集的高端人才。围绕着跨国公司等高端品牌，早已密布着相应的渠道、广告和公关等服务公司，形成相当成熟的营销传播人才环境与产业链。在上游企业方面，以东方美谷为核心的美妆行业产业集群，拥有生物医药科技产业、研发技术方面的人才优势。再结合外资企业中的欧莱雅、资生堂、雅诗兰黛、强生等公司中国总部落地在上海，为整个江浙沪美妆江湖输送了大批专业的“美妆品牌职业经理人”。

与宝洁在广州的地位相似，上海近两年开始冒出不少欧莱雅“毕业生”的创业项目，欧莱雅代表也逐渐成为不容忽视的新生品牌力量。这也与该地区所形成的优质上下游产业及服务链息息相关，近几年来为上海地区的新锐品牌提供了优质的土壤。

中国总部位于上海市的外资企业（部分）

数据来源：公开资料

1992
强生
强生婴儿 / 可伶可俐
露得清 / 城野医生

1994
联合利华
旁氏 / 力士
多芬 / 凡士林

1994
妮维雅
妮维雅

2000
欧莱雅
巴黎欧莱雅
圣罗兰 / 兰蔻
科颜氏

2001
香奈儿
香奈儿

2003
资生堂
资生堂 / 肌肤之钥
茵芙莎 / 安热沙

2003
爱茉莉太平洋
雪花秀 / 兰芝
梦妆 / 悦诗风吟

2005
雅诗兰黛
雅诗兰黛 / 海蓝之谜
倩碧 / 芭比布朗

2006
希思黎
希思黎

2007
科蒂
古驰美妆
蒂芙尼
博柏利

2007
路威酩轩
迪奥 / 娇兰
馥蕾诗 / 纪梵希
贝玲妃

2010
娇韵诗
娇韵诗

资料来源：亿邦动力

“上海制造”

回望历史，从清末至今百余年，国人对“上海制造”一直有着好印象，在很长时间内，上海货给人的印象是“从不担心质量”和“强调为顾客服务”。

以百雀羚以及上海家化旗下的双妹、美加净、六神、佰草集等上海“老国货”化妆品牌为主，是一代中国人的美好回忆。上海家化的百年发展史，不仅印证了一家本土企业发展的曲折而艰辛的道路，也从中窥看到了整个中国化妆品行业的变迁。

上海家化前身是香港广生行有限公司。1903 年，广生行在上海设立分公司，开始经销双妹牌化妆品。在当时，世界上的营销理论和品牌理论还处于萌芽时期，双妹品牌就已经进行多方面的品牌延伸和广告尝试，也是我们现如今所讲的“品牌营销”。1910年，双妹就在《申报》上刊登了化妆品的广告，在1930年左右的上海旗袍热潮中，双妹率先挑选了两个身穿旗袍亭亭玉立的美少女拍摄了双妹形象广告，并专门建立了自己的玻璃器材厂，作用于设计包装的更新。

到了20世纪六七十年代，化妆品被视为奢侈品，销售也采取统购包销的方式，家化的生产受到一定影响。此间，上海家化推出了友谊及雅霜两大品牌的雪花膏，成为中华人民共和国后中国人最早的护肤品。

到80年代及改革开放初期，上海家化推出了80年代最为成功的化妆品品牌之一“露美”。在上海开设的上海第一家美容美发厅，以及我国第一套高级美容化妆品套装，均为露美。同时为了应对港台等地化妆品的竞争，上海家化推出了许多简易旅游化妆盒，以进一步满足不同需求的消费者。1984年美国总统里根访华路过上海，露美成为上海市政府赠送给里根夫人南希的礼物。

这个时期，被时任家化董事长的葛文耀称为“市场经济的试水阶段”。除了露美以外，美加净则是家化在这一时期成功营销的又一品牌。家化利用改革开放初期国内日化市场产品种类极度稀缺的契机，通过美加净品牌不断推出市场上的首创产品，例如中国第一瓶摩丝，第一瓶二合一洗发香波，第一款混合香水，第一种磨面膏和护手霜等产品。不仅如此，美加净还建立了全国第一个初级呼叫中心、第一家美容院和美容学校，并首创美容专家营销、体验营销、皮肤义诊，策划了中国的第一个选美大赛。

20世纪90年代初，中外合资的热潮涌动中国。

1991年，上海家化三分之二的固定资产，大部分的骨干人员和露美、美加净两个知名品牌与美国庄臣公司合资成立了露美庄臣有限公司，从而走上了品牌合资之路。而庄臣公司在那时，则极力扩大他们国外的一些品牌产品的生产，对美加净、露美品牌的产品生产进行压缩，再加上经营不善，这两个曾经做过中国化妆品代表的品牌市场声誉逐年下降，面临被淘汰出局的危险。1992年，上海家

1991年，位于上海的露美美容院，服务人员正在服务客户。（图片来源：视觉中国）

化从庄臣公司撤资，之后历经一年半的艰难谈判，终于在1994年7月1日以1900万元赎回了美加净和露美两个品牌， 结束了短暂的品牌合资。2001年，上海家化在上海证券交易所成功上市，成为国内化妆品行业首家上市企业。

但本土化妆品的窘境却也在随后几年纷至沓来。2002年上海地方政府出台政策，鼓励跨国公司在上海设立地区总部，相关扶持政策连连加码，持续数年。一时间，欧莱雅、雅诗兰黛、联合利华、强生、爱茉莉太平洋等外资企业纷纷入驻上海，进口化妆品也源源不断涌入上海的各大百货柜台。而后则不时传出被国际大牌收购的消息：欧莱雅买下小护士、美即和羽西，强生把大宝收入囊中，法国科蒂收购丁家宜，联合利华控股中华牙膏，德国汉高收购孩儿面。

原本这些寄希望于借助国外先进的研发生产、企业管理和品牌营销，实现“曲线救国”的品牌，却纷纷受到了冷藏，即便此后如上海家化一般被赎回，却也是元气大伤。

尽管这段时间，上海的美妆国货被汹涌而至的国际大牌打了个措手不及，但江湖总是祸福相依的，中外合资10余年间引发的“鲶鱼效应”，却也一点点垒起上海美妆产业的新高度。

成熟的人才环境与产业链体系

伴随着国际外资品牌在上海的入驻，带动了上游原料厂以及生产企业的发展。德国汉高（Henkel KGaA）、意大利莹特丽（Intercos）、韩国科丝美诗（COSMAX）等行业巨头都是在千禧年后在上海陆续设厂。尽管这些外资国际大牌及其研发中心和代工厂的入驻，短期内让国货品牌溃不成军，但从长远发展的角度看，却给上海乃至全国带去了先进的设备、精湛的技术和沉淀多年的经验以及人才输送（大批专业的“美妆品牌职业经理人”），提高了整个中国化妆品行业的基础门槛。

2014年，奉贤区提出打造“东方美谷”美妆产业带，化妆品产业开始在上海奉贤出现聚集效应，其中就包括自然堂、百雀羚、玛丽黛佳、韩束、薇诺娜等美妆国货大牌。江湖流传着一种说法：“全国每卖出四片面膜，就有一片产自上海奉贤。”同时，近年在上海也诞生了大批优质的新锐美妆个护品牌。其中一派的代表，就是从与宝洁在广州的地位相似的上海欧莱雅中走出来的前员工所孵化的新锐品牌。因欧莱雅的习惯互称“欧家人”，因此业内又开始小范围地将由欧莱雅离职的品牌创始人称为“欧家系”。

不同于广州美妆江湖“大而不强”的品牌市场环境，上海新锐美妆则更多呈现出“小而美”“品类细分”的品牌风格，在近几年成为一股不容忽视的新锐品牌力量。

“车间生产产品，市场出卖希望。”① 在一定程度上，化妆品是满足消费者的幻觉，错觉和心理暗示，但化妆品能否在满足消费者心理感受的层面上，带来更符合消费者需求的功效，则成为郭振宇在创建薇诺娜时首先考虑的问题。

薇诺娜以云南与上海为根据地。选择云南，是因为云南是中国植物种类最多的省份，历时多年研究，薇诺娜将云南“植物王国”的优势发挥到极致。同时，薇诺娜在上海建立了以博士后为研发主力的超过100人的研发团队，专注于敏感肌领域。2021年3月，薇诺娜母公司贝泰妮集团在深交所上市，开局当天市值超700亿元，成为“功效性护肤品”第一股。

① 贝泰妮集团董事长、薇诺娜创始人郭振宇公开演讲。

上海美妆派系

20世纪早期	90年代初	21世纪初	2017年至今
早期民营日化品牌	**外资企业**	**国货大牌**	**新锐品牌**
双妹 / 美加净 百雀羚 宫灯 / 咏梅	欧莱雅 / 联合利华 强生 / 资生堂 雅诗兰黛	薇诺娜 / 韩束 / 自然堂 玛丽黛佳 / 林清轩	优时颜 / PMPM / Girlcult 毕生之研 / 橘朵 “欧家系”：摇滚动物园 万花镜 / BOP / MOJA 酵色 / SIT.E

上海创业者大都具有大公司从业或海外留学的背景。譬如薇诺娜的创始人郭振宇是首位回国创业的海归终身教授（美国乔治·华盛顿大学毕业）；优时颜创始人杜乐毕业于美国加州大学洛杉矶分校，随后从奥尔巴尼医学院获得医学博士学位，成为美国UCLA-Harbor医院的执业医生；毕生之研创始人张闻卿毕业于上海交通大学后留学美国；LAKELAB创始人吴亮是美国亚利桑那大学的生物学博士……

在纪录片《上海出品》中有这样的一条数据：60%的海归回国后，选择的第一站会是上海。在沪工作的留学生有16万余人，其中正在创业的占 25.93%。这些在海外留学的人，熟谙海外成熟品牌的搭建模式以及海外趋势，让他们在工业设计和品牌叙事上，具有自己的独特建构优势。

在产业端层面，上海具备丰富的供应链资源，可以吸纳长三角江浙沪一带高质量的源头资源。这些资源，除化妆品外资工厂之外，还有如信息科技、云服务、物联网、大数据等软性支持，可以帮助现如今上海的新锐品牌们，既方便地找到源头工厂，还可以依靠先进的数字化服务体系，从研发到迭代都进行不断更新。像服务完美日记的两家代工厂科丝美诗、臻臣就是位于上海，同时他们也服务如欧莱雅、雅诗兰黛、宝洁等国际大型美妆外资集团。

时至今日，上海已经成为中国化妆品进口第一大口岸。近年来，上海口岸化妆品的进口金额一直保持在全国化妆品进口总额的60%以上。据上海海关统计，2020年上海市进出口总值再创历史新高，达到3.48万亿元人民币，其中，美容化妆品及洗护用品进口526.3亿元，同比增长17.9%。这在进口非特备案数据上也有所反映。

同年，上海进口非特殊化妆品备案量达到11143件，是第二名广东的3.3倍。此外，2019年进口品备案数量前11名境内责任人，共备案4544件，约占当年境内责任人全部备案数量的29%。且这些境内责任人的中国总部所在地，全都位于上海。由此可见，上海这座城市已然成为中国化妆品品牌发展的城市样板。

杭州：美妆品牌的“电商”心脏

距离上海不到200公里的杭州，高铁仅需50分钟。如果说上海是东方的巴黎，那么浙江就是时尚后花园。“上海地价高，环保要求高，只能容纳极少数的高端制造企业。上海的产业配套要靠江浙沪，大家一起玩。”科诗美丝的总经理助理申英杰说，“就拿包材厂来说，绝大多数都在江浙地区。”

浙江省药监局数据显示，截至2021年10月，浙江美妆企业数量居全国第二，其中杭州拥有化妆品注册人、备案人（品牌运营公司）达3105家，占全省总量50%以上。不完全统计，2020年，杭州市品牌运营企业的销售收入300多亿元，有13家销售额过亿。由此可见，杭州已然成为中国化妆品产业一个不可或缺的城市。

20世纪80年代，杭州出现了一批国际化妆品的代工厂。这其中就包含孔凤春与日本株式会社高丝合作成立的集生产和销售于一体的专业化妆品公司，春丝丽有限公司——20世纪90年代到21世纪初，下沙、临平、余杭、萧山，杭州遍布着化妆品工厂，生产链层层细分，大部分工厂是国际大牌代工厂。

随着化妆品供应链产能的成熟，以及给国际品牌代工的空间利润压缩，越来越多的杭州代工厂开始从OEM向ODM化妆品制造转型，开始涌现自主品牌如珀莱雅、欧诗漫、毛戈平等国货品牌，以及品牌的运营商、代运营公司，譬如跨国化妆品企业的营销中心——高浪集团。与此同时，随着社媒时代的到来，杭州开始也涌现出一批新锐美妆品牌，如花西子、LAN兰、逐本、菜鸟和配方师等。

这些化妆品企业以及品牌的崛起，除了杭州本身具有的成熟化妆品供应链，还有一个重要因素，则是以阿里巴巴为中心衍生的电商基因，同时也为后来社媒时代所需的如电商运营、红人媒介、直播运营等营销“刚需”岗位输送了大批专业人才。

中国美妆大师毛戈平或许很难想象到，他在20世纪80年代拍摄的化妆教学视频，会在20多年后的2019年在一个叫bilibili的线上平台上突然爆火，受到无数年轻人的追捧，网友纷纷称之为“毛戈平换头术”。这个“意外”的小插曲，也改变了原本消费者的认知，毛戈平从一个仅“适用于高端专业化妆师”以及做线下培训的品牌，逐渐走进更多年轻人的化妆包里。

而在杭州，还有一个与毛戈平产品同为彩妆的新锐品牌。以一句“欲把西湖比西子，淡妆浓抹总相宜”为品牌介绍的花西子，在2017年横空出世。通过“雕花口红”“苗族印象”“西湖印记”“百鸟朝凤”等国风浓郁的产品，现如今已成为一个现象级甚至可以媲美国际大牌的品牌。而花西子的“爆火”，除了其国风鲜

欧诗漫

长三角得天独厚的地理优势，促成了欧诗漫这个品牌的诞生。长三角水域资源丰富，具备养殖珍珠的自然条件。世界上有记载的最早的珍珠养殖技术，始于南宋，地点就是湖州德清。1967年，德清人沈志荣开始研究珍珠养殖技术，成功后，他将技术无偿推广，也促成了如今江浙地区的淡水养殖珍珠产业。沈志荣的雄心不局限于此。1979年，他去日本考察珍珠产业，了解了珍珠在珍珠粉在化妆领域的巨大潜能，看到了日本的同行将一颗珍珠从首饰品做到药物、保健品，再到世界级的垄断性品牌经营模式，让他心中有了更大的梦想。1982年，沈志荣注册“珠丽”商标，生产珍珠化妆品。1994年，沈志荣成立欧诗漫。欧诗漫化妆品牌由此诞生。

沈志荣研究解决三角帆蚌病瘟性病毒（图片来源：《一辈子只为一颗珍珠》，广西师范大学出版社，2017。）

6、70年代沈志荣对养殖场进行检查（图片来源：《一辈子只为一颗珍珠》，广西师范大学出版社，2017。）

明的产品定位之外，同样与社媒时代的助推有着密切的关系。

起初，花西子将第一个“店铺”开在了淘宝平台。那时的淘宝电商竞争已经处于白热化的阶段，花西子团队将目标转向了刚刚起步的直播带货领域，花了一年时间和团队不断收集直播数据、研究各大主播信息，最终建立了一份完善的带货主播名单。

这个过程是曲折的。2018年，花西子团队拿着第一版空气蜜粉去找主播合作时，大部分主播面对这个将价格定在三位数的国货产品第一反应是“不理解”。在当时，蜜粉品类还没有哪个国产品牌敢把价格定在三位数。主播担心自己卖不出去，希望花西子可以把价格降到至少百元以下。

为了契合直播间观众的观看习惯，花西子团队在直播间中第一次用了可视化的方式：“粉拍一拍出现细密的粉云”“吸油不吸水的实验”，展现这款产品的特点。最终使花西子在直播带货渠道打响了品牌的第一炮。

尽管后来的花西子被市场诟病是个“给主播打工”的品牌，但背后却是品牌与主播高度协同、高契合度，是花西子在社媒时代有着敏锐嗅觉所诞生的成果。

其实，在新锐品牌集体站上行业历史舞台之前，杭州作为阿里的诞生地，可以说是中国电商的中心城市，按理来说会借助电商这个“东风”诞生出更多的美妆品牌。但事实是，在阿里的全盛时期，这一现象并不明显，诞生在杭州的多是代运营公司、电商服务公司。

历史学派有一个“地理环境决定论”，认为“文明不会诞生在资源最丰富的地区”。或许是因为太贴近阿里，电商土壤太过肥沃，反而凸显出做品牌这件事过于复杂和艰难，创业者选择了容易的路。

因为资源太丰富的地方，人民不会动脑筋去迎接挑战。例如在部分物产丰富的国家和地区，人民大多比较自由散漫，没有上进心。因为他们生活的环境日照充足，物产丰富，随便摘个果子都可以充饥，他们根本不知道什么叫饥寒交迫，因为他们从来不饥不寒。所以在淘宝时代，品牌打造并不是杭州这座城市的优势。但近几年来随着社媒平台电商化的转变趋势，直播成为各家社媒平台的标配，除了淘系玩家，抖音、小红书等服务商也不断崛起，杭州的流量生态开始变得越来越多元。

今天的杭州不再是阿里“一家独大”，同时也是直播代运营以及MCN机构的重要城市，在社媒时代中“流量营销”“种草”这些标配技能的刚需市场下，杭州开始吸引不少美妆新锐品牌在这座城市“落地生根”。

从2020年开始，除了像珀莱雅、欧诗漫、毛戈平等经典品牌一开始就将总部落地杭州，很多品牌方也开始选择将运营中心甚至品

美妆品牌及总部

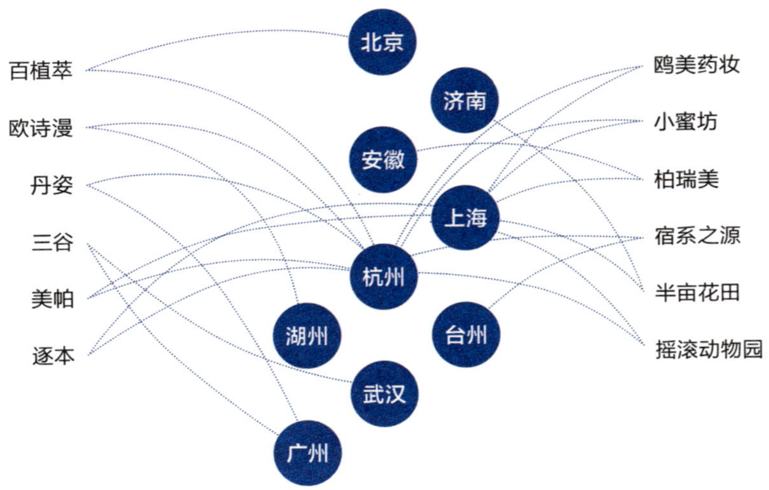

2017年11月15日，珀莱雅股份在A股上市（图片来源：企业提供）

牌中心搬到杭州。有不少品牌已经开始将运营总部，甚至品牌总部设立在了杭州。

事实上，拥有优越的电商环境以及MCN红人资源的杭州，近些年对于化妆品行业新锐品牌的吸引力正逐步显现。去年，浙江省经信厅联合浙江省药监局发布了《浙江省化妆品产业高质量发展实施方案（2020—2025年）》，方案提出这样的目标："到2025年，全省化妆品产业年销售收入超2000亿元，培育年销售收入超过100亿元的行业领军企业3家，拥有5个以上国际知名品牌，培育一批新锐品牌，浙江美妆品牌产品占国产美妆市场份额25%以上。"

在江浙沪"包邮区"，美丽产业未来可期，杭州品牌帮亦将有大作为。

北方
美妆技术派

一直以来，整个中国美妆的版图大部分集中于沿海地区（长三角及珠三角），长江以北的美妆企业则布局较为零散。其中原因除内陆消费者相较于沿海地区消费者接受美容化妆品市场较慢之外，还与早年化妆品供应链以及人才并没有在北方形成产业集群，以及北方整体电商发展水平相对滞后等都有着直接或间接的关系。

随着近年来美妆市场在国内的快速扩张，为弥补“南强北弱”的化妆品产业格局，充分盘活北方美妆资源，中国美妆江湖在逐渐形成以南方美谷－广州，东方美谷－上海，西部美谷－重庆、华中美谷产业园－武汉组成的产业园局面之后，坐落于山东济南的“北方美谷”，以及北京的“未来美城”也在2021年顺利启动，中国逐渐形成“东西南北中”的美妆产业阵营。

近年随着成分党、功效护肤的崛起，越来越多的化妆品行业人士开始转向具有更强功效的道路，而这方面的技术则更多集中在以山东济南、北京为龙头，以及新起之秀西安构成的北方美妆技术派。

不同于南方美妆江湖，北方美妆技术派更多从产业规划和政策层面，从源头影响化妆品产业，多从原料研发端做起，集聚优势资源的发展模式，更具有后发优势。这其中，作为化妆品原料大省、化工大省的山东，依托山东省在制药以及农业方面的产业集群优势，有着“妆药同源”的鲜明风格。与此同时，作为中国五大商帮之一的鲁商，也带着“齐鲁文化”“儒家思想”等山东特有的人文特色，将更注重产品健康安全的“鲁妆”推向全国。

国内部分美妆产业园布局图

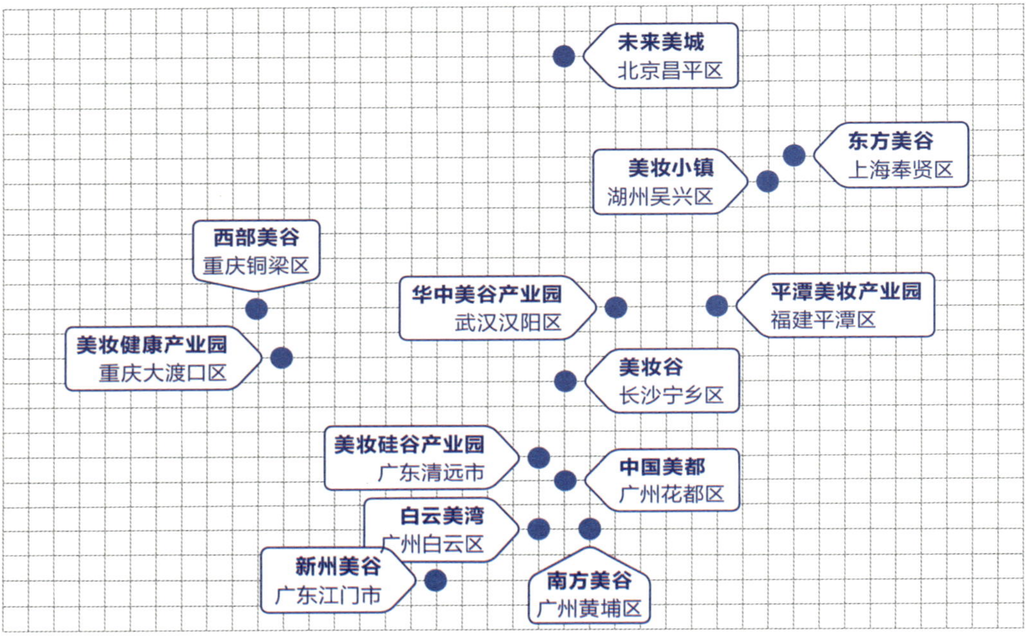

而北京与西安，则在化妆品的基础研究、成果转化、研发试验等产业源头，具有一定的专业技术优势。

山东：地理与地利

近年来，以诞生于济南的技术企业华熙生物、药企福瑞达为代表的山东护肤品牌，逐渐受到业内的广泛关注。这些品牌中，既有以福瑞达、华熙生物领头的“技术派”，也有以半亩花田、朵拉朵尚、自然旋律等为代表的“电商派”。山东品牌被关注，不仅是因为这些品牌崛起的速度，更是因为山东并非处在美妆产业中心，似乎没有如珠三角般完善的产业链及人才匹配，也无长三角般品牌理念及电商基因的优势资源，但这些不利因素并没有阻止大批北方化妆品品牌在这片看似并不肥沃的土壤蓬勃发展。

从地理人文来看，山东紧邻京津冀，处在环渤海经济区，是中国最大的工业密集区。环渤海地区科技力量强大，京津冀鲁的科研院所、高等院校的科技人员占全国的四分之一以上。

从特色资源优势来看，作为农业大省，山东有大量且稳定的化妆品原材料。玻尿酸、透明质酸、海藻酸盐、聚谷氨酸、牡丹、玫瑰、金银花、灵芝、银杏等是山东特色产品和资源。

在专业技术优势方面，有重要的电商销售龙头企业，如韩都衣舍，还有具备研发培训能力的高等院校、有检测服务功能的科研院所，周围还布局着大批本专科院校，有大批的专业学生和培训基地，满足了一个化妆品产业集群必备的研发、生产、孵化、培训、检测等基本功能，在产业端培养了不少的技术和研究人员。

2021年9月，山东省政府举行的新闻发布会宣布的《山东省“十四五”药品安全规划》中，紧扣“鲁药振兴”的主题，“美妆山东”计划被明确提出。山东凭借着独特的自然资源和厚重的生物医药产业基础，已成为继广州、江浙沪后，又一个新兴的化妆品江湖。

科研原料基地

“世界玻尿酸看中国，中国玻尿酸看山东”。据2019年的《中国透明质酸行业市场研究报告》显示，中国2018年透明质酸原料的总销量已经占据全球总销量的86%，而全球前五大供应商——华熙生物、焦点生物、阜丰生物、东辰生物、安华生物全部来自山东。山东之所以能形成玻尿酸领域的产业集群，与山东自身的优势也密不可分。

首先，山东省作为农业大省，为生产玻尿酸提供了稳定的原材料供应。玻尿酸和茅台酒发酵所使用的原料类似，在微生物发酵法下，发酵培养基的原料主要为蛋白胨、酵母粉、葡萄糖和乙醇，后者的原料为小麦、高粱、大麦等。山东省统计局2020年的数据显示，山东农林牧渔业总产值首次突破1万亿元，成为全国首个农业总

国内医美企业地区分布情况

数据来源：企查查　数据时间截至2020年4月16日

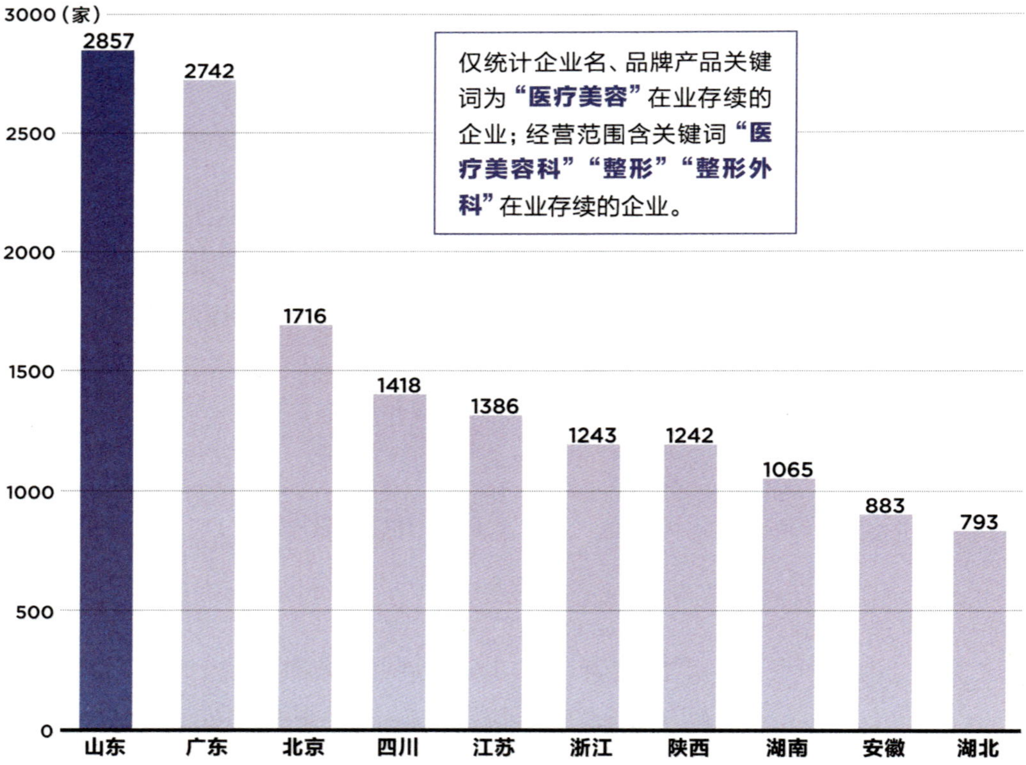

产值过万亿元的省份。

其次，山东省医药公司的数量多也是形成玻尿酸产业集群的重要原因之一。药品产品规模居全国第2位，全国化药企业百强有六分之一在山东，达到16家，多年来已经有着深厚的医药基础、人才梯队。2019年山东省医药工业规模占全国七分之一，齐鲁制药等13家企业进入全国药企百强，数量全国第一。

另外，山东生物医药产业发达，与其丰富的人才储备也息息相关。有山东大学、齐鲁工业大学这些高等院校资源做支撑，例如齐鲁工业大学的发酵专业在全国排名前列，这对于需要发酵、提纯的生物产业来说有积极推动作用。除此之外，山东政府这些年也在持续引进专业人才，从山东的“泰山领军人才”到济南的“泉城领军人才”计划，都有单独针对生物医药领域的部分。

在原料、药企、人才、政策资金的相互协同下，山东构建了完整的玻尿酸产业集群，与此同时，基于玻尿酸产业的优势，山东也逐渐形成了一个庞大的医美产业集群。

除了玻尿酸，山东还有平阴的玫瑰集群、全球第一的海藻酸钠、在化妆品中有大用途的聚谷氨酸等等原料优势。平阴玫瑰种植面积6万余亩，是全国最好的原料基地之一。

近年崛起的济南派国货代表——半亩花田，就是依靠“玫瑰”起家。其玫瑰原料在山东省平阴县，泰山余脉纵贯而过。这里所产的玫瑰为“重瓣红玫瑰”，其特点是花大色艳、瓣多而厚、香气纯正浓郁，是中国传统玫瑰的代表。

在当地，有不少人做玫瑰油、玫瑰茶、玫瑰酱等有关玫瑰的产品。半亩花田的创始人亓云吉就出生在这里。自小家中就栽种果树的亓云吉对自然植物有着独特的感情，在看到平阴玫瑰的市场潜力后，他萌生了从玫瑰花入手，打造出一款“走出去”、响彻全国的化妆品的想法。在半亩花田成立的第二年（2011年），亓云吉就购买了数万平方米的玫瑰原料基地，实现了产品主要原材料的自主种植，成为国内少有的打通了原料种植-研发-品牌-运营销售全产业链的品牌之一。

从2010年成立到现在，半亩花田从最初的淘宝市场起步，已经走过了十多年的风风雨雨，是国内身体护理领域，也是济南系品牌的带头大哥。企业发展壮大的同时，亓云吉不忘桑梓，担任了黑峪村发展顾问，先期在黑峪村种植了百余亩玫瑰，后续逐步增加了牡丹、鸢尾等花卉种植，打造了几百亩花卉种植精品示范区、原料示范区，带动了当地产业快速发展。以产业扶贫助力当地乡村振兴。

玻尿酸之王

1934年美国科学家从牛眼里分离出来一种动物身上特有的物质。这个物质在骨科里叫玻璃酸（玻尿酸），但是将这个物质从牛眼里中分离出来的成本很高，且提纯难度很大。20世纪70年代，美国科学家从鸡冠中提取出来了玻尿酸，但提取率非常低，1000公斤的公鸡冠才能提取1公斤的透明质酸，成本是100多万元人民币。

高成本低效率，使得玻尿酸一直无法量产，也无法走进千家万户。到20世纪80年代，我国的玻尿酸生产能力还基本为0，只能以每公斤数万元的价格从日韩等国进口。玻尿酸的应用范围也更多在眼科手术、骨关节炎治疗等医学领域。

也是在那个时候，两位科学家凌沛学和郭学平在毕业后，一起

2018年全球透明质酸国内厂家产能及全球销量占比　　数据来源：弗若斯特沙利文

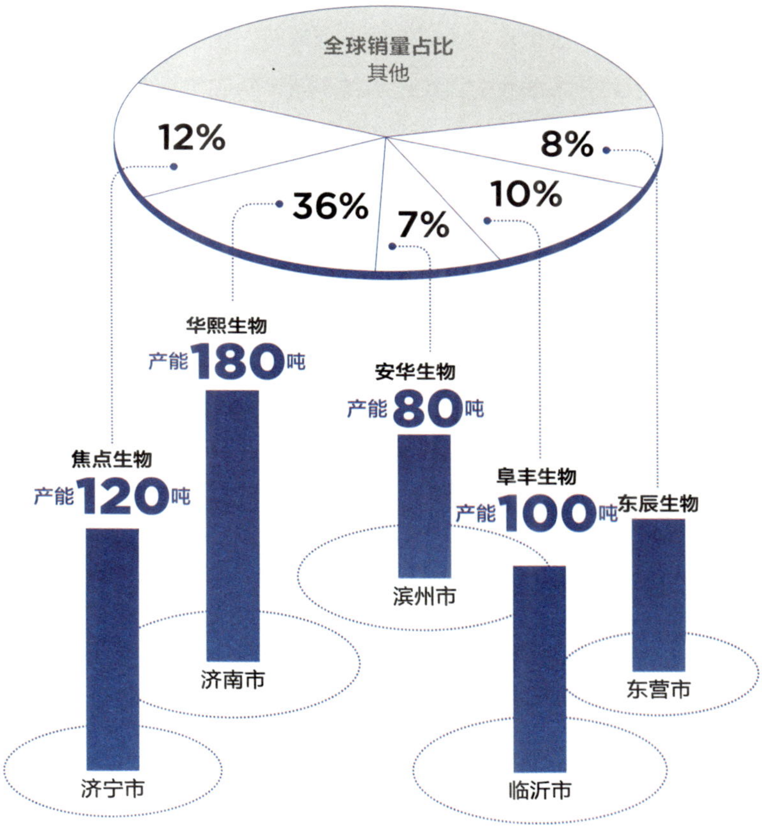

师从国内生化制药学科的创始人之一张天民，通过微生物发酵法工业生产透明质酸，并于1992年获得了微生物定向发酵这一技术专利。通过这种技术，透明质酸成本大大降低，效率也显著提高，直接加速了玻尿酸产业化和规模化的步伐，也改变了我国玻尿酸过往主要依靠进口的局面。而这两位科学家，都曾任职于前身是山东省商业科学技术研究所的山东省药学科学院。

到现在为止，山东几乎垄断了透明质酸这个行业，全球前五大原材料供应商——华熙生物、焦点生物、阜丰生物、东辰生物、安华生物，皆来自山东。但当时，虽然已成功掌握微生物发酵法能量产玻尿酸，但产业化及市场化仍然十分薄弱。花了十多年的时间研究出了一个具有革命性的物质，却得不到好的应用，他们不甘心让它就此消亡。

1992年，凌沛学团队以山东药科院的技术入股创立了山东福瑞达医药集团（后分离出华熙生物），该公司成为我国玻尿酸行业的第一批企业，6年后组建了山东福瑞达生物工程有限公司（如今的福瑞达美业）以及山东福瑞达生物化工有限公司（下称福瑞达生物化工，系“华熙生物”前身）。

但因管理等问题，且玻尿酸还未被市场普及，福瑞达生物化工成立没多久就陷入了亏损。如何将好技术变成好生意，则成为破局的关键点。

2000年，赵燕到北大EMBA研修。在那里，赵燕结识了凌沛学。当时，国内的医美行业还处于萌芽阶段，普通人根本没听过玻尿酸。面对这样一个看不见前景的行业，赵燕却没有丝毫犹豫。打动她的，是郭学平的一句话：“一个透明质酸分子能锁住一千个水分子。”

华熙生物与福瑞达旗下功效性护肤品牌

1993
福瑞达
颐莲 / 善颜 / 瑷尔博士

2006
华熙生物
润百颜 / 夸迪 / 米蓓尔
BM肌活 / 德玛润 / 润月雅
丝丽 / 润熙禾 / 佰奥本集
海宝诗 / 甜朵

生物学出身的赵燕明白，水油不平衡是皮肤的大问题。如果玻尿酸除了眼科、骨科，还能应用到护肤品、洗发水等外用剂上，前景将非常广阔。她当即决定投资。2001年，赵燕入主公司后，将其更名为华熙福瑞达生物科技股份有限公司，并高薪请来专业的医疗管理人员，花了一年时间拿下了ISO9000认证，成立了玻尿酸专门研发机构。凌沛学和郭学平被她分别派到福瑞达集团、福瑞达化工从事管理和研究，以求打造中国首个集玻尿酸研发、生产和运营的产业链。

而后在赵燕带领下的华熙生物开始往国际化的步伐迈进，自己买地建厂，并把合资公司变成了中外合作公司，生产出全级别的透明质酸。所谓全级别，就是达到医药级、外用级、食品级的透明质酸。2007年时，华熙生物成为全球最大的、市场占有率最高的玻尿酸企业。

但真正让玻尿酸名声大噪，以及使山东的玻尿酸原料称霸全球则是21世纪后，与我国医美产业蓬勃兴起相关。在医美需求与供给增加的趋势下，公立医院纷纷设立整形科，民营机构也如雨后春笋般涌现。而轻医美注射填充类项目主要以玻尿酸为原料，比手术类的医美项目安全性更高、操作难度更低、单价也更低、用户接受度更好，尤其复购率更高，这使得医美机构推广和获客成本都较低，玻尿酸也得以大规模应用。

时至今日，山东仍有不少玻尿酸企业都与华熙生物及福瑞达有着直接或间接的关系。华熙生物靠“微生物发酵法”奠定了行业地位，但随着技术的普及，玻尿酸生产厂家不断增加，原料市场已接近饱和，竞争越来越激烈，价格也不断下跌。凌沛学曾经向媒体透露，玻尿酸原料近十年一直在降价，平均每年降幅在5%左右。在他看来，全球的原料需求不会超过1000吨。“现在我会劝退那些找我咨询想投原料厂的，因为产能已经过剩了。”

也就是说，仅仅依靠原料生意已经无法支撑玻尿酸企业的长期增长了。面对原料毛利率下滑的问题，华熙生物以及福瑞达都找到了一种应对方法——拓展下游终端市场，即售卖大众可以直接使用的产品，如功能性护肤品、功能食品等，也就是商业界口中的B2C。

山东“流量派”基因

在今天，一个新锐美妆品牌的创立离不开两个能力：一是有壁垒的产品研发能力，另一个是社媒流量的新营销能力，山东派似乎将这两个特质进行了完美的糅合。

依托福瑞达和华熙生物的玻尿酸研发优势背景，加上近几年以“成分党”为代表的新锐美妆大潮，济南派创业者们发现了“科技

山东品牌

主流派系	山东代表品牌	“黄埔军校”
原料产商	华熙生物 福瑞达	电商流量：韩都衣舍 科学研发：华熙生物 福瑞达
电商流量系	朵拉朵尚 海洋之风 半亩花田 神秘博士 自然旋律	
科研系品牌	颐莲 瑷尔博士 米蓓尔 润百颜 夸迪	

+流量”产生化学反应的市场机会组合。山东化妆品品牌从早期一枝独秀的半亩花田，发展为新锐美妆品牌百花齐放的良好生态。

而这与山东济南的电商基础及人才储备有着密不可分的联系。

早在1999年，济南市就已经成为全国第一个电子商务试点城市；2001年1月，全国第一家网店——三联家电“shop365”网络店也诞生于济南；再到后来2006年的互联网服饰品牌第一股韩都衣舍电商集团在济南成立。这些在较早时期发展起来的电商企业，源源不断地为后期“蓄势待发”的新锐美妆品牌输送了大量电商运营人才。

在积累了足够的电商基础资源之后，济南系品牌并没有受限于“爆品”“流量”的短期打法，而是对原料、研发、生产等上游环节异常重视。他们深刻认识到好产品对市场的重要性，都在持续升级产品配方和技术，并不缺乏后劲。

西安：属于中国自己的功效原料

长期以来，化妆品原料的话语权一直由跨国公司们掌握着。原料成分的自主研发与应用，一直都是中国化妆品企业的一块短板。

纵观当下整个化妆品产业，在企业+高校+科研成果这三者结合的“产学研”发展之路上，仍然存在不少问题和短板。由于多种因素影响，当前我国高校科技转化率仅为5%左右。譬如高校缺乏对市场的理解、科研成果缺少企业对接及人才相对缺乏等原因，使得至今国内企业和品牌使用的原料大多以进口为主，而一些品牌在面对消费者做营销传播时，也很喜欢强调“进口原料”这一点。

但与此同时，我们看到了一些国内企业正在从原料研发端突围，创立品牌并取得成功，譬如前文立足于玻尿酸的华熙生物与福瑞达就是一个例子。另外，由中国专家与企业独立自主研发，且在全球范围内唯一突破技术难题实现规模化生产的原料成分——类人胶原蛋白，并发展为落地到消费者端的护肤产品，是另一个由国内企业掌握话语权的领域。

而这项原料的研发，则由中国第一位生物化工博士——范代娣教授带领其组建的团队研发而成。1999年，在华东理工大学拿到博士学位的范代娣教授，赴美留学后归国，毅然决定回到她的家乡陕西，在西北大学生物医药研究院不足40平方米的实验室，开始研发重组胶原蛋白。2000年，范代娣及其团队用基因工程技术高密度发酵成功研制出重组胶原蛋白——类人胶原蛋白（Human-like Collagen）；2001年，该技术申请国家发明专利，并申报国际PCT专利。

为了让实验室里的研究成果真正实现转化，2001年西安巨子生物基因技术股份有限公司成立，重组胶原蛋白——类人胶原蛋白开始了产业化之路，巨子生物成为国内首个成功研发重组胶原蛋白并实现产业化的生产基地。

目前为止，巨子生物已研发出基于类人胶原蛋白的皮肤医学、医疗器械、预防医学和营养医学等三大类近百种产品，已经渗透到人们日常生活的方方面面。2009年创立的可丽金品牌，则是巨子生物将类人胶原蛋白技术成功应用到护肤品领域的代表作之一。

同年，类人胶原蛋白系列产品开始进驻国家权威医疗机构并逐步建立战略合作，巨子生物开始了“产学研医”的全新发展模式的探索。

而巨子生物把科研机构、高校的项目成功进行产业转化，则与国家正在通过一系列方针政策相关："十四五"规划中提到，要率先在化妆品等消费品领域培育一批高端品牌。与此同时，国家大力支持鼓励高校、医院等科研院所进行科学成果转化，也在国家2020年发布的相关政策中被明确提出。

从类人胶原蛋白的整体产业转化上看，化妆品应用只是其中一部分。作为生物材料，类人胶原蛋白在医学领域还有更广袤的应用范围。但这对于中国化妆品企业而言，不仅是一个在技术层面实现突破，并达到全球领先水平的案例，也为国内化妆品行业"产学研"发展之路奠定了基石。

中国化妆品行业的未来

中国土地幅员辽阔，从南向北横跨亚热带季风气候、温带季风气候、温带大陆性干旱气候和高原山地气候四大类型。基于前文讨论的中国美妆品牌分布现状，目前化妆品企业大多集中于东南部沿海地区，在国内化妆品行业的上游企业中，有不少公司选择同时在上海与广州两个城市设点建厂。

例如创立于2006年的化妆品玻璃制造商代表广州华兴玻璃&李记包装则从2015年就开始在上海建设分公司，并在2018年入驻东方美谷产业园。于2004年成立于广东中山的诺斯贝尔，2021年初在浙江杭州建立分公司，致力于服务杭州、苏州一带的新锐品牌客户。

同样选择在上海与广州二地建厂的还有于2004年落地上海的科丝美诗，其在广州市从化经济开发区的工厂于2013年落成投产。科丝美诗（中国）化妆品有限公司总经理助理申英杰说：“科诗美丝在落地上海之前，全中国的各个城市我们全走过，包括西南地区、东北地区以及北京。最终选定上海原因在于，我们认为上海是一个中国美妆行业的制高点。”

而将广州作为科丝美诗第二个落脚点的原因在于，广州是中国改革开放以来所有大众消费品的发源地，“当时我们也探讨过，除广州以外深圳是否可以？因为深圳的形象可以代表高科技，然后也考虑过代表移民城市的珠海。但思来想去，还是觉得广州毕竟是中国化妆品行业一个圣地般的地方，广州是必须要去的。”

而半亩花田目前在北京、上海、广州，包括济南，都有自己的团队。创始人曾分享过，在这些地方的布局，一部分是跟中国的化妆品产业链相关，是为了更高效地生产，提高运营效率，譬如将工厂从山东迁到了广州。同时在上海也设立技术创新中心，目的是为了更好地跟上海应用技术大学、华南理工大学等高校合作开展研究，更好地从皮肤生理学等方面入手做产品研发。同时在山东有1.3万平方米的原料生产基地，就是为了更好地落地在上海的技术。

现如今，我国已经成为全球第二大化妆品消费国，化妆品行业正处于快速发展的窗口期，成为“五大消费热点”之一。

从渠道竞争、运营竞争到技术竞争

类似山东福瑞达、华熙、西安巨子、薇诺娜等具有技术基础的国货品牌的崛起，还伴随着中国化妆品市场变迁的历史大背景，那就是其竞争的维度正在从渠道、运营，向技术层面转移。

回望20世纪80年代到2022年的跨国大牌与国货品牌的竞争，国货一直是在学习和模仿，是一场地位不平等的较量。20世纪90年代，中国的消费市场正处在从无到有的阶段，用户成熟度很低，对于品牌来说，谁先接触到用户，就有机会获取市场。所以，对于这个阶段的品牌而言，谁能快速占领能接触到用户的渠道，谁就能做大。这个时候，丁家宜、相宜本草、百雀羚等品牌选择从KA渠道切入市场，KA即Key Account，意指关键客户，在化妆品行业指“连锁超市渠道”，如沃尔玛、家乐福等“洋超市”，也有华联、物美等本土超市连锁。而长三角的自然堂、珀莱雅，珠三角的丹姿、美肤宝、卡姿兰等国货品牌则是依托CS渠道崛起，CS即Customer Service，指街边的化妆品专营店，如娇兰佳人、唐三彩等区域化妆品连锁店。可以说，从改革开放之初到2017年，化妆品品牌的竞争基本在渠道层面。2017年，是国货品牌的首个“高光时刻”，百雀羚、自然堂成为当年双11年度大促的冠亚军，同时有一批国货品牌年营收超过10亿元人民币。正是基于对渠道的精耕细作，国货品牌从边缘市场开始蓄力，逐渐成长为国际大牌不容小觑的竞争对手。

2017年被称为中国化妆品行业的“新锐元年”，此时互联网进入大众视野后，消费者开始逐渐成熟，一大批从线上起家的品牌，抓住了一波流量红利成功崛起。比如，第一批以御泥坊为代表的淘品牌、从微信公众号起家的HFP、抓住一波小红书红利的完美日记，以及和头部主播深度绑定的花西子等等，都是依托自身全新的运营和内容营销能力成长起来的品牌。

新锐品牌这五年的发展之路，代表的是运营端的竞争成为品牌争夺的关键。但是，依托线下渠道崛起的传统国货，与借助线上东风快速成长的新锐国货，都在发展后期遭遇了与国际大牌的正面遭遇战。事实上，到2021年的双11时，国际品牌重新开始占领大片市场，榜单上重新挤满了国际大牌。

一方面，我们看到跨国巨头有着上百年的历史与沉淀，经年累月积累的品牌力等实力非凡。但另一方面，我们也看到随着国货品牌持续的成长与追赶，在不断拉近双方的差距，甚至开始开辟新赛道从而建立竞争优势。此时，就需要在比渠道、运营更深的技术端持续增强国货品牌的核心能力。2021年，薇诺娜正式在A股上市，市值一举超过800亿元，此前上市的华熙，也有超过700亿元的市值。这也意味着，化妆品行业的头部企业已经完成了从营销型选手到技术型技术的切换。

中国美妆未来

一个企业的成功可以有很多种路径，但在某个时期取得成功的企业们走的道路一定具有相似性。在过去五年，化妆品行业经历了一轮本质的变革。依托移动互联网时代的大背景，电商平台、社交媒体突飞猛进地发展，品牌的营销方式、渠道选择甚至是产品研发都因此发生了变化，新成立的品牌们除了不断提升科技水平升级产品，更重视充分运用社交媒体，以价值观、理念等感性诉求去吸引同类人群，以用户为中心迭代产品，与用户共创内容，同时拥有极高的线上渠道占比。

同时，美妆上游的原料供应商以及制造厂商，也在市场大环境中积极寻求变化。从原材料管理的严格化、规范化，以及代工厂规模快速扩张，利用数字化管理，开始接受小批量订单，向柔性供应链转型。中国美妆产业链从上游到下游，从社交电商到Z世代消费者，新锐品牌借势而起，造就了今日新锐美妆品牌创业潮爆发整条链路的一场狂欢。

2021年，不仅是“十四五”的开局之年，也是化妆品行业加速发展的一年。在3月13日发布的《中华人民共和国国民经济和社会发展第十四个五年规划和2035年远景目标纲要》中提到，要率先在化妆品、服装、家纺、电子产品等消费品领域培育一批高端品牌。而加强“产学研”合作及科技成果转化，从研发端创新科技、提升质量，是完善整个化妆品行业生态建设、推动化妆品产业高质量发展至关重要的一环。而国货品牌则开始从满足基本需求，逐渐过渡到为人民提供美好生活的新阶段。“十四五”规划中也明确表示，要大幅提高科技成果转移转化成效，同时还指出要提升自主品牌的影

重要时间节点

2022 1.1

- 注册人、备案人申请注册或者进行备案时，应当按照《化妆品注册案资料管理规定》的要求，**提供具有防腐、防晒、着色、染发、祛斑美白功能原料的全相关信息**

- 化妆品注册人、备案人申请特殊化妆品注册或者进行普通化妆品备案前，必须依据《化妆品安全评估技术导则》的要求**开展化妆品安全评估**，提交产品全评估材料

- 化妆品注册人、备案特殊化妆品注册或者进行普通化妆品备案的，应当依据《化妆品功效宣称评价规范》的要求**对化妆品的功效宣称进行评价**，并在国家药监局指定的专门网站上传产品功效宣称依据的摘要

- 通过原注册备案平台和新注册案平台备案的普通化妆品，**统一实施年度报告制度**。备案人应当于每年1月1日至3月31日期间，通过新注册备案平台提交备案时间满一年普通化妆品的年度报告

2022 5.1

- 提交**产品执行的标准和产品标签样稿**、填报**国产普通化妆品的产品方**、上传**特殊化妆品销售包装的标签图片**(同时需要提供原料来源)

- 2021年5月1日至2021年12月31日期间取得注册或者完成备案的化妆品，化妆品注册人、备案人应当于2022年5月1日前，按照《化妆品功效宣称评价规范》要求，**对化妆品的功效宣称进行评价，并上传产品功效宣称依据的摘要**

响力和竞争力，在消费领域培育出中国的高端品牌。

在这样的政策与舆论引导下，化妆品行业在2021年也经历了一系列以加强监管、提升科技研发水平为目标的升级转型。2022年初，随着一系列行业新法规的全面落地，可以清晰地看到国家在这一轮行业监管的底层逻辑：通过对关于原料及功效宣称的严格管控，提升全行业技术水平、提升全民族科技认知，做高端原料与技术的国产替代、扶持真正具有科技竞争力的国货品牌。

中国制造

文 / 闻涛

2021年，北上广深四座一线城市的GDP总和突破14万亿元人民币，这个数字不仅超过了意大利、加拿大等一干老牌发达国家，就是放到世界各GDP排名榜上，也可以排进全球前十位。

在国内，北上广深四城创造的生产总值占到我国GDP的12.8%，比经济实力最强的广东省还要高出2万多亿元人民币，超级城市在拉动GDP增长方面的巨大作用由此可见一斑。

可以说，这四座一线城市具备的经济实力，已经堪比一个经济强省乃至一个发达国家。

高效运转的城市如同一块巨大的海绵，把人才、技术、资本、设备等生产要素一刻不停地吸引过来，反之又驱动了它本身的运转。在这方面，北上广深无疑具备得天独厚的优势。

然而，北上广深并非孤立的存在，它们发达的物流和金融网络、鳞次栉比的办公大楼、高密度的人才队伍、繁华的商业中心之外，是680多座大中小城市密不可分的经济联络。

每一座城市自有其迷人之处，相比尽人皆知的北上广深，那些远在天边的小城也许更值得一窥究竟。我们选取了合肥、东莞、许昌、汕头、晋江、顺德、慈溪七座各具产业特色的城市，试图从资源禀赋、创业精神、政策环境的角度，解开当代中国城市的商业密码。

一、资源禀赋决定了一个城市的产业下限，是这座城市参与经济竞争的入场券

人口、原料、资金等生产要素作为基础条件决定了城市产业起步的门槛。这方面，许昌颇有代表性。

许昌位居中原核心地带，东可至鲁皖，南可至两湖，西可至川陕，享有地利之便。加之河南的人口之盛，自清代起就成为人发（生产假发的原材料）交易的集散中心，享有原材料优势。随着手工业的发展，许昌顺势从原材料集散中心发展成为商品制造中心，并借助跨境电商获得的海外订单，进一步拉动了生产模式的升级，成为闻名海内外的“假发之城”。

相比许昌的原材料优势，“世界工厂”东莞的优势在于每年涌入的大量劳动力人口。

过去五年，东莞新增常住人口超220万。第七次人口普查显示，2020年东莞常住人口1046.66万人，成为继广州、深圳后，广东第三个常住人口1000万以上的城市。东莞60岁以上人口占比仅5.47%，比全国低13.23个百分点。东莞统计局认为：“我市属于年轻城市，适龄劳动力人口占比大，经济发展保持活力，从人口红利为主转向人口红利与人才红利并存。”

40多年来，一代代年轻的产业工人来到东莞，让这个代工厂林立的小城抓住世界手机产业升级的脉搏，诞生了OPPO、vivo两大本土品牌，还吸引来华为等产业巨头。

二、创业精神决定了一个城市的产业活力，是这座城市不断推陈出新的精气神

如果说人口、土地、资本、原料等属于硬件，那么创业精神则是驱动产业发展的软件，它意味着人的能动性和创造性，这也是竞争优势的来源，小到一个产品，大到一个产业，莫不如是。

自古以来，“爱拼才会赢”的福建人就是创业精神的代表之一，晋江则尤为突出。

这个泉州下属的县级市在改革开放后爆发出蓬勃的创新活力，诞生了乔丹、德尔惠、鸿星尔克、特步、361°、安踏等大批人们耳熟能详的体育品牌，成为“中国体育用品第一城”。

早在1984年，晋江创业风潮最盛的陈埭镇的企业总数突破70家，产值达11027万元，成为福建第一个“亿元镇”，还被誉为福建“乡村企业一枝花”。乔丹体育董事长谢长志回忆：“机器不休息，人员也不休息，换班做。这些老板的发展，都不是偶然性的，靠着努力和勤奋做了起来。”

起步于陈埭镇的安踏，2009年至今先后收购FILA、DESCENT、KOLON SPORT、Amer Sport等品牌或公司，拉出了一条陡峭的增长曲线，超过李宁成为“国产体育品牌一哥”。

丁世忠说：“我们的市值从上市之初不到200亿，到如今超过3000亿；我们从二十几人的工厂，到现在创造超20万人的就业机会；我们从一家小企业到过去10年纳税总额超过300亿。”靠的就是如临深渊、如履薄冰的忧患意识。忧患，方能知不足、明进退。

三、政策环境决定了一个城市的产业上限，是这座城市产业转型升级的指南针

早在1980年，全国大部分地方都是铁板一块的计划经济时，汕头就被全国人大批准成为经济特区，获得了先行先试的起跑优势。凭借1000多万海外侨胞带来的新潮商品，成为内衣行业第一批吃螃蟹的人。在口岸优势的带动下加工贸易发展得如火如荼，汕头内衣以代工的形式大量出口，一个仅有十个足球场大的小镇，一年就可以生产出20亿件文胸、17亿条内裤。

然而，汕头没有抓住有利机会，及时把产能优势升级转化为品牌优势，引导内衣产业获取更高附加值。在环保、渠道以及蕉内、Ubras等新锐品牌冲击带来的三重压力下，汕头内衣业迎来内忧外患的变革，就连曼妮芬等好不容易成长起来的本地品牌也纷纷外迁深圳。

相比之下，合肥新能源汽车产业大手笔的规划，更彰显出政策之手在城市商业顶层设计的重要作用。

以合肥自身的资源禀赋和创业精神，在国内诸多城市中并不出彩，然而合肥市政府以战略投资的形式70亿抄底并引入蔚来汽车，犹如画龙点睛，一举激活了整个汽车产业版图。

随后，德国人闻风而至，马不停蹄地在合肥投资，短短几年时间，就建起了电池厂、整车厂和研发基地，还引入了一大批产业链企业，俨然将合肥视为新能源汽车的生产基地。

也许，用不了多久，人们就可以驾驶从合肥工厂生产出来的大众电动车上路了。

汕头
内衣之城的风光与迷茫

出租车穿梭在参差的楼房间，挂着各色招牌的店铺从车窗外倏然而过，街面上车水马龙，多数人的营生都围绕着两个字：内衣。

这里是广东省汕头市，一个名叫谷饶镇的地界，中国内衣产业的核心地带。这个仅有十个足球场大的小镇，星罗棋布着三千多家内衣厂，一年可以生产20亿件文胸、17亿条内裤、2.86亿套家居服。[①]

以谷饶镇为起点，内衣产业的上下游资源集聚，最终成为汕头的一张金名片。据汕头市电子商务协会的数据，汕头内衣、家居服产量约占全国的45%，名牌产品占全国75%以上。[②]2021年双11，天猫成交最高的十大内衣品牌有两个出自汕头，分别是排名第七、第九的曼妮芬与芬腾。

从蹒跚走路的第一家工厂，到如今规模庞大的产业集群，40年来汕头内衣经历了怎样的发展历程，如今又面临着什么样的挑战？

汕头内衣的崛起

1984年的一天，汕头友谊商店，一名男青年站到了专卖女士文胸的柜台前。犹豫许久，他终于满脸通红地指着一件文胸对女售货员说："我要那个。"女售货员惊讶地看了一眼，把胸罩递过来。男青年迅速把捏在手里的30元钱扔到柜台上，抓起文胸头也不回地

① 黄嘉锋：《潮阳区谷饶镇 蝶变升级做强针织内衣产业》，《南方日报》，2021年6月30日。

② 《全国45%产量，看双十一汕头内衣家居服的热销场面！》，汕头市电子商务产业协会（ID：csdspx），2021年11月12日。

跑了出去。一口气飞奔到家里，他气喘吁吁地开始拆胸罩，仔细研究了起来。

几天后，在一个简易的作坊中，这名青年脚蹬缝纫机开始生产自己的文胸。

不久，一块“谷饶镇文胸厂”的招牌挂到了这名青年的内衣作坊门前。这是汕头华侨投资组建的第一家工厂，在第一家内衣厂的带领下，汕头人找到了内衣行业的敲门砖。

这名青年就是汕头内衣业赫赫有名的张映昌，他所在的谷饶镇也因此成为汕头内衣产业腾飞的起点。在他的带领下，谷饶镇很快冒出几百家内衣作坊，他们夜以继日地劳作，以1美元一件的价格把自己生产的内衣卖给贸易商，漂洋过海陈列到沃尔玛的货架上，最后以6美元一件的价格被美国人买走。以至于汕头当地人戏称“谷饶人专赚女人钱”。

汕头人通过“三来一补”进入内衣行业，依托作坊式生产和代加工模式赚到内衣产业第一桶金，骨子里信奉“爱拼才会赢”的他们并未止步于此。一家工厂为了把文胸打入俄罗斯市场，甚至派人到俄罗斯收集当地女性的体型特征，进行专门的设计。生产出的文胸一炮打响，大受欢迎，当地批发商不解地说：“为什么你们中国人比俄罗斯人还了解俄罗斯女人？”

1993年，谷饶镇文胸厂更名为“雅潮内衣有限公司”，注册资本增加到了1200万港币。到2012年，汕头出口针织内衣货值6.62亿美元，约合45亿元。张映昌本人也被推举为“谷饶镇纺织服装商会会长”。这段草莽的创业史也成为汕头内衣产业的一个注脚。

到2021年，谷饶镇所在的潮阳区规模以上针织服装企业达到

265家，而隔壁的潮南区则拥有3200多家纺织服装生产企业、近7000家商铺、17个服装贸易市场、6个原材料及辅料市场，成为全国最大的内衣家居服装集聚地，每年生产10亿件内衣、家居服销往全球。纺织服装产业在潮阳区和潮南区的工业总产值中的占比均超过50%。可以说，内衣养活了一半的汕头人。

迷茫与出路

20世纪90年代的汕头街头如雨后春笋一般涌现了小洋楼。勤劳的汕头人靠着内衣生意发家致富，上万家工厂灯火通明、产销两旺。

尴尬的是，走遍整个汕头的内衣厂，没有一家能叫得出名堂。

“旺季的时候，客户不停地催货。淡季的时候，又会变得挑剔，疯狂砍价。一美元的内衣直接砍掉一半。最终赚多少还不是外国人说了算？”刻骨铭心的经历，让汕头内衣厂商意识到创建品牌、掌握定价权的重要性。

1996年，林升智、林升江两兄弟在汕头创建曼妮芬服装有限公司，他们把生产基地设立在汕头，把设计则放在深圳，还在北京开设了线下专柜，形成研发—生产—销售的业务布局。林氏兄弟利用深圳得风气之先的优势，把时尚元素融入内衣设计，化为产品一大卖点。

彼时的中国内衣市场，德国黛安芬、日本华歌尔、香港安莉芳等形成了高端品牌第一阵营。曼妮芬将收入较高的成熟女性作为目标客户，一件文胸两三百元。为了打开市场，一方面百货商场铺设零售网点，一方面借助大众媒体营销推广建立品牌心智，很快吸引了城市女性的青睐，从同质化竞争中杀出了一条生路，在市场上打响知名度。

加入WTO以后，中国经济进入快车道，GDP连续十年保持8%以上的增长，女性内衣市场迎来高速发展期。乘着行业东风，曼妮芬一路高歌猛进。从2002年到2012年，连续十二年位列国内同类产品市场综合占有率第一位。

那个时候，中国内衣界形成“北爱慕、南曼妮芬”的格局。

以曼妮芬为原点，林升智组建了汇洁股份，并分裂出多个内衣子品牌，通过遍布全国各大城市的2000家专柜，在2014年卖掉700万件文胸。 2015年，汇洁股份在深交所挂牌上市，摘得中国“内衣第一股”。

曼妮芬为汕头内衣产业描绘了一幅“品牌化——集团化——资本化”的三级跳成长路径，在它的带领下，汕头涌现出了芬腾、美标、彩婷等一大批品牌，汕头内衣产业进入了品牌化发展的新阶段。

受益于产业集聚效应，汕头内衣产业上下游配套体系不断完善，吸引了都市丽人等品牌的投资建厂，夯实了汕头内衣产业的基础。

与此同时，曼妮芬告别了家乡汕头，加入全球化竞争的舞台。

2018年，汇洁股份发布公告，注销了汕头市曼妮芬制衣有限公司。并公告称，出资200万美元在美国设立全资子公司，加快曼妮芬品牌的国际化。

从补贴贸易起家的汕头内衣，凭借国内市场积蓄的能量，进入全球竞争的新轮回。不同的是，如今它们已不是两手空空的少年。

新一代的挑战

当曼妮芬踌躇满志地开拓国际市场时，国内市场也迎来了剧变。在中国大陆，女性内衣市场以每年10%左右的速度增长，到2020年规模已达5000亿元。这个高速增长的市场中，一批新锐品牌依托互联网正在快速成长起来，倚重传统渠道的传统品牌面临式微。

2016年，新锐内衣品牌Ubras、蕉内分别在北京和深圳成立，一南一北遥相呼应。

Ubras推出的无尺码内衣切中了现在女性追求舒适的需求，成为引领行业的爆款产品；而Ubras也因此收获大批年轻消费者的青睐，2019年天猫旗舰店双11销售同比增长3倍，2020年双11天猫销售额突破3亿元，坐稳行业top1，顾客复购率超80%，产品动销率达90%。

蕉内通过外印无感技术解决了传统内衣缝制标签带来的刺痒问题，让消费者获得更贴身舒适的穿着体验，这一优势借助社交网络放大，并通过全域营销实现产品种草和客群裂变，连续3年增长超过100%，2020年双11成交额突破2.2亿元，上线4年销售额突破15亿元。

相比之下，都市丽人、曼妮芬等传统内衣品牌由于渠道老化、产品滞销等原因纷纷进入负增长轨道，与新锐品牌形成冰火两重天的明显对比。2020年，都市丽人营收30.57亿元，同比下滑25%，亏损1.16亿元。曼妮芬母公司汇洁股份营收23.7亿，同比下降8.2%。

都市丽人、曼妮芬的颓势也折射出了汕头内衣产业面临的严峻挑战：以品质、价格和产能取胜的传统内衣制造业，在快节奏的数字化时代无法快速满足消费者多变的需求而逐渐落伍，与以消费者为中心进行数字化研发、营销、销售并不断推陈出新的新锐品牌拉开差距。

相比Ubras、蕉内等借助柔性生产、互联网销售实现快速爆发获得行业势能的新锐品牌，已经40多岁的汕头内衣产业就像上个时代的物种。他们依赖经验开发产品，通过订货会收集订单进行大规模生产，通过线下展会、批发商和零售门店开展销售，链条长、反应慢的短板暴露无遗，倘若产品不能做到适销对路，那么就将产生大量积压，变成沉重的负担。

在激烈的市场竞争中，如果不能抓住趋势、开创趋势、引领趋势，任何产业都将走向没落——时代为汕头内衣产业敲响了警钟。震惊之余，汕头内衣企业纷纷拥抱互联网，就像当年开拓线下网点那样，他们一板一眼地设立网络商店、开通电商直播；他们寄希望于用数字化拉近与消费者的距离，贴近客户、聆听市场的声音，围绕客户需求来设计和生产，激活工厂沉睡的产能。

这样的背景下，汕头内衣产业的数字化转型升级，终于如火如荼地开展了。

2021年深秋的一个晚上，汕头老城一幢古色古香的建筑内，一场4小时的直播正在进行。主播在镜头前宣讲着汕头的历史，货架上整齐地陈列着即将上架的内衣，千里之外的观众点击一下手机就可以买走这些刚走下生产线的商品，一切那么遥远，一切又迫在眼前。

2022年6月25日，北京西红门蕉内品牌线下店。亮眼的设计抓住年轻人的眼球。（图片来源：视觉中国）

许昌
“假发之都”是怎么炼成的？

每年10月，万圣节来临之际，非洲各国的超市就挤满了前来采购的男女老少。无一例外，他们的购物车中都有一样商品，那就是假发。13亿人口的非洲，假发是一个与食物、衣服同样重要的生活必需品。几乎每个非洲女孩都有三到五顶假发，无论是几美金的假发条还是数百美金的长发，在非洲每一顶假发都能找到喜欢它的主人。

如今在非洲，平均每两秒钟就有一顶假发被买走，市场增速超过100%。肯尼亚一家假发网站的报告显示，当地女性每年在头发上花费500美元，约占她们年收入的十分之一。一些经济状况较好的非洲国家，有的女性甚至愿意拿出一半的收入来打理假发。旺盛的消费催生了非洲假发市场的高速增长，作为全球仅次于美国的第二大假发消费市场，非洲人每年消费假发60亿美金，这其中20%的假发来自中国。

中国海关的数据显示，近几年中国假发出口均维持在30亿美金以上，仅河南一省就占到了每年我国假发出口总额的一半左右。

正所谓全球假发看中国，中国假发看河南，河南假发看许昌。

不完全统计，许昌假发远销全球120多个国家和地区。全球每10顶假发就有6顶来自许昌。① 许昌，这个430多万人口的中原城市，靠着假发这门生意，融入全球产业分工链条中，成为名扬海内外的“假发之都”。

① 王烜：《全球首个发制品跨境电商直播基地落户许昌》，《河南日报》，2020年10月29日。

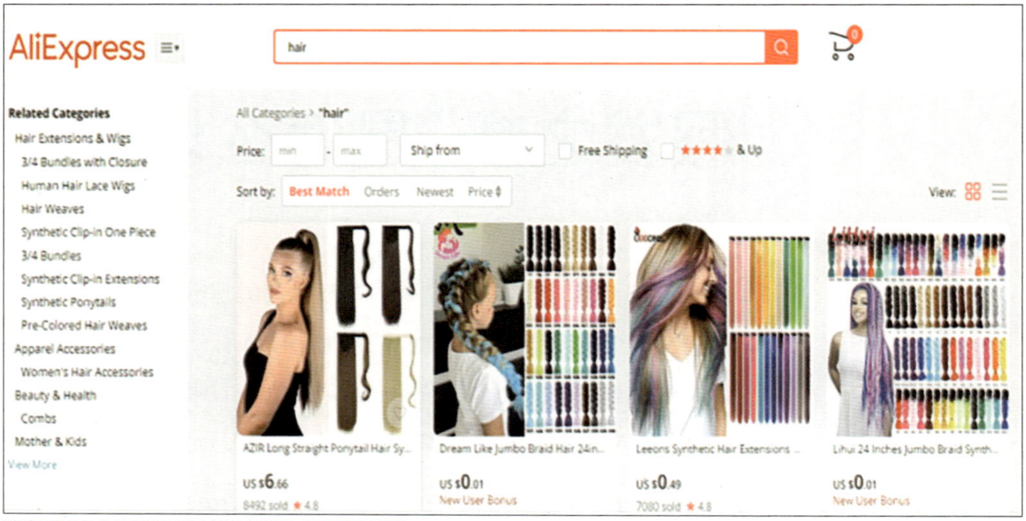

速卖通平台上的假发产品（图片来源：速卖通网站）

许昌假发走向全球的三次浪潮

假发之于非洲女人，正如口红之于中国女人，正在成为追求美丽的象征。然而，当非洲女人乐此不疲地购买假发时，她们或许不会想到，这些款式多样的假发，牵动了东半球一座名叫“许昌”的中原城市的古往今来。

许昌县志记载，早在明嘉靖年间，当地就开始制作假发，作为唱戏用的道具。

清光绪年间，许昌灵井镇泉店村一个名叫白锡和的生意人到山东做买卖，无意间看到一个德国人亨特高价收购中国妇女的头发，详细打听才知道这些被中国人丢弃的头发制成假发后在德国可卖出高价。于是，白锡和找到亨特协商，联合成立“德兴义”发庄，一人负责采购加工，一个负责出口销售。在许昌生产出来的假发通过青岛运往欧洲市场销售，生意格外红火。在他们带动下，就连山东、安徽等地的人发都卖到了许昌泉店村，大大小小的假发作坊如雨后春笋般涌现出来，这里迅速发展成为当时中国最大的假发原材料集散地。

20世纪初叶，方兴未艾的全球贸易把许昌假发推入了世界市场。假发的原材料易得，生产流程也不复杂，而且市场需求旺盛，这些因素叠加，让假发这个手工业在许昌扎根下来且历久不衰。到20世纪30年代，泉店村生产的中国假发享誉国际，被称为“许泉发”。

改革开放开启了许昌假发产业第二次全球化发展的浪潮。凭借完善的产业链、极高的性价比，许昌假发进一步打入国际市场，成为河南省重要的出口商品，并催生了瑞贝卡等龙头企业。

20世纪90年代，许昌人收头发比种地还赚钱，以至于很多村子的男人集体都外出去收头发。高峰时期，许昌有2万头发收购大军，他们走街串巷，把全国各地收购来的头发汇聚到许昌，经过开料、打发、档发、制发等环节制作成一顶顶假发，通过海运销往全球。

中国加入WTO后，许昌假发加速融入全球市场，进一步拉动产业集聚，迅速发展成全国最大的发制品集散地和出口基地。到2012年，许昌发制品企业突破200家，覆盖3000多个品种，远销120个国家和地区，出口创汇12.6亿美元，占全国假发出口额的55%。[①]

2015年以后，蓬勃发展的跨境电商推动了许昌假发产业全球化的第三次浪潮。得益于跨境物流、信用保障、支付体系等基础设施的不断完善，依托亚马逊、ebay、阿里速卖通等跨境电商平台，许昌假发进一步打开了全球市场，打出品牌知名度。

① 《河南省许昌市发制品基地》，商务部对外贸易司，http://wms.mofcom.gov.cn/article/hyxx/fuzhuang/201211/20121108413487.shtml，2012年11月1日。

许昌当地整理人发的老人（图片来源：南风窗 何承波/摄）

许昌假发已经成为各大跨境电商平台的明星产品，以阿里速卖通为例，平均每两秒就卖掉一顶假发，其中80%来自许昌。2020年，该平台上的450家许昌假发店铺，日发包裹2万单，年交易额约3亿美元左右。[①] 2021年双11，许昌假发进入了速卖通全球热销榜第三位。[②]

假发大王瑞贝卡

许昌城南，有一条笔直的瑞贝卡大道，马路两侧林立着瑞贝卡公司、瑞贝卡小区、瑞贝卡门店——毫无疑问，许昌把瑞贝卡视为假发产业的名片。这座城市甚至以瑞贝卡的名字来命名航空售票处。瑞贝卡公司之所以备受尊重，在于它以一己之力改变了许昌假发产业的命

① 杨伟峰：《跨境电商助力许昌发制品产业蝶变升级》，《许昌日报》，2020年9月25日。

② 王金伟：《前三季度，许昌市发制品进出口总额破130亿元》，《许昌日报》，2021年11月17日。

运。某种意义上，没有瑞贝卡，也就没有许昌假发的今天。

1990年10月，许昌县（今许昌市建安区）发制品总厂成立，这就是瑞贝卡的前身。厂长郑有全，1954年出生在许昌县小宫村，隔壁就是闻名远近的假发集散地泉店村。改革开放后，泉店村民纷纷涌入假发行当，干起了人发收购的买卖，耳濡目染之下，郑有全自然也吃上了假发这碗饭。

郑有全受过高中教育，当过民办教师和大队干部，还开办过一家小宫工艺毛发厂，从青岛、深圳收购毛发，分类整理以后出售给外商，一斤卖到200元。外商把这些从中国收购的毛发送去日韩加工，制成的假发在海外市场销售，一顶就能卖到2000元以上。

“祖祖辈辈经营近百年的人发行当竟然是替人作嫁衣裳，高额利润都被有能力生产假发产品的外国人赚走了”，郑有全心想，“为什么自己就不能把原料加工成假发成品销售呢？”

恰在此时，国家轻纺投资公司看中了许昌这个毛发集散地的区位优势，决定贷款扶持许昌成立制发厂。经过几轮走访调查，郑有全被他们相中，被任命为厂长。

于是，郑有全带着小宫工艺毛发厂的30名乡亲来到许昌县城，开始了第二次创业。

制造假发，三连机是必不可少的设备。郑有全以前只是在青岛一家中韩合资的假发厂见过这种机器，它的外形和家用纺织机差不多，但是里面有什么零部件，一概不知。

几经周折，郑有全请来一位曾在发制品企业干过的退休老师傅，前后花了个把月才绘制出了三连机图纸。郑有全马上联系了一家机械厂，经过20多次反复修改才制造成功。

有了设备，还要掌握制成发制品的技术。将档发制成假发，工艺相当复杂，仅毛发深加工过程中的脱磷、染色就有10多道工序，郑有全等人对此两眼一抹黑，听也没听过。

郑有全高薪从韩国招聘来一位技术工程师，在车间反复试验，最后生产出了首批5万条工艺假发，发往香港客户张振亚手中，然而客户并不认可，一下子积压了80万元的货款。

张振亚是香港数一数二的假发批发商，当他得知这批货是许昌一家刚刚成立的工厂生产时，内心感到十分好奇，也认为此事意义重大，专程赶赴许昌发制品厂实地考察。

张振亚到来的时候，正好赶上郑有全聘请的新工程师带队攻克了技术难关，掌握了从档发、染发等一系列工艺程序。许昌发制品总厂的第二批产品制出后，张振亚欣然同意包销。

为了进一步打开国际市场，郑有全决定与外商合资，直接把产品推向国际。

1992年，郑有全结识了美国新亚国际有限公司董事长吕鸿山。一年后，双方合资组建河南瑞贝卡发制品有限公司，并在芝加哥设立办事处，打开了直销美国的通道。

美国市场为瑞贝卡贡献了稳定的利润，支撑起了它向全球扩张的步伐。郑有全因势利导，从美国把市场扩大到了整个美洲，接着是欧洲、非洲，一口气打入30多个国家和地区。

随着生产规模的快速提升，为了获取更加便宜的头发，瑞贝卡把原材料采购的触角伸向了缅甸、印度等佛教盛行的东南亚国家，从当地剃度出家的寺庙僧人手中收购大量头发，由此构建了一张“全球采购——中国加工——全球销售”的供产销网络。

2003年，经过10年的积累，郑有全终于带领瑞贝卡在上海证券交易所挂牌上市，成为“中国假发第一股”。当年，瑞贝卡主营业务收入5.17亿元，净利润超过4700万元。

上市之后，瑞贝卡继续加大技术、品牌和渠道投入，拉出了新的增长曲线。

一是技术创新。通过新工艺、新材料、新产品的研发带动产品升级，共取得数百项专利，其研发的纤维发丝原材料填补了国内行业空白，达到了行业先进水平，打破了日、韩的垄断地位。

二是自主品牌。打造出“瑞贝卡Rebecca”，以及“Sleek”“NOBLE”“Magic”等一系列国际品牌，形成了覆盖高中低三档满足不同人群消费需求的品牌矩阵。

三是全球布局。借助电子商务拓展海内外市场的同时，瑞贝卡在非洲、美国、英国和巴西设立了8家销售子公司，搭建了较为完善的销售网络。还在尼日利亚、加纳、柬埔寨、莫桑比克设立了四家生产型子公司，实现了“本地化生产和本地化销售”。

如今，在新冠肺炎疫情冲击下，上游原材料价格上涨、人工成本上涨，叠加用电成本上涨和人民币升值，多重压力之下，瑞贝卡取得逆势增长——2021年上半年主营业务收入6.53亿元，同比增长30.9%；归母净利润2535万元，同比增长43.92%。

许昌假发的下一个十年?

许昌假发产业的异军突起，是“中国制造”在全球快速崛起的一个真实写照。

60年前，日本、韩国还是世界假发产业的中心。进入20世纪90年代，随着中国农民工入城，劳动力成本优势凸显，工业化加速，日韩假发产业逐渐萎缩，世界假发产业中心转移到了中国大陆。

在国际贸易的拉动下，河南、山东、湖南迅速成为中国大陆假发产业的三大基地。2017年三地出口假发分别16.11亿美元、7.68亿美元、2.56亿美元，占到中国假发出口的83%。

在瑞贝卡等龙头企业的锐意进取下，许昌成为中国假发产业中心，带动了整个行业的产品创新和模式升级。这个过程中，以跨境电商为代表的互联网，成为助推假发产业升级的幕后力量。

假发是一种很强调展示的商品。中国假发出海的最新玩法是，与海外KOL合作，利用直播电商做商品展示和流量变现。如今在Tik Tok上，假发直播播放量已突破100亿人次。

新冠肺炎疫情期间，线下零售停摆，线上销售一路走高，大量国外消费者逐渐形成了在电商网站购买假发的习惯。阿里速卖通平台上，欧美主要市场的假发成交额出现了三位数增长。2021年，许昌市发制品出口额达到151.6亿元，在北美、西欧、非洲的市场占有率超过30%。

另一个意外之喜是，由假发产业打下的跨境电商产业基础还带动了其他产业的出口增长。2021年，许昌市跨境电商交易额逾150亿元，除了假发这个主打产业，还包括蜂产品、卫浴陶瓷、人造金刚石等产品，销售遍布亚、非、欧、美等100多个国家和地区。

在争分夺秒地发展全球市场的时候，许昌的假发企业也没有忘记开垦中国市场。

2019年，国家卫健委公布的一组数据显示，中国脱发群体超过2.5亿人，平均每6个人中就有1人脱发。深受脱发困扰的中国人，把中国假发市场的消费规模一点点撑开。

瑞贝卡很早就开始布局国内市场，2010年就聘请明星高调代言。此后，在时尚达人的推波助澜下，经由互联网的层层发酵，假发这种原本难登大雅之堂的产品，摇身一变竟然成为一种具备潮流审美属性的时尚单品，市场前景跃然又上了一个台阶。

当前，国内中高端假发消费快速增长，而行业龙头瑞贝卡市占率还不到10%，将近85%的份额由上千个中低端品牌构成。接下来的故事，一场假发领域的“消费升级”即将上演。

晋江
中国鞋都往事

2021年12月18日，安踏集团在福建晋江市召开新十年战略发布会。发布会的地点是一座高18米的玻璃幕墙建筑，门前有宽阔的广场，周围是改造一新的厂房，不远处矗立着安踏中国总部大楼，空气中洋溢着喜庆的气氛。这座建筑作为安踏成立30周年献礼工程而启用，它有一个特别的名字——982中心。

982这个名字取自安踏创立后的第一款爆品——编号982的一款运动鞋，推出以后深受消费者欢迎，连续畅销了好几年。

“正是因为有了这款鞋，安踏的品牌之路也从此开始。”安踏集团董事局主席兼CEO丁世忠说，“为这个建筑命名为982，也是希望大家永远不忘创业初心，牢记我们第一步是从哪里出发。”

“乡村企业一枝花”

从安踏982中心出发，沿泉安北路一路南行，左拐至双龙路，几分钟后进入乌桥路、群兴路，来到一个名叫岸兜村的地方。

30年前，丁和木带着两个儿子丁世家、丁世忠在这里创办了安踏。这里，不仅是安踏的起点，也是整个晋江鞋帮的心脏地带。

岸兜村所在的陈埭镇，方圆38平方公里的土地上诞生了安踏、

2012年，福建省晋江市，中国鞋都陈埭镇（图片来源：视觉中国）

特步、361°、德尔惠、乔丹等诸多本土运动品牌，它们与3000多家上下游配套企业合作，每年生产16亿双运动鞋，让陈埭镇这个弹丸之地一跃成为全球知名的“中国鞋都”，全球最大的运动鞋生产基地。“在晋江、在陈埭，你能买到做鞋子的任何材料。随便一条线、一根针，这里都能找到。”

陈埭镇原本是晋江市的一个穷镇，北滨晋江、东临大海，土地稀缺，改革开放前人均耕地不足3分（200平方米），人均收入仅52元。由于人多地少，陈埭人一年当中大约10个月无所事事。改革开放后在政府引导下，陈埭人利用华侨寄回来的资金和留下的闲置房屋开办工厂，走向了制鞋的道路。时任陈埭镇副书记陈清火说：“我们陈埭就是靠着闲人、闲房、闲资发展起来的。”

陈埭镇洋埭村村民林士秋成为晋江鞋帮第一个吃螃蟹的人。一个偶然的机会，林士秋去上海，看到皮鞋很好卖，一双鞋子50元，顶得上普通人两个月的工资。林士秋暗想，我也要做皮鞋。

1979年，林士秋联合海外的亲友，凑了8万块钱，以联户集资的方式在一个石头房子中创办了洋埭服装鞋帽厂，这就是鳄莱特的前身。林士秋以每月100多元的“高薪”，从厦门国营皮革厂请来两位老师傅，带着30多个工人，一天生产40多双皮鞋，一双鞋出厂价40元，刚出厂门就被50元抢走。

林士秋让晋江人看到了摆脱贫困的希望。他们纷纷开办工厂，加入创业大潮，短短几年晋江的街面就充斥着各类制鞋作坊。这期间，一大批日后名声大噪的晋江鞋企开始崭露头角。丁建通创立华丰鞋厂，四个子女齐上阵，一开始每天生产5双皮鞋，一双鞋赚3元，这就是361°的前身。丁明亮拿出仅有的150元积蓄，开设了一家小作坊，就是德尔惠的雏形；丁水波创立了三兴制鞋厂从卖拖鞋起家，这就是特步的前身；乔丹体育董事长谢长志回忆：“机器不休息，人员也不休息，换班做。这些老板的发展，都不是偶然性的，靠着努力和勤奋做了起来。”

到1984年，陈埭镇企业总数突破70家，产值达11027万元，成为福建第一个“亿元镇”，还被誉为福建“乡村企业一枝花”。[①]

“凤凰涅槃”

1991年，一家香港鞋企在国内注册的“MOHAWK”商标遭到侵权，晋江工商部门顺藤摸瓜，查出38家假冒商标的企业。1992年，陈埭镇召开查假治劣大会，当场销毁6700件假冒伪劣商品。[②]这

① 《沧桑巨变——祖国大陆特色小城镇纪事》，中央人民广播电台系列报道。

② 刘荒、李坤晟：《晋江品牌之旅：从冒牌货到名牌鞋的嬗变》，《新华每日电讯》，2018年7月13日。

掀开了晋江制鞋业华丽浴袍之下不为人知的另一面。

那个时期，晋江鞋业在快速发展中忽略了品质，由于工艺落后、技术不过关，开裂脱胶等现象层出不穷，晋江鞋成了过街老鼠，“客户一听说销售员是晋江过来的，二话不说，扭头就走。”行业乱象中，一部分投机分子甚至打起了“仿冒”的主意。一无品牌、二无品质——晋江鞋面临生死存亡的考验。

1998年，陈埭镇镇长王庆祥带队去德国杜塞尔多夫国际鞋展，发现“晋江运动鞋5美元一双，贴上外国牌子就卖到99.9美元”。更令人难堪的是，晋江企业展厅中央陈列的竟然全部都是国际品牌，“晋江鞋”被摆在不起眼的边边角角。

2021年，湖北武汉安踏门店（图片来源：视觉中国）

回到宾馆，王庆祥就召集大家开会，“下定决心要创立自己的品牌”。这一年，晋江提出“品牌立市”，实施区域品牌造势计划。实际上，陈埭镇的鞋厂老板们不是不想打品牌，而是苦于没有方法。

1987年，丁世忠从福州火车站出发，排了一个晚上的队，买了一张46块的站票到了北京。在北京，看到商场里琳琅满目的品牌，丁世忠第一次萌生了创立运动品牌的梦想。

有一次，丁世忠到哈尔滨出差，在《哈尔滨晚报》看到孔令辉拿了乒乓球冠军，丁世忠认为孔令辉形象特别好，阳光帅气正能量，他想：“如果可以请他做广告，一定有效果。”

1999年，安踏净利润400万元，丁世忠排除万难，拿出80万元聘请孔令辉担任品牌代言人，还斥资300万元在CCTV-5打广告。

1999年，安踏与乒乓球世界冠军孔令辉签约，以“我选择，我喜欢”作为广告语。

第二年，悉尼奥运会，孔令辉获得男子单打冠军，“我选择，我喜欢”的广告语让安踏名声大噪，当年销售额突破3亿元。丁世忠“明星代言+电视广告”的组合打开了安踏品牌化发展的潘多拉魔盒，也给晋江鞋企树立了品牌升级的榜样。

2001年，特步以470万元请来谢霆锋做代言人，借助后者的人气，广告语“特步，非一般的感觉”一时间尽人皆知。

同年，德尔惠签约吴奇隆做代言人，在CCTV-5和湖南卫视等地方台大肆投放广告，第二年销售总额就突破3.5亿元。

2003年，与吴奇隆合同到期后，德尔惠以1000万元的“天价”

打败安踏，拿下周杰伦长达10年的品牌代言。借助周杰伦的人气，德尔惠品牌红极一时，连续两年销售额增长率超过50%。

据统计，仅2003年晋江鞋企就聘请了30多位明星代言，轮番登陆CCTV-5频道进行“广告轰炸”。2004年，361°品牌广告投放高达4000万元，仅奥运会期间投入将近1000万元。2005年，特步豪掷1500万元赞助南京全运会。2006年，德国世界杯期间，占据CCTV-5大约1/4广告时段的晋江品牌，引得数以亿计的电视观众，纷纷调侃CCTV-5为“晋江频道”。自2004年至2018年，晋江品牌电视广告投入高达65亿元。

为鼓励企业创建品牌参与全球竞争，晋江市政府在2004年斥资1800多万元，重奖前一年度的创牌、认证和采标企业。[①]

在市场和政策的双重激励下，晋江迎来品牌爆发的高峰。

截至2017年，晋江共拥有68609个注册商标，包括马德里国际商标310件、中国驰名商标42件、福建省著名商标220件。[②]

打开资本市场的闸门

2005年11月14日，成立仅仅五年的鸿星尔克在新加坡证券交易所上市，成为国内第一家在海外上市的运动品牌。借助资本市场，鸿星尔克快速扩张，2008年线下门店达到7000家，营业额增至28亿元，是上市前的5倍还多。在鸿星尔克的示范效应带动下，晋江鞋企开启了上市热潮。

2007年，安踏在港交所挂牌，获得183倍超额认购，募资超35

① 李超：《德尔惠之殇》，棱镜（ID：lengjing _qqfinance），2018年7月9日。
② 《安踏开启泉州“造牌潮”》，《泉州商报》，2018年12月31日。

亿港元。安踏市值迅速飙至200亿港元，成为全球第五大体育品牌。

2008年，特步登录港交所、鳄莱特在新加坡主板上市。2009年，喜得龙在纳斯达克上市，361°和匹克登录港交所。

截至2011年年底，晋江境内外上市公司37家。这37家上市公司通过资本市场募集资金折合人民币约200亿元，证券市场总市值超1800亿元。陈棣镇有14家上市企业，为晋江拥有上市企业最多的镇，也是无可争议的“中国资本市场第一镇”。③

通过资本市场募集的资金，晋江鞋企继续疯狂市场营销的同时，一方面快速铺设销售网络，截至2011年361°门店达到7600家、特步门店达到7500家、匹克达到8000家。另一方面不断完善产品结构，从运动鞋向运动服进行多品类扩张。21世纪第一个十年，“品牌+渠道+产品”多管齐下，“晋江帮”在本土体育运动用品市场高歌猛进，一时风头无两。

在运动鞋服产业的带动下，晋江经济快速发展，这个常住人口只有160多万的县级市，2011年GDP达到1070亿元，人均GDP超过6.6万元，连续多年位列百强县前十位。2020年，纺织服装业产值1694.09亿元，制鞋业产值1448.30亿元。④

上市之后，晋江鞋企纷纷盖起豪华的办公大楼，将破旧的厂房装修一新，有的还把总部外迁到80多公里外的厦门。那条繁忙的鞋都路穿过陈埭镇，在车水马龙中诉说着往日创业的艰辛。

晋江运动品牌运用资本最娴熟的企业，莫过于安踏。2009年至今先后收购FILA、DESCENT、KOLON SPORT、AMER SPORT等品牌或公司，夯实了产品结构和品牌矩阵，通过“单聚焦+多品牌+全球化”策略，拉出了一条陡峭的增长曲线，超过李

③ 陶喜年：《晋江板块揭秘：37家上市公司的资本神话》，《时代周报》，2012年4月12日。

④《晋企共话科技赋能 畅谈传统产业高新化转型》，晋江市人民政府，http://www.jinjiang.gov.cn/xxgk/gzdt/jjyw/202109/t20210911_2617603.htm，2021年9月11日。

宁成为国产体育品牌冠军。

丁世忠说："我们的市值从上市之初不到200亿，到如今超过3000亿；我们从二十几人的工厂，到现在创造超20万人的就业机会；我们从一家小企业到过去10年纳税总额超过300亿。"

这些数字不仅是安踏从小到大的写照，也诠释了晋江鞋业从野蛮生长、洗牌重组到参与全球竞争的峥嵘岁月。

分化

2017年8月，喜得龙因债务问题，进入破产重整程序。几个月后，德尔惠被巨额债务压垮，厂房、土地和仓库等资产被挂牌拍卖。

率先抢得上市先机的鸿星尔克因为过度扩张也陷入了连年亏损的泥潭。鸿星尔克的股票于2011年2月28日起停牌交易至今。2015年，一场大火，烧毁了近一半生产设备。

与此同时，安踏、特步等公司却掀起了新一轮增长的序幕。特步的营业总额从2017年的51亿元增长到2020年的81亿元。安踏的营业收入从2017年的167亿元增长到2020年的355亿元。同样以制鞋起家的晋江运动品牌，从2017年后剧烈地分化，一个核心问题在于它们对于渠道不同的态度。

2017年以来，伴随着智能手机的大规模普及，移动购物的渗透率快速增长，原先以线下经销网络为主的运动品牌，能否抓住这一轮数字化的机遇布局线上渠道成为成败的关键点。

2021年双11期间，安踏集团旗下品牌累计成交额突破46.5亿元，同比增长61%。在天猫运动户外鞋服及母婴鞋服总成交额首次超越包括耐克、阿迪在内的所有竞争对手，市场份额超22%，位居全行业第一名。这也是中国企业第一次问鼎双11运动品类榜单。

数字化帮助安踏重构了销售渠道，拉近了与消费者之间的距离，紧密贴合年轻人的消费需求，生产出更加适销对路的商品。每年超过2亿件商品在安踏遍布全球的供应链工厂流水线上诞生，通过布局全国的物流网络，在12000多家门店和各大电商平台上架销售。

2021年，因为河南水灾期间低调的5000万捐款，被大众逐渐淡忘的鸿星尔克一夜爆红。4000万网民冲入鸿星尔克的官方直播间“野性消费”，上架销售的鞋子被一扫而空。

这场意外事件带来的汹涌流量，让鸿星尔克名声大振，短短3天的线上销售量就超过了2亿元。就连总裁吴荣照也在意外之余走进直播间连连呼吁网友理性消费。

还有热心网友给鸿星尔克官方微博充值会员经到2140年。鸿星尔克发微博宣称：“争取做到百年老店。”

短暂的喧嚣过后，鸿星尔克面对的是，消费回归理性之后，如何持久地留住人心？

而这，也正是瞬息万变的移动互联网时代，所有消费品品牌共同面对的时代课题。

合肥
正在崛起的新能源汽车之城

2013年的一天深夜，北京海淀小米总部，雷军迎来了一位老朋友——李斌。

李斌是一名很能折腾的连续创业者，他从北京大学毕业后先后创办了两家科技公司，都没什么大的起色，直到创办第三家公司易车网。经历九死一生拿到联想的投资并在2010年登陆纽交所挂牌上市，很快就发展成为一家年营收10亿元人民币、员工2000多人的大公司。此时，李斌正在酝酿着下一个创业方向，他找雷军就是拉投资的。李斌对雷军说，自己想要造智能电动汽车，希望获得雷军的投资。

此时，特斯拉掀起的电动汽车热潮风头正盛，大众、宝马、保时捷都推出了自己的电动车，国内汽车厂商也在摩拳霍霍，比亚迪推出了混合动力车型“秦”、上汽旗下的荣威插电混动车型550也如期上市。

虚岁马上40的李斌决定“All in”电动汽车，同样也是40岁创办小米的雷军表示难以理解：“现在造车的人太多了，基本上等同于骗子……你都功成名就了，为什么还要吃二茬苦、受二茬罪啊？”

李斌最后直言：“我没什么能证明自己的，但愿意个人投1.5亿美元来做这件事。”一年后，2014年11月25日，蔚来汽车在北京成立，李斌果真自掏腰包1.5亿美金启动公司，他的投资人名单中，雷军赫然在列。又过了几年，蔚来、小鹏、理想“三剑客”一路跌跌撞撞，引燃了中国新能源汽车的革命。看着愈演愈烈的行业机会，老大哥雷军也坐不住了。2021年3月30日，小米集团宣布进军电动车市场，雷军亲自挂帅。

新能源汽车大变局

2022年元旦，跨年的钟声刚过，一条新闻引爆了新能源汽车行业。工信部、科技部、发改委联合印发通知，2022年新能源汽车补贴在2021年基础上退坡30%，且2022年之后上牌的新能源汽车将不再给予补贴。

索 引 号：000014349/2012-00067　　主题分类：工业、交通\其他
发文机关：国务院　　成文日期：2012年06月28日
标　　题：国务院关于印发节能与新能源汽车产业发展规划(2012—2020年)的通知
发文字号：国发〔2012〕22号　　发布日期：2012年07月09日
主 题 词：工业 汽车 规划

国务院关于印发节能与新能源汽车产业发展规划（2012—2020年）的通知

国发〔2012〕22号

各省、自治区、直辖市人民政府，国务院各部委、各直属机构：

现将《节能与新能源汽车产业发展规划（2012—2020年）》印发给你们，请认真贯彻执行。

国　务　院

二〇一二年六月二十八日

国务院关于印发节能与新能源汽车产业发展规划（2012—2020年）的通知（图片来源：中国政府网）

这为中国新能源汽车产业持续多年的补贴历史画上了休止符，也意味着这个依靠政策推手催生壮大的行业即将迈入常态化发展新阶段。

我国新能源汽车大发展的浪潮始于2010年，随着新能源汽车推荐车型目录、私人购买新能源汽车补贴试点等一系列政策的陆续落地，新能源汽车行业在补贴中蹒跚起步，2012年《节能与新能源汽车产业发展规划（2012—2020年）》开启了中国新能源高歌猛进的发展史。

到2021年我国新能源汽车销量达到352.1万辆，连续7年居于世界首位，市场占有率达到13.4%。中国汽车工业协会常务副会长兼秘书长付炳锋形容新能源汽车行业："像冬天的小麦遇到了春天的雨水。"

这一轮新能源汽车发展大潮中，各地政府强力加入产业布局，通过政策之手拉动产业成长，实际上扮演了幕后操盘手的角色。引入龙头企业撬动产业链上下游协同发展是他们不变的政策底色，比如上海引入了特斯拉、深圳选择了比亚迪、广州引入了小鹏、合肥引入了蔚来。这其中，合肥与蔚来的结合，堪称中国汽车史上的一段佳话。

70亿救命钱

2019年10月2日，蔚来汽车的股价下跌到了1.19美元，逼近"1美元退市红线"①，不仅再融资输血无望，而且还面临着退市的风险。为了避免退市，李斌急得像热锅上的蚂蚁，到处寻找可能的投资。

① 按照美股相关规定，上市公司最低交易价低于1美元达到30个交易日将发退市警告，限期90天内整改，若未能恢复则强制退市。

期间有媒体报道："蔚来汽车正在与浙江湖州市吴兴区洽谈一笔50亿元的融资。"一天后，吴兴区表态："鉴于评估风险过大，已停止进一步洽谈。"定价超过45万元的ES8作为蔚来汽车的主打车型在2018年下线，原本要肩负起对标BBA的重任，却在2019年被大面积召回，令蔚来原本就捉襟见肘的财务雪上加霜。根据蔚来财报，其在2019年净亏损超过110亿元，相当于每卖出一辆汽车就带来50多万元的亏损。

似乎一夜之间蔚来汽车成了"烫手山芋"，投资人纷纷退避三舍。李斌使尽浑身解数，最终等来了自己的白衣骑士——合肥市政府。

2020年2月25日，合肥市与蔚来汽车签署框架协议，经过两个多月的尽职调查敲定投资协议：合肥市国资公司组成的战略投资者向蔚来汽车的中国业务主体蔚来中国注入70亿元，获得其24.1%的股份。根据协议，蔚来将在合肥经济技术开发区设立中国总部，建立管理、研发、销售、供应链制造一体化基地，并适时启动第二制造基地的规划建设。蔚来中国总部位于合肥城南的经济技术开发区，濒临京台高速，可远眺骆岗中央公园，这里是蔚来汽车国内核心业务的"神经中枢"。

2021年，蔚来交付新车91429辆，其中12月交付10489辆。随着产能提升，大量汽车需要交付到全国各地的消费者手中，而长距离的运输将成为一笔不断增长的成本，此时合肥作为产能中心的作用将得到凸显。李斌说："合肥地理位置优越，未来可以为公司节省数十亿的物流成本。"

合肥市的紧急注资，不仅解了蔚来的燃眉之急，还恢复了资本市场对蔚来的信心，推动蔚来股价从2美元左右一路上涨至历史最高点66.9美元。合肥不仅引来了一家知名企业，锁定了产业布局，还从这笔投资中赚到了几十倍的回报，“最牛风险投资”的名声由此不胫而走。合肥市70亿大手笔投资一家岌岌可危的美股上市公司，是因为看中了新能源汽车赛道的产业潜力，而蔚来则是激活这个产业的鲶鱼。

合肥造车史

1958年，为了修建巢湖大闸，安徽省专门成立了负责维修保养

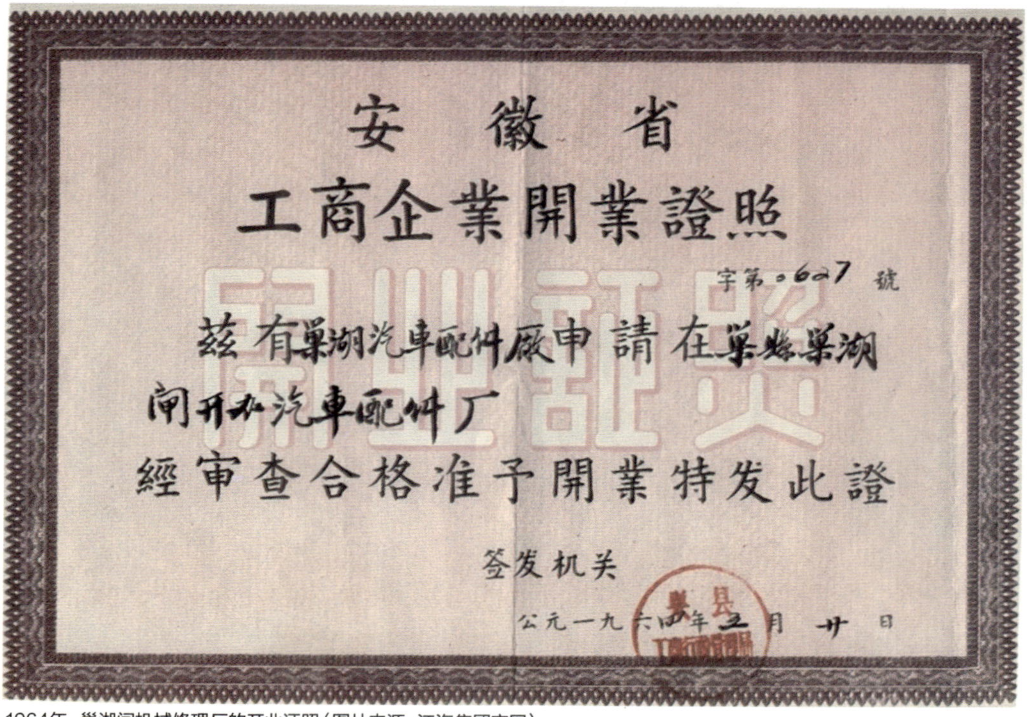

安徽省
工商企業開業證照
字第0627號
茲有巢湖汽車配件廠申請在巢縣巢湖
閘开办汽車配件厂
經審查合格准予開業特发此證
签发机关
公元一九六四年五月廿日

1964年，巢湖闸机械修理厂的开业证照（图片来源：江汽集团官网）

1990年，第一台客车专用底盘试制成功（图片来源：江汽集团官网）

闸机的巢湖闸机械修理厂。时任厂长的王庆源提出，将这个修理厂升级为汽车配件厂，营业范围从机械维修扩大到汽车零配件生产领域。1964年5月20日，巢湖汽车配件厂成立了，几个月后，该厂迁址到了合肥。

1968年，巢湖汽车配件厂的工人们白手起家造出了第一台2.5吨载货汽车，填补了安徽汽车工业的空白，也拉开了合肥汽车工业的序幕。

我国汽车工业步履维艰，到20世纪80年代陷入低谷。已经改名为江淮汽车厂的巢湖汽车厂陷入了经营困境，为了生存，甚至做起来台灯、沙发等轻工业品。时任厂长左延安经过市场调研，瞄准了快速增长的客车市场，提出了“重点发展客车专用底盘，适时发展整车”的战略。

江淮汽车厂的工人们以卡车底盘为基础，凭借“蚂蚁搬家”的精神，研发出客车专用底盘，在全国一炮而红，一度占到全国市场80%的份额，入选“中国汽车工业五十周年最具影响力的50款产品”。江淮汽车以卡车、底盘、客车为主打产品，凭借过硬的品质，逐渐在市场上站稳了脚跟。其卡车不但满足了国内需求，还漂洋过海远销玻利维亚等国家。

2001年，江淮汽车在上海证交所挂牌上市，用的名字是“安徽江淮汽车底盘股份有限公司”。2010年，江淮汽车生产的首批585辆纯电动轿车在合肥示范运行，开启了中国纯电动汽车产业化先河。正是在江淮汽车等企业的带动下，合肥走到了中国新能源汽车产业变革的前列。

早在2009年，合肥市就被科技部、财政部、工信部和国家发改委批准为国家首批13个“节能与新能源汽车试点城市”之一。2010年合肥再次被国家四部委批准为首批5个“私人购买新能源汽车补贴试点城市”之一。这一年合肥本地企业安凯集团生产的30台纯电动客车投入公交运行，成为世界上第一条纯电动公交线路。安凯生产的85台新能源客车还成为上海世博会的高端接待用车。到2013年，合肥市推广新能源汽车5622辆，占全国总量的20%，位列13个试点城市之首，其中私人领域推广电动轿车4315辆，占全国的90%。①

合肥大力扶持新能源产业，产业环境日益完善。合肥市政府每

① 吴量亮：《合肥新能源汽车推广总量全国居首》，《安徽日报》2013年3月27日。

年安排3亿元专项资金用于支持新能源汽车产业发展，“十三五”期间累计兑现市级新能源汽车政策资金12.87亿元。在政策资金激励下，2021年前9个月，全市新推广新能源汽车9.61万辆，累计推广应用总量突破37.5万辆，约占全国推广总量的4.4%。截至2020年底累计建成各类充电设施4.8万个，初步形成覆盖全市的“5分钟充电网络”，日均可服务12万辆新能源汽车的充电需求，充电设施建设规模处于全国前列 。[①]

合肥雄厚的汽车制造基础为新能源汽车产业的起步建立了优越的先天条件。我国第一家也是唯一一家电动客车整车系统集成工程技术研究中心就设立在安凯汽车股份有限汽车公司。江淮汽车公司具备年产数十万辆汽车的产能。

早在2016年，蔚来汽车就与江淮汽车签署《制造合作框架协议》，委托江淮为其代工生产电动车。后来二者还联合打造了智能工厂，引入国内第一条高端全铝车身生产线，平均每小时下线20辆汽车。

2021年4月7日，蔚来第10万台量产车走下江淮产线，合肥副市长王文松说：“这是合肥在加快新能源汽车产业发展征程中取得的又一个标志性成果。”[②]蔚来汽车创始人李斌对此感慨万千：“我们忍受了很多质疑。3年前，所有人说蔚来没有工厂，还想卖车？或者说和江淮一起合作，还想卖四五十万，是不是疯了？我们用3年多的时间证明了自己。”

① 王蔚蔚：《合肥新能源汽车产业风头正劲》，《安徽日报》，2021年11月17日。

② 孟祥齐、葛清政：《蔚来10万+，35个月创造行业新速度！》，《安徽日报》，2021年4月7日。

闻风而来的德国人

合肥入股蔚来汽车一个月后，就收获了全球最大汽车公司大众集团的橄榄枝。2020年5月，大众集团宣布投资10亿欧元，入股购入江淮汽车母公司安徽江淮汽车集团50%的股权。同月，大众集团通过股权转让增持合肥锂电池上市公司国轩高科的股权至26.47%，成为其第一大股东。

大众还增持合资企业江淮大众股权至75%，接管企业管理权，正式更名为大众汽车（安徽）。根据规划，大众安徽将投资超200亿元，在合肥经开区建设新能源汽车研发和一期整车制造基地，形成35万辆整车年产能 。[③]

大众还做出了一个重要决定，将新能源汽车研发中心总部落户合肥。

2021年10月，大众集团投资13亿，在合肥打造的电池系统工厂破土动工。这是大众集团在中国全资控股的第一家电池系统工厂，达产后年产新能源汽车电池包30万套，将全部用于大众安徽工厂生产的电动车。

此外，为了配合整车生产，大众还与合肥经开区合作，打造供应商园区，吸引上游供应商客户落地，把新能源产业链上游企业引入安徽。几年后，合肥将成为上海、长春之外，大众在中国的第三增长极。不同于后两者的是，大众在合肥的布局，将更多的是以新能源汽车为主。

目前，合肥已集聚了江淮、蔚来、大众（安徽）、安凯等一批新能源整车龙头，以及国轩高科、中航锂电、巨一电机等产业链配

③ 张春林：《合肥的创与新》，《安徽日报》，2021年4月26日。

④ 王蔚蔚：《合肥新能源汽车产业风头正劲》，《安徽日报》，2021年11月17日。

套企业百余家，形成了涵盖整车、关键零部件、应用和配套的完整产业链。数据显示，2020年合肥市新能源汽车产业实现产值约410亿元，同比增长31.7%；在全国范围内推广新能源汽车6.5万辆。2021年前7个月，合肥市新能源汽车产业实现产值超过去年总产值，达到近440亿元[①]。大众集团的到来，无疑将为安徽新能源汽车产业再添一把火。

2021年，大众公布2030战略，决定在2021年至2025年间专项拨款730亿欧元，投资未来技术以履行《巴黎协同》承诺，到2030年每辆汽车生命周期内碳足迹比2018年减少30%，纯电动车型的份额占比提高到50%。显然，在大众集团的战略版图上，合肥已成为极其重要的一个布局。

合肥的雄心

走出合肥新桥国际机场的候机大厅，一抬眼就可以望见东边热火朝天的工地。

这里是合肥市与蔚来汽车共同规划建设的新桥智能电动汽车产业园，英文名为：Neo Park。合肥经开区这样解释："Neo——不是NIO，代表这里不只有蔚来；Park——不是Factory，代表这里不只是工厂。"

2021年4月29日，这座占地将近2万亩的产业园破土动工。据新闻报道，初期投入500亿元，整车年产能达100万辆，电池年产能达100GWh，建成后年产值超5000亿元，将吸纳全球5万名产业人才。

① 王蔚蔚：《合肥新能源汽车产业风头正劲》，《安徽日报》，2021年11月17日。

这里也将成为蔚来汽车第二生产基地，ET5、ET7等一批新车型就在此量产，蔚来汽车的产能将得到充分释放，为合肥新能源汽车产业注入新的活力。

眼下，蔚来正在合肥大规模招兵买马。不久的将来，走出新桥国际机场的大厅，15分钟就可以抵达蔚来二厂。而随着更多的产业链公司入驻Neo Park，合肥在全球新能源汽车版图上也将占有一席之地。

东莞
手机江湖

2021年，中国迎来第24座GDP突破万亿大关的城市——东莞。在反复肆虐的新冠肺炎疫情拖累全球经济复苏的大背景下，东莞经济保持难能可贵的强劲增长。从1978年的6.1亿到2020年的9650亿，再到2021年的万亿，一连串的GDP数字离不开工业火车头的拉动。

东莞号称“世界工厂”，一句“东莞堵车、世界缺货”的顺口溜把其重要性彰显无疑。这个夹在深圳和广州两座一线城市之间的地级市，拥有140万各类市场主体，位居广东省地级市首位。在2460平方千米的土地上，林立着工厂、办公楼、产业园区和科研机构。2021年，东莞新增上规工业企业1400家，新增专精特新小巨人企业45家，国家高新技术企业达到7300多家，上市高新技术企业达46家。[①]它们通过经济活动链接成强劲的纽带，在全球产业链上占据一席之地。

东莞工业GDP占比超过50%，而手机产业则是其工业金字塔上的明珠。全球十大智能手机厂商中，东莞独占三元（华为、OPPO、vivo），此外它还拥有富港电子、立讯精密等一大批苹果产业链公司。早在2016年，东莞智能手机的出货量就超过3亿台，占全球手机出货量五分之一。目前全球每四部智能手机中就有一部来自东莞。

2020年，手机所属的电子信息制造业营收达1.16万亿元，在东莞规上工业企业营收占比超50%，成为东莞工业中第一个万亿级产业。毫无疑问，手机已成为东莞头号产业，这个产业的故事，不妨从诺基亚讲起。

① 蒋幸端、汪万里：《东莞 2021 年预计GDP突破万亿元 迈上“双万”新起点》，《广州日报》，2022年1月11日。

诺基亚掀开手机产业的序幕

1981年，东莞分管农业的副书记李近维去新西兰考察水果和花卉产业，偶然看到一个退休老人在车上拿着一个“黑盒子”打电话。

李近维顿感新奇，就跟这个老人攀谈起来。这位老人是一名无线电爱好者，给李近维拨通了香港亲戚的电话让他们越洋通话。这件事令李近维大为震撼，冥冥之中也埋下了东莞与手机产业的不解之缘。

那个时候，东莞还是一个农业县，每年向国家上交4亿公斤粮食、40万头生猪，每年还向香港出口水果蔬菜，赚取宝贵的外汇。[①] 此后十几年，东莞利用“三来一补”政策，引入东京电气、三星电机、雀巢等外资公司，大力发展第二产业，从农业县迅速蜕变为工业市。

1994年的一天，李近维接到诺基亚抛来的橄榄枝。此时，李近维身兼东莞书记和市长二职，提出“第二次工业革命”，正要大力发展信息产业。

早在1985年，诺基亚就在北京设立了办事处，主要从事电缆设备业务。1994年诺基亚在中国上市第一款手机诺基亚2110，原邮电部部长吴基传就是用这台手机打通了中国历史上第一个GSM电话。为了抓住中国市场的机会，诺基亚计划在中国大陆投资建厂进行本土化生产，考察了多个城市后，将目光投向了经济蓬勃增长的东莞。

当时外商在大陆投资主要以“三来一补”[②] 的方式进行。东莞1978年引进港资创办的太平手袋厂，开创了“三来一补”企业的先河。为了迅速获批，东莞在申报诺基亚项目时按照“来料加工”办理，意味着生产的产品不能进入国内市场，这显然背离了诺基亚建

① 李鸿谷：《东莞30年巨变：前市长李近维、郑锦滔的城市史》，《三联生活周刊》，2008年12月。

② 三来一补指来料加工、来样加工、来件装配和补偿贸易，是中国在改革开放初期尝试性创立的一种企业贸易形式，它最早出现于1978年的东莞。

厂的初衷。最后，李近维拍板："我们不是只搞'三来一补'，好项目我们当然做合资。"③

几经谈判，诺基亚决定与东莞市通信发展总公司合资成立"东莞诺基亚移动电话有限公司"，该项目总投资2500万美元，主要生产诺基亚模拟和数字手机的附件和配件，年产量可达1000万件。④

1995年，诺基亚在东莞城南宏图路的工厂破土动工，面积将近10万平方米，1998年第一台手机下线，两年后出口额超2亿美元。

诺基亚通过本地化采购拉动了东莞手机产业的发展。据不完全统计，1999年东莞诺基亚上缴利税超过7亿元。2000年，诺基亚扩大投资2000万美元，在东莞开工建设占地10万平方米的新厂区。⑤

随着移动电话的大规模普及，诺基亚手机迅速风靡全球。东莞诺基亚顺势成为世界手机产业的心脏地带，工厂门前每天车水马龙、川流不息。

2001年，东莞诺基亚成为东莞出口第一大户，并连续多年位列出口冠军。这一年，东莞3000多家IT企业中，产值过亿元的企业有70家，东莞诺基亚以产值达105亿元位居榜首。2005年，诺基亚手机发货量突破2.6亿台，是第二名摩托罗拉的1.8倍，占据了全球32%的市场份额。东莞是诺基亚全球14家工厂中最重要的产能基地，为诺基亚称霸手机市场立下汗马功劳。到2006年的时候，东莞诺基亚累计出口额超过70亿美元，总计纳税额超过35亿元人民币。⑥

诺基亚成了东莞的一张金名片，辉煌时期这里拥有数万名产业工人，一年可生产1亿多台手机，就连公交站也以诺基亚来命名。

在诺基亚的带动下，上下游企业迅速在东莞集结，形成完善的手机产业集群。鼎盛时期，诺基亚在东莞有400家以上的供应商。

③ 李鸿谷：《东莞30年巨变：前市长李近维、郑锦滔的城市史》，《三联生活周刊》，2008年12月。
④ 戴双城：《诺基亚东莞创富录》，《南方日报》，2019年7月30日。
⑤ 戴双城：《诺基亚东莞创富录》，《南方日报》，2019年7月30日。
⑥ 李鸿谷：《东莞30年巨变：前市长李近维郑锦滔的城市史》，《三联生活周刊》，2008年12月。

除了伟创力、光宝、飞宏、台达、正崴集团等几家大型供应商，东莞很多电子企业也开始切入诺基亚供应链，成为其东莞工厂二三级供应商。①

金立等国产手机品牌也纷纷进驻东莞，将东莞手机产业推入了发展新阶段。2012年，东莞手机产量2.2亿部，同比增长26.3%，约占广东省手机产量的40%，成为国内最重要的智能手机生产基地之一。②

诺基亚给东莞带来的辉煌，也随着诺基亚的倒下而黯淡下去。

2013年，连年亏损的诺基亚被微软收购时，东莞工厂已累计生产了10亿部手机。随后工厂解散，厂房人去楼空，几经变迁被改造成电商园区。如今东莞城南早已高楼林立，诺基亚工厂也将被推倒建成新的大楼。

扛起半条苹果产业链

当诺基亚日薄西山之际，苹果公司凭借iPhone成为全球智能手机产业的新一代霸主。而东莞也不失时机地以“代工厂”面貌融入苹果产业链的全球版图，分享到了智能手机产业的红利。

1974年，24岁的郭台铭和朋友在台湾合伙创办鸿海塑胶，生产塑胶产品。不巧遇上行业萧条，又加上缺乏经验，很快濒临倒闭，合资的股东纷纷退出。郭台铭向岳父借来70万新台币买下公司，更名为鸿海工业，从加工黑白电视机的旋钮，走上了电子产品的代工路。

郭台铭并不甘心在电视机行业小打小闹，他带领技术人员展

① 戴双城：《诺基亚东莞创富录》，《南方日报》，2019年7月30日。

② 王宁：《东莞2012年智能手机工业增加值达322.48亿》，《南方日报》，2013年11月13日。

开技术攻关，希望打入朝气蓬勃的电子计算行业，获取更高额的利润。功夫不负有心人，终于在1981年开发出个人电脑连接器。郭台铭只身前往美国，从朗讯公司手中拿下了第一笔订单，由此搭上了个人电脑行业起飞的快车，不久郭台铭便把公司更名为鸿海精密，一头扎进了电子计算的汪洋大海中。

1988年，38岁的郭台铭回到山西老家探亲，听说深圳正在热火朝天地建设，专程来到深圳考察投资环境，当年就在宝安区西乡租用了一处厂房，做起了电脑连接器的来料加工。

8年后，郭台铭在深圳龙华园打造了一处庞大的厂房，这就是富士康在中国大陆的起点。

此时，个人计算机行业霸主苹果公司因经营不善陷入困局，市场占有率从鼎盛时期的16%跌到4%。1997年，苹果公司巨亏超过18亿美元，董事局决定把乔布斯请回来担任CEO。乔布斯一到任就三下五除二砍掉了70%的项目，同时还设立了一个可以直接订购电脑的官网网站，并开始启动iMac台式电脑研发计划，还把康柏公司副总裁蒂姆·库克招募过来担任运营负责人。

库克削减了大多数的供应商，仅保留少数优质供应商，并把大部分的加工业务外包给这些供应商，而郭台铭的鸿海精密进入了他的视野，1998年问世的iMac就是由其代工。凭借过硬的品质、充足的产能，鸿海赢得了苹果公司的一个个订单，其中就包括开启智能手机行业的iPhone。初代iPhone的生产一开始是由摩托罗拉代工，但摩托罗拉不愿把最好的技术拿出来，以至于生产出来的产品令人失望。乔布斯最后决定，iPhone的代工交给富士康。而富士康也借此赚取了丰厚的利润，并把深圳、东莞带入了苹果产业链的全球分工当中。

库克在昆山立讯精密参观，后为王来春（图片来源：蒂姆·库克微博）

时间回到1997年，龙华富士康刚刚竣工，郭台铭就大手一挥，在东莞投资开办了富港电子。相比深圳富士康，富港电子并不广为人知，但是在手机行业却名声不小。它是郭台铭旗下另一家上市公司台湾正崴精密工业股份有限公司设在大陆的手机工厂，先后为诺基亚、HTC、苹果等代工生产连接器件。可以说，见证了全球手机产业从塞班、安卓到iOS的变迁。

如今，富港电子车间的一名普通技术工人，月薪在4000元左右，这已经很难吸引到年轻的打工者了。相比之下，那些快速崛起的苹果产业链公司开出的工资就厚道多了。

比如，距离富港电子一小时车程的茅峰水库旁边，就有一家公司开出了5000元到7000元的工资招募普通操作工。这家名叫立讯精密的公司近年来从郭台铭手上抢走了不少苹果手机配件的代工订单。令人唏嘘的是，立讯精密的老板王来春就是富士康在大陆招聘的第一批打工妹。

1967年，王来春出生在广东潮汕的一个贫困家庭。1988年，郭台铭来深圳建厂，招聘了140余名女工，王来春就在其中。那时电力供应不稳，为了赶工，即使半夜来电了也要爬起来工作。巨大的工作压力下，这些女工陆陆续续都离开了，只留下王来春一个人。吃苦耐劳的王来春在富士康一干就是十余年，从一名不起眼的操作工一路晋升到线长、组长、课长，手下管理着数千名工人。在富士康，她掌握了技术，学会了管理，还积累下了第一桶金。

2004年，订单暴涨的富士康面临产能不足的问题，郭台铭也有意寻找外部工厂来消化订单。王来春瞅准时机，在深圳创办了立讯精密，从外包富士康的代工业务做起。通过深度绑定富士康，立讯精密获得快速发展。从2007年至2009年，富士康外包业务为其带来接近50%的收入。仅用了6年时间，王来春就带领立讯精密在深交所挂牌上市。

上市前夕，郭台铭旗下富港电子以4000万元认购立讯精密400万股，并以3.08%的股权成为其第三大股东。如今，立讯精密市值3000亿元，比富港电子的兄弟公司工业富联还要高出数百亿。

2012年，立讯精密收购了一家名叫联滔电子的代工厂，借此鱼跃龙门进入了苹果供应链。2017年，立讯精密凭借接近100%的良品率拿下AirPods超过60%的代工份额。2019年拿下AirPods独家代理权。2020年，苹果公司的代工订单为立讯精密贡献了638.43亿元的销售额，占其年度销售总额的69.02%。其第一大客户，从富士康变成了苹果公司。

2017年12月4日，苹果CEO蒂姆・库克专程到访立讯精密的昆山工厂，并在社交媒体发文称赞道："他们超一流的工厂将了不起的精良工艺和细思融入 AirPods的制造。"

王来春把公司总部设立在了紧邻深圳的东莞清溪镇，并在全国各地设立了制造基地。这也象征着东莞不再只是电子产业的生产制造基地，而是从"世界工厂"升级为了制造业总部和大脑。

长安镇升起"双子星"

当王来春奔波于东莞深圳之间，上演"青出于蓝而胜于蓝"的戏码时，东莞大岭山山脚下，一个名叫长安的小镇上，两个师出同门的兄弟公司展开了一番你争我抢的竞速赛。

东莞手机产业，在诺基亚衰落后，从苹果与安卓阵营又分叉出两条路线，一路是富港电子、立讯精密代表的代工路线，另一路则是华为、OPPO、vivo所代表的品牌路线。相比华为这个"外来户"，土生土长的OPPO和vivo，无疑是东莞手机产业金字塔的上"双子星"。

1995年，亲手打造了"小霸王销售神话"的段永平，因为股份制改造方案被否，失意地离开了中山。

34岁的他决定创办一家自己的公司。这年秋天，他在长安镇成立了广东步步电子工业有限公司，台湾电脑厂商宏碁入股19%，生产无绳电话、VCD、复读机等产品。

段永平曾在央视疯狂打广告，把名不见经传的小霸王做到人尽皆知。他如法炮制，只用了两年就把步步高做到无绳电话全国冠军。他还请来当时炙手可热的李连杰拍摄了一组广告，广告词为“世上自有公道、付出总有回报，说到不如做到，要做就做最好”，让步步高变得妇孺皆知。

1998年，段永平事业风生水起之际，认识了美国《棕榈滩邮报》的摄影记者刘昕，仅仅两个月后便闪婚。2001年他兑现对妻子的承诺移居美国，把步步高交给属下打理。

不久，从步步高衍生出两家公司：一家是沈炜在2003年创立的维沃移动即vivo母公司，一家是陈明永在2004年创立的OPPO。陈明永和沈炜正是段永平创办步步高的两大干将。

OPPO从生产销售MP3、MP4起步，随着笔记本电脑的大规模普及，MP3、MP4市场面临下滑。有一次，陈明永去深圳华强北买手机，发现市场上销售的手机存在各种各样的问题，质量好的体验不好、体验好的外观不够漂亮，竟然找不到一款自己喜欢的产品，于是决定向手机行业转型。

2006年，OPPO进入手机行业时，诺亚基、三星和摩托罗拉正如日中天。联发科推出的操作系统+芯片解决方案，一下子拉低了手机行业的进入门槛，手机厂商只需生产外壳就可以快速地铺货，于是成本低廉、功能多样的山寨机如雨后春笋一般冒了出来。

一家名叫天宇朗通的手机厂商2008年销售突破2400万台，一举拿下国内6%的手机市场份额。

陈明永不大认可这种方式，他决定走精品路线，花了整整两年，才研发出第一款手机。精致的做工、优美的外观，一下子让它脱颖而出，为OPPO赢得了手机行业的入场券。

不过，相比当时大红大紫的功能机，OPPO并没有在大众市场打响知名度。比它早几年进入手机行业的vivo同样发展得不瘟不火。直到2011年前后，在Google不遗余力地推广下，安卓操作系统力压塞班系统，打开了智能手机行业的潘多拉魔盒，OPPO和vivo才迎来转机。

依托东莞发达的手机制造业，OPPO和vivo快速切入智能手机行业，通过高价聘请明星代言人高举高打和疯狂扩充销售网络迅速打开市场。2016年，OPPO和vivo手机出货量分别达到3120万台和2470万台，同比增长均超过100%，分别位列全球智能手机市场份额第四、第五位。

多年来，OPPO与vivo采用相似的发展策略，一路你追我赶，市场份额始终相差无几，2021年，OPPO和vivo实现两位数增长，出货量分别为1.432亿台和1.313亿台。就是在两者这种良性竞争带动下，东莞手机产业快速增长，小小一个长安镇就集聚了智能手机上下游配套企业1000多家，行业从业人员超过20万。这个不足100平方公里的小镇，2020年GDP突破800亿元，成为“东莞第一镇”，人均GDP高达1.8万美元，比希腊还高。

华为重金押注松山湖

OPPO和vivo在长安镇运筹帷幄之际，往北20公里外的松山湖迎来了另一个重磅玩家——华为。实际上，华为很早就注意到了东莞手机产业的生机。2005年，华为在松山湖周边布局生产基地。2006年，华为南方工厂在松山湖动工，这里生产了超过50%的华为高端手机。

对于华为来说，“手机”这两个字并不仅仅是一门生意，更饱含着一种产业梦想。

1997年，华为就研发出了国内最早的数字电话机，然而由于生产外包，导致产品质量不稳定，影响到了华为的口碑。任正非一怒之下叫停，还下令：“以后再也不做手机。”

然而兜兜转转，华为还是进入了手机行业，2003年成立华为手机业务部，2003年成立华为终端公司，通过为移动运营商生产定制机进入国产机第一阵营，与联想、中兴、酷派合称“中华酷联”。不过很长时间内华为手机在市场上都是一副“廉价老人家”的形象。以至于2008年华为打通了3G标准算法，拿到沃达丰的订单，还曾计划出售手机业务，甚至找了贝恩、红杉、银湖等资本洽谈。恰好遇到美国次贷危机引发资本寒冬，出售计划才画上了句号。

事后，华为终端业务组织了一场大会，任正非在会上拍板：华为要抛弃定制机，做自己的手机品牌。

安卓系统掀起的智能手机浪潮给华为创造了直面市场的机遇。华为摆脱运营商渠道的束缚，直接向消费者推出自有品牌手机。2012年，华为智能手机发货量3200万台，一年后达5200万台，进入全球前三位，仅次于苹果和三星，终端业务营收超91亿美元。

根据益普索集团（Ipsos）调查，华为手机的全球品牌知名度在2013年达到了52%，较上年增长了110%。时任华为轮值CEO徐直军表示，未来将“打造中高档智能手机产品组合”。

这个重任落在了华为南方工厂肩上。为贴近一线，任正非决定：华为终端公司将整体迁移到松山湖。

随后几年，华为投资约100亿元，在松山湖畔打造了一个占地1900亩、108栋欧式风格建筑组成的超级园区，作为华为手机业务大本营，目前约23000名员工在此办公。

2004年华为在深圳创建海思半导体有限公司，启动芯片研发。五年后推出第一款手机芯片，但是反响平平，除了华为，根本没有其他厂商采用。2019年，麒麟芯片的问世，让华为终于获得了挺进高端市场的“利器”，当年手机出货量就达到2.4亿台，一举超越苹果成为全球第二。

然而，由于芯片断供，发展势头迅猛的华为智能手机业务被“卡脖子”，导致2020年出货量同比下降21.5%，2021年更是下滑到5000万部左右，跌出全球手机行业前五名。

华为并没有因为手机业务遭受挫折，而放慢了产业发展的脚步。2021年末，华为斥资1.88亿，再次在东莞拿地，这一次布局的是智能汽车产业。据不完全统计，从2012年至今，华为在东莞拿下30多宗工业用地，形成生产、科研、办公、数据中心等立体化布局。在其带动下，软通动力、易宝软件、迈威科技、中软国际等生态公司也紧随其后来到了松山湖。

对于东莞来说，这些公司的到来，意味着新的人口流入，新的产业机遇，以及新的发展可能。

过去5年，东莞新增常住人口超220万。第七次人口普查显示，2020年东莞常住人口1046.66万人，成为继广州、深圳后，广东第三个常住人口1000万以上的城市。东莞60岁以上人口占比仅5.47%，比全国低13.23个百分点。东莞统计局认为："我市属于年轻城市，适龄劳动力人口占比大，经济发展保持活力，从人口红利为主转向人口红利与人才红利并存。"①

①《东莞市第七次全国人口普查主要数据解读》，东莞市统计局，http://tjj.dg.gov.cn/gkmlpt/content/3/3524/mmpost_3524620.html#832，2021年5月22日。

顺德
“家电王国”起家史

2021年3月，美的集团位于顺德的微波炉工厂入选世界经济论坛最新的“灯塔工厂”。该厂是全球最大的微波炉生产基地之一，年产能超过4400万台，在采购、生产、质检、物流、销售等环节实现数字化，订单交付周期缩短56%。这家工厂只是顺德家电产业快速发展的一个缩影。

顺德，这个隶属于佛山的小城，生产了全国25%的家电产品。这里诞生了裕华风扇、容声冰箱、华宝空调、美的、科龙、格兰仕、万家乐、小熊电器等一大批响当当的家电品牌。这里还是国内最大的电风扇、电饭煲、热水器、微波炉和空调生产基地，全国每3台微波炉就有1台产自顺德。经过几十年的快速发展，顺德形成了完善的家电产业链配套体系。以咖啡机为例，这里遍布数万家零部件企业，生产一台咖啡机需要的260个零部件中40%可以在本地采购。

2021年，顺德工业总产值在全国市辖区中率先突破万亿元大关。这座中国家电之城的故事，还要从一个小镇讲起。

“中国家电第一镇”

从高楼林立的广州CBD出发，一路南下驱车30多公里，就来到一个阡陌纵横的小镇。街道上密密麻麻矗立着整齐的工厂、店铺和高楼大厦，其中就有两家世界500强企业。这块90平方千米的土地在2021年创造了700多亿GDP，区区一个小镇的GDP甚至比丽江、天水等许多西部省份的地级市还要高，人均GDP接近20万元，更是超过不少省会城市。

这里就是美的集团和碧桂园的总部所在地，位列“全国综合实力千强镇”第六位的广东省佛山市顺德区北滘镇。

提到北滘就不能不提家电。这个小镇在方圆50公里的范围内汇聚了200多家规模以上家电企业，形成了全球规模最大、品类最全的家电配套产业链，年产家电逾2亿件，出口全世界200多个国家和地区。2021年工业总产值突破4200亿，其中家电产业占比超过七成，占到全国家电总产值的十分之一。[①]

北滘家电的起步，源于香港运回来的两台“鸿运扇”。

改革开放之初，得风气之先的珠三角地区对外交流日益频繁，大量小家电通过香港进入境内。通过拆解海外亲友带回的电风扇，顺德农民“洗脚上田”进入了家电产业。

1975年，顺德县（今佛山市顺德区）二轻电线厂和北滘电器塑料厂联合生产出8英寸金属电风扇，年产很快达到一万多台。北滘电器塑料厂由一个生产腐乳的小作坊与一家生产瓶塞的软木厂合并而来。1980年造出了质量更佳的10英寸金属台扇后更名为裕华风扇厂。由于产品供不应求，头几年销量看涨，最高时年产量一度达到7万台，成为当地数一数二的骨干企业。

电风扇的市场需求大，技术门槛低，全国各地纷纷上马电扇项目。然而好景不长，市场很快供过于求，经过惨烈的价格大战，全国3000多家风扇厂最后仅存300多家。[②]

① 吴涛、胡拿云：《家电名镇北滘镇："中国制造"的观察之窗》，新华网，http://www.news.cn/2022-01/21/c_1128287388.htm，2022年1月21日。

② 黄碧云：《顺德北滘裕华实业公司首创塑料鸿运扇，创全国乡镇企业年产亿元纪录》，《佛山日报》，2018年11月21日。

1983年9月的一天晚上，裕华公司总经理区鉴泉被电视上的一则外国广告打动：国外推出了一种新型电风扇，采用工程塑料替代金属，安全轻便，移动性更强，大幅提升了使用体验。这就是20世纪80年代流行一时的鸿运扇，也称作转页扇。

区鉴泉马上联系在香港的女儿，购买两台鸿运扇寄了回来，马不停蹄地组织工人逆向研发。经过五个月的拆解、研究和测试，终于研发出国内第一台10英寸座钟式电风扇。

鸿运扇投放市场后迅速受到追捧，1985年裕华公司的产量猛增到130万台，年产值突破1亿元大关。年底，11层高的裕华工业大厦建成，成为北滘镇第一高楼。区鉴泉在“全国十佳农民企业家”评选中名列第一，人称“风扇大王”。③

在裕华风扇厂的带动下，顺德的电风扇产能呈现几何级增长：从1980年的13.56万台飞速扩充到1989年的1124万台。④

从电风扇起家的“家电王国”

区鉴泉认识到：“电风扇是一个技术层次比较低的行业， 稍有条件的工厂都可以上， 这注定它是一个市场易起波澜的行业。我们乡镇企业在起步阶段， 选择这个行业有其必然性。但有了一定的实力后，就不能满足于这一行当了”。⑤

裕华公司利用从鸿运扇上赚到的利润开始多元化扩张，先后投入重金生产液化气瓶、打火汽炉、微波炉，但再无大的建树。

当区鉴泉陷入多元化迷途之际，北滘镇上，另一个从生产鸿运

③ 江佐中、王志纲：《危机，造就了他——农民企业家区鉴泉的成功之道》，《瞭望周刊》，1988年。

④ 引自顺德档案馆资料。

⑤ 江佐中、王志纲：《危机，造就了他——农民企业家区鉴泉的成功之道》，《瞭望周刊》，1988年。

扇起家的乡镇企业家却有着截然不同的命运。1968年，北滘公社干部何享健联合了23位村民，凑齐5000元人民币，创办了“北滘街办塑料生产组”，从生产塑料瓶盖起步。由于技术落后，产品迟迟无法打开市场。

后来，何享健以高薪从顺德糖厂挖来一位技术员，在他的指导下，大幅提升了产品质量，拿下了不少订单，逐渐站稳了脚跟。

那个时代物资紧缺，市场需要什么就生产什么。何享健带领着这家小工厂以塑料瓶盖起步，先后生产过刹车阀、橡胶配件等汽车零部件，直到他发现了电风扇这个“大市场”。

“顺德与港澳交往比较早，港澳同胞回家乡所带的东西就是家电。”何享健认为，“家电必然会成为实实在在的大市场”。

一开始，何享健给广州钻石牌风扇做零配件。1982年，他在澳门第一次看到鸿运扇，他想，“别人有的，我们也应该有”，于是回到北滘镇后就马上投身到鸿运扇的研发。

为了在激励竞争中胜出，何享健很早就萌生了打造品牌的意识。1980年，他带领“顺德县北滘公社电器厂”的工人组装生产出一批40厘米金属电风扇，他将其命名为“明珠牌”。一年后，何享健注册“美的”商标，并把“顺德县北滘公社电器厂”更名为“顺德县美的风扇厂”，这就是美的集团的前身。当时该厂年产电风扇13167台、总产值达328.4万元。①

何享健是一个求知欲很旺盛的人，他说自己“原来读书少、文化低，为了实现目标，要不断学习，接受新事物”，因此一有机会他就往国外跑，每年要去日本好几次，刚开始是谈业务，后来变成了考察学习，吸引先进理念为己所用。

① 里风：《何享健：原来生活可以更美的》，《中国民航报》，2018年12月7日。

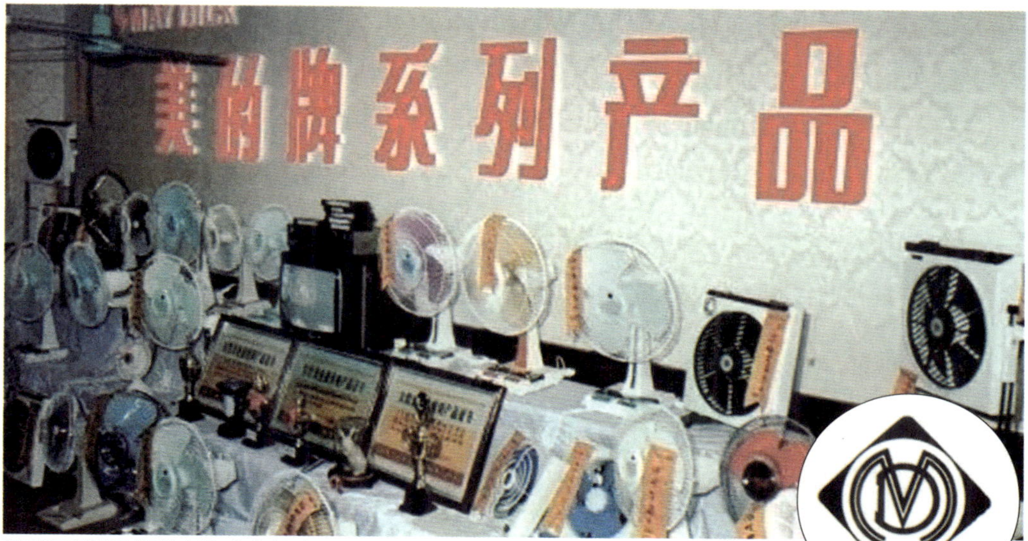

美的牌系列产品（图片来源：企业官网）

随着视野的打开，何享健逐渐不满足于电风扇行业的小打小闹。1985年，他在北滘镇创建“美的空调设备厂”。当时由于电力供应紧张，国家对高耗能行业施行限制发展的调控政策，美的空调项目迟迟得不到批准。恰逢广州航海仪器厂因为经营不善要下马一条空调生产线，何享健与对方谈判，出资收购了这条二手生产线，拿到了进入空调行业的船票。

20世纪80年代，在旺盛的市场需求拉动下，中国空调行业进入快车道，年产量从1980年的1.32万台跃升至1985年的12.88万台，与此同时进口量也从1.27万台增长至10万台。这期间，大批本土空调品牌创立。1991年仅广东省就有二十几家空调厂，顺德相隔不到1公里就有科龙、华宝、美的三大空调企业。

从电风扇升级到空调之后，何享健展开横向扩张，进入小家电领域。到1993年销售378万台电风扇，实现销售收入3亿元，位居全国第二，还生产了29万台各式小家电。同年生产了22.4万台空调，同比增长92.8%，销售了18.2万台空调，销售收入突破6亿元，同比增长174%。根据中国家电协会统计，当年美的空调产量和销售收入位居全国第三。①

1993年11月12日，何享健带领美的电器以“粤美的A”知名之名在深交所挂牌上市，成为中国第一家成功上市的乡镇企业。

何享健无意把美的打造成一个家族企业，在家里他不准家人谈论公事，两个儿子都不在美的任职，作为当年23个创业者之一的太太也在1993年被他劝退，当时的身份只是一名仓库管理员。到90年代中期，几乎所有的创业元老都退出了美的管理层。

2012年，70岁的何享健决定退休，46岁的方洪波接替他成为美的集团董事长，美的由此进入职业经理人时代。

方洪波上任次年，美的集团在深交所整体上市。在资本市场的助力下，方洪波展开一系列资本运作，先后收购小天鹅、东芝家用电器业务、Clivet、德国库卡、菱王电梯、美仁半导体、泰国日立压缩机工厂等，迄今已在全球构建了28个研发中心和34个生产基地，销售网络覆盖200多个国家和地区，员工数量超过15万人，2020年的营业收入达到2857万亿元人民币。

截至2022年1月28日，美的集团市值超过5100亿元，位居中国家电行业第一名，是格力电器的两倍还多。

何享健虽已退休，他打造的企业却改变了城市的面貌。

如今在顺德，美的建立了30多层的总部大楼、现代化的工厂和数不清的专卖店，还开发了大量房地产项目，甚至万豪酒店、万达广场、吾悦广场和度假区都是以“美的”二字打头。

① “粤美的A”招股书。

科龙发家史

1984年秋天，当何享健筹办美的空调厂之际，珠江冰箱厂在顺德容奇镇悄然成立，容奇镇公交办公室副主任潘宁出任厂长。

靠着容奇镇政府下拨的9万元经费，潘宁和伙伴们搭建了一条简陋的生产线，用锤子敲敲打打造出了3台电冰箱。正要扩大生产，潘宁却犯了难——冰箱造出来了，却没有准生证。

改革开放后，伴随着人们生活水平的提高，电冰箱走进了千家万户。1984年全国生产了近50万台冰箱，比1980年增加了近10倍，仍然供不应求。全国各地纷纷上马电冰箱项目，1984年底我国电冰箱厂达到116家，还有56个项目已经签订合同或在洽谈中。

附表

“七五”计划电冰箱控制规模

单位：万台

地区	“七五”计划电冰箱控制规模			企业名称及规模
	合计	内销	出口	
全国总计	822	768	54	41个
北京市	70	55	15	北京电冰箱总厂
天津市	60	60		天津电冰箱总厂
辽宁省				
沈阳市	15	15		沈阳医疗器械厂和沈阳东风机床厂组成一个联合体
吉林省	20	20		吉林电冰箱厂
黑龙江省	10	10		牡丹江电冰箱厂
上海市	60	60		上海电冰箱厂、上海电冰箱二厂、新中华机器厂、远东电冰箱厂组成上海电冰箱联合体
江苏省	60	80		苏州电冰箱厂40，南京新联机器厂20
浙江省	55	55		嘉兴冰箱厂20、杭州医疗器械厂15，宁波冰箱厂20
安徽省	25	25		合肥电冰箱厂10，歙县电冰箱厂15
福建省	50	50		漳州电冰箱厂10，福州电冰箱厂20，泉州电冰箱厂20
江西省	20	20		景德镇制冷设备厂10，南昌家电有限公司10
山东省	20	20		青岛电冰箱总厂
河南省	20	20		新乡电冰箱厂
湖北省	30	30		沙市电冰箱厂
湖南省	40	40		长沙电冰箱厂和沅江机械厂组成联合体
广东省	75	56	19	顺德珠江电冰箱厂5，湛江电冰箱厂10，海南海口五金电器公司（内销5、出口5），深圳深新家电有限公司（内销15、出口5），广东新洲二轻工业公司（内销15、出口5），珠海电冰箱厂（内销6、出口4）
广州市	80	65	15	广州电冰箱工业公司60，广州白云农工商联合公司（内销5、出口15）
四川省	40	40		长庆机器厂20，成都新都机械厂20
重庆市	22	22		重庆电冰箱厂12，重庆重型铸锻厂10
贵州省	20	20		风华电冰箱厂
云南省	10	10		昆明电冰箱厂
陕西省	20	15	5	由陕西省择优选择一个点

“七五”计划电冰箱控制规模（图片来源：中国政府网）

如果放任市场自由发展，电冰箱市场将供过于求，造成资源浪费。因此原国家计委、原国家经委和轻工部决定对电冰箱行业进行宏观调控，将当时的116家电冰箱厂缩减到42家定点生产厂。

潘宁四处奔走，终于拿到了生产批文，珠江冰箱厂挤进了电冰箱定点生产企业名单。年产量只有3万台，成为其中最不起眼的一个。排在它前面的是青岛电冰箱厂，就是海尔的前身。

当时这42家电冰箱定点生产企业中，绝大多数生产单开门冰箱。潘宁认为，单门的容易，但是没有竞争力，双开门造型漂亮，深受消费者喜爱，从长远考虑，选择上马双开门电冰箱。他带着全厂干部职工日夜奋战，终于研制出了第一代产品BCD-103双开门电冰箱，取名为“容声牌”，以外观新颖、质量可靠、物美价廉在市场上打响了第一炮。

供不应求的局面下，质量意识在那一代企业经营者头脑中萌芽。当张瑞敏在青岛怒砸电冰箱时，潘宁也定下了“抓管理、上质量”的经营方针，他不厌其烦地开会强调质量的重要性，“少生产一两万台冰箱，经济上的损失工厂承受得起，但是因为质量问题造成的地震可能会让企业垮下来”。

从1986年到1991年，潘宁制定了“技术改造六年三大步”战略。投入重金将冰箱生产工艺和检测手段升级到国际先进水平，换来的是产品质量的快速提升以及市场的褒奖。1988年，珠江冰箱厂生产的BCD-165冰箱获得国家银质奖，三年后容声冰箱夺得“全国最畅销产品”称号，珠江冰箱厂拿下国内电冰箱产销量冠军，还被晋升为国家一级企业。

1992年，88岁的邓小平南巡。到顺德考察时，参观了珠江冰箱厂。

容声创业时期的生产车间（图片来源：《再造容声：一部激荡的中国品牌“质造”启示录》[1]）

望着现代化工厂，邓小平问：“这是什么级别的企业？”广东省负责人诙谐地答道：“如果按行政级别，算是个副班长级；如果按经济效益，恐怕也是个大兵团级了。”

邓小平逗留了40分钟，三次感慨：“这是乡镇企业么？”潘宁介绍说：“企业每年的出口额接近700万美元。”邓小平说：“我们的国家一定要发展，不发展就会受人欺负，发展才是硬道理。”“步子要快一些，胆子要大一些。”

这一年，珠江冰箱厂生产了65.5万台容声冰箱，销售收入达到10.6亿元，成为全国最大的乡镇企业，在全国500家大型工业企业中

① 钱跃东：《再造容声：一部激荡的中国品牌“质造”启示录》，中国友谊出版公司，2019。

位居第187位，年底潘宁把公司的名字改成了“科龙”。

科龙从电冰箱横向扩张到空调领域，1996年在全国35个城市百家商场空调销量第一。这一年，其销售额达到45亿，一跃成为容奇镇的龙头企业。“那时，去容奇镇每一家高档酒楼，推开KTV的包厢，都能发现有科龙的人在里面。”

为了参与科龙的改制，美国GE公司派出专机飞到中国，一行人几十辆奔驰车从广州长途奔袭到科龙洽谈合作。

1996年7月，科龙在香港联交所上市，成为大陆首家在香港上市的家电企业。3年后，科龙电器在深交所挂牌上市。

上市后，科龙借助资本市场的支持获得快速发展。1998年一举收购了顺德空调企业华宝。华宝是我国老牌空调企业，1992年以10亿元的销售额夺得国内空调行业霸主之位，与春兰空调并称“北春兰、南华宝”。那时正值科龙的巅峰时期，一度还对当时经营困难的美的产生了觊觎之心。

与科龙有关的那些人

1999年春天，潘宁黯然离开了他奋斗了15年的科龙。

潘宁并非不想像何享健那样对企业进行改制。1999年他在任时还聘请罗兰贝格制定改革方案，但是困难重重，最终不了了之。

潘宁离开后，科龙进入了群龙无首的时代，6年时间4次换帅，业绩每况愈下，最终被青岛海信电器掌控。截至2022年1月28日，海信家电市值205亿元，位居行业中流。

如今，科龙品牌仍在，却已沦为末流，鲜有人问津了。

2001年，科龙巨亏15亿元，香港上市的格林柯尔实控人顾雏军以广东格林柯尔公司为实体入主科龙电器，引发香港中文大学教授郎咸平的关于“国有资产流失”的质疑，科龙电器卷入“郎顾之争”的漩涡。而顾雏军也因为涉嫌挪用上市公司资金而在4年后闪电被捕，并最终获刑10年。

发明了格林柯尔制冷剂的顾雏军，一度控制了科龙电器在内的5家上市公司，巅峰时期身价高达20亿元人民币。

2012年9月6日，顾雏军出狱，开始了10年申冤路。

2022年1月7日，广东省高级人民法院对顾雏军申请国家赔偿案作出判决，决定赔偿顾雏军人身自由赔偿金28.7万余元，精神损害抚慰金14.3万元，返还罚金8万元及利息。

如今，头发花白的顾雏军，和科龙品牌一样，都老了。

新生力量

江湖代有新人出，一代新人换旧人。当顾雏军和科龙一样，逐渐被市场淡忘时，顺德小家电行业迎来了一股新生力量。

1970年出生于广东梅县（今梅州市梅县区）的李一峰，本科学的是电器专业，哈工大毕业后来到万宝电器集团，从一名普通的生产技术员一路做到了总经理。2006年，36岁的李一峰在顺德创办小熊电器。

起步之初，全公司加上他只有3名员工，靠着20万元资金，打磨出了一台酸奶机，结果被顺德本地的家电巨头格兰仕一眼看中，一口气拿到10万台订单，由此一战成名。

在竞争激烈的小家电市场，李一峰用创意打开了机遇之门。他借助互联网广泛收集用户需求，针对市场痛点进行创意开发，依托顺德的产业优势，每年推出超过100款创意小家电。例如既能蒸蛋又能料理食物的煮蛋器、可以直接加水的高颜值加湿器等，在互联网上吸引了数千万粉丝。2019年，李一峰把小熊电器送到了深交所，当前市值达81亿元人民币。

互联网掀起的新经济革命如同一场春雨，让顺德小家电产业“老树发新芽”。2018年以来，小家电产品的开发周期从数月缩短到了2个月。毫无疑问这一轮变革的产业中心，就是顺德。

当李一峰在兢兢业业经营小熊电器时，顺德本地有着“小家电代工大王”之称的新宝电器也开始了转型。据说全球每10个小家电，就有1个是新宝制造。但是新宝电器创始人郭建刚却不甘于此。他很早就开始打造自主品牌，还与拼多多、小米、名创优品等公司合作开发面向国内零售市场的新产品，结果却不尽如人意。“国内超市的货架上，很多小家电清一色来自新宝，我们的自主品牌也陈列在旁边，价格只有一半，销量却差了很多”。

2017年，郭建刚拿下英国高端创意小家电品牌摩飞在中国地区的独家代理权。在新宝的运营下，摩飞榨汁机、多功能锅等产品，在下厨房、什么值得买等垂直社区吸引了第一批家庭消费者，然后通过小红书、微博等社交平台的广泛曝光迅速破圈，成为风靡一时的网红爆款。

耐人寻味的是，新宝曾是摩飞的代工厂，如今两者联手，创造了中国小家电行业的现象级事件。2020年，摩飞产品在中国国内销售收入达15亿元，同比增长130%左右。

互联网时代，在市场的急速变化中，小家电产品的生命周期被高度压缩，好的2年，大多数只有1年。这也意味着，只有拼命奔跑，才有可能在日新月异的竞争中不落后于人。

慈溪
“家电之乡”的魔力

每逢冬季，浙江慈溪的取暖器工厂就到了一年中最繁忙的时候。

从9月到12月，取暖器行业进入生产高峰。慈溪当地老牌企业先锋电器的工厂满负荷运转，除了满足国内需求还大量出口，2021年前8个月出口订单量同比增长了30%。

慈溪是全球最大的取暖设备生产基地，取暖器年产量占全国的30%，电热踢脚线占全国的70%，热式水龙头占全国的80%。这里的每一座工厂，都与数亿人的冷暖相关。

中国家电版图上，慈溪与顺德、青岛并称三大家电生产基地。慈溪以小家电见长，早在20年前就具备了国内最大的电熨斗、电吹风、插线板、饮水机产能，孕育出了方太、公牛、卓力、韩电、先锋等一批具备国际竞争力的知名企业。

改革开放以来，这个人口面积只有浙江省百分之一的县级市，诞生了18个中国驰名商标。规模以上家电企业年产值从2006年的201.2亿，飞速增长到2019年的702.3亿。

杭州湾南岸，平坦的陆地上矗立着数不清的工厂和拔地而起的办公园区，默默见证着滚滚的钱塘江在此东流入海。

翻开慈溪家电业的历史，一股奔腾不止的气息扑面而来。

慈溪家电产业规模以上家电企业产值 数据来源：慈溪经信局

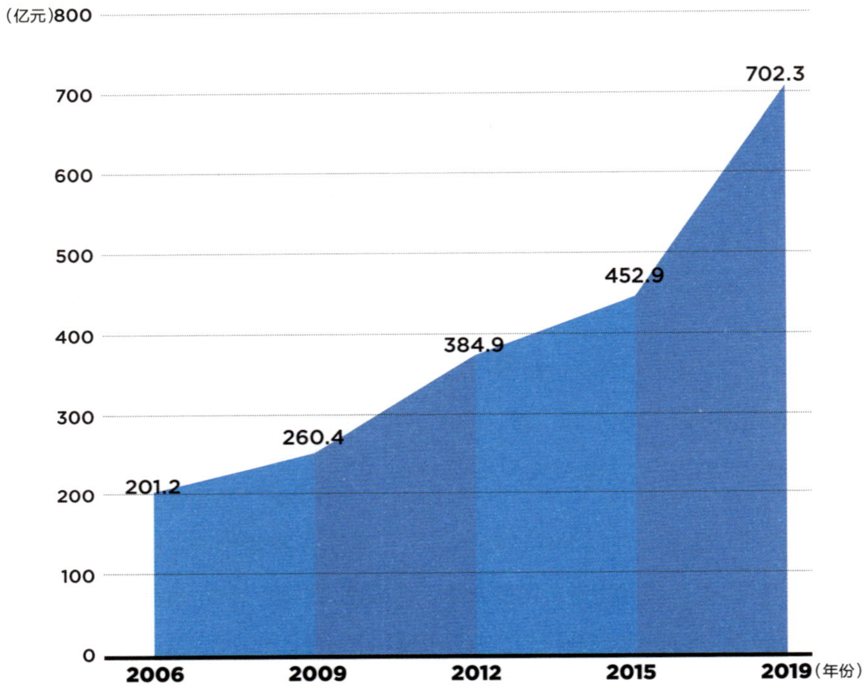

“电熨斗之王”的奋斗

从慈溪市区驱车西行半小时，来到车水马龙的周巷镇。

这里是远近闻名的“电熨斗之乡”，全球每卖出10台电熨斗，就有7台产自此处。靠着电熨斗等小家电，这个只有10万人口的江南小镇连续多年入选“中国百强镇”。

几十年来，围绕电熨斗，周巷镇形成了完善的产业链布局，上下游企业多达700余家。小小一台电熨斗，由200多个零部件构成，绝大多数可以在方圆10公里的工厂找到。

2018年中国十大电熨斗出口企业，周巷镇就占了7家。

卓力电器是周巷镇电熨斗产业链上的明珠，年产电熨斗约3000万台，仅其一家企业的产量就占到全球的25%，且单品零售价高达两三千元，几乎与戴森等国外高档品牌不相上下。“量价齐高”的卓力电器也被誉为“世界电熨斗之王”。

1993年，一个名叫张建杰的慈溪青年在周巷镇创办了自己的企业，这就是卓力的前身。在破旧的厂房里，张建杰从承接国外五金电器订单，赚取微薄的利润起步，逐渐转向电熨斗生产。

2000年，张建杰去国外参加行业展会，无意中看到了一款新奇的电熨斗，使用过程不用加水，而且还可以自动断电保护。“当时国内根本没这玩意，国外也只是概念”，张建杰当即决定自己搞，他从零起步，自己研发模具和零件，经过无数次失败，终于在2007

2018年中国十大电熨斗出口企业

信息来源：《慈溪日报》

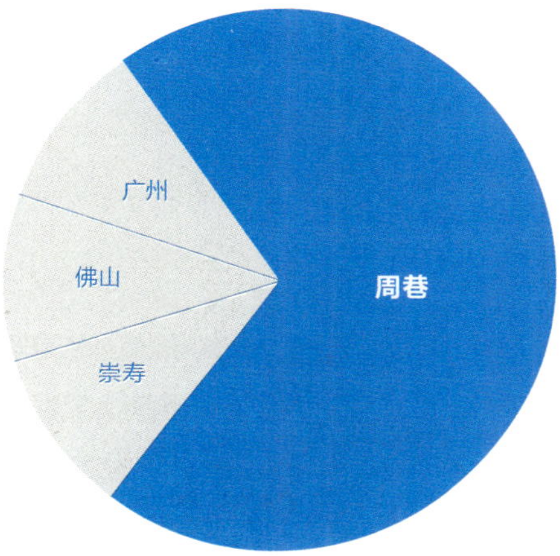

卓力电器集团有限公司(周巷)

宁波凯波集团有限公司(周巷)

松下·万宝(广州)电熨斗有限公司

宁波爱佳电器有限公司(周巷)

广东新宝电器股份有限公司

浙江月立电器有限公司(周巷)

宁波海歌电器有限公司(崇寿)

华裕电器集团有限公司(周巷)

宁波帅威电器有限公司（周巷）

慈溪三联家用电器有限公司（周巷）

年有了成果。产品问世后，订单纷至沓来，在欧洲可以卖到500欧元，成为卓力的拳头产品。

中国加入WTO后，全球市场大门洞开。早在2004年张建杰就前瞻性地在15个国家注册“卓力”商标。从2005年起每年向海外市场推出100多款新产品，靠着过硬的质量、新颖的功能，打开了全球120多个国家和地区的市场。从2006年至今，卓力电熨斗产量稳居世界第一。销售额从2001年的2.4亿攀升到2009年的13亿，从2010年至2017年加工贸易出口交货值年均增长8%。[①]2019年销售额突破20亿元。

张建杰踌躇满志地要把卓力打造成世界高端熨烫第一品牌。然而天有不测风云，企业势头大好之际，张建杰却因胰腺癌不治去世，享年53岁。在英国留学的儿子张卓凡紧急回国接班。这家从小作坊起家的“隐形冠军”，进入发展新阶段。

从点火枪到油烟机

张建杰英年早逝让还在读书的儿子被动接班，折射出家族企业的传承困境。对此慈溪方太集团的茅氏父子却留下一段佳话。

1985年，慈溪县长河镇，“慈溪无线电九厂”成立了。

厂长茅理翔是一个44岁的中年人，当过老师、做过会计，还搞过十多年的推销。看到电视机消费快速增长，他毅然从镇里承包了6台旧冲床，开始生产电视机零配件。

不料第二年就遇到国家宏观调控，电视机行业被重点管制。工

① 白丽媛：《他把电熨斗做到全球第一，这位浙商走了……》，《浙江日报》，2019年2月22日。

厂接不到订单，整整8个月没活儿可干，茅理翔急得像热锅上的蚂蚁，见人就打听："有什么新技术、新产品？"

有一次在出差的火车上，茅理翔遇到一位北京电子工程技术员，聊天中得知日本有一种电子打火枪很受欢迎。茅理翔暗暗记在心中，回到慈溪就召集工人研究，很快就开发出中国第一支电子打火枪，投产第一年就赚了20万元。1989年，茅理翔参加广交会，一下子揽到了8万美元的订单。

茅理翔把"慈溪无线电九厂"更名为"飞翔公司"，短短几年就占到全球50%的市场份额，毛理翔也被称为"点火枪大王"。

电子打火枪火了以后，各地的企业纷纷效仿。这个行业进入门槛较低，为了争夺市场，大家疯狂压价，每支点火枪的出货价从1.2美元暴跌至0.35美元，市场乱成了一锅粥。[②]

1994年，茅理翔决定放弃打火枪，转型进入新市场。

刚从上海交大电力电子专业硕士毕业的儿子茅忠群提议上马油烟机。

当时，全国各地大大小小的油烟机企业多达105家，宁波余姚的帅康电器、杭州余杭的老板电器便是其中的佼佼者，德国西门子也在这一年打入了中国市场。茅理翔由此认为油烟机市场竞争过于激烈，"弄不好，可能成为滑铁卢"。

茅忠群却认为，油烟机厂家虽多，但却停留在粗制滥造的模仿阶段，存在滴油、吸力弱、拆洗不便等六大问题，如果能把这六大问题变成六大优点，那么就不难脱颖而出。

茅忠群拿出一份翔实的调研报告，1994年国家抽查52家企业生

② 茅理翔：《飞翔的方太》，见《中国乡镇企业》，2001年1月。

产的油烟机，合格率不到60%，终于说服了茅理翔。

1995年5月，飞翔集团投资3000万元，在慈溪市东一片杂草丛生的荒地上创办宁波方太厨具有限公司。第二年3月第一台方太油烟机问世，试产的500台也很快销售一空①。

如今，方太作为国内油烟机行业领导品牌已经成为一个消费者耳熟能详的名字。2021年营收突破155亿元，逆势增长29%，品牌价值高达413.56亿元，领跑本土厨电企业。

然而在创立之初，关于“方太”这个名字，茅氏父子还有过一段争论。

最初，茅理翔原想沿用“飞翔”这个老牌子名。茅忠群却坚持认为：“飞翔二字太空泛了，油烟机是厨房用品，应该取一个女性化且有生活味的名字。”最后，茅忠群说服了父亲，采用香港知名烹饪节目主持人“方太”的名字作为商标。

茅理翔对此并不满意，觉得儿子太固执，心想“现实会给他教训的”。

不承想，这场争论引来媒体的关注。30多家媒体一致认为“方太”名字比“飞翔”取得好。伴随着《老子输了，儿子赢了》的报道出炉，一下子把“方太”的知名度打出来了，“我们没花一分钱广告费”，茅理翔心里乐开了花。

创办方太时，其他人都不看好这笔投资，只有妻子、儿子和女儿支持茅理翔，因此方太一开始就是一个不折不扣的家族企业。茅理翔做董事长、儿子担任副董事长、妻子担任监事会主席，一家人持有80%的股权。2006年，茅理翔把董事长的职务交给儿子，自己一门心思做家族企业研究去了。在茅忠群带领下，方太在全球大规

① 何晨薇：《茅理翔：中国民营企业家中的“高龄闯将”》，《慈溪日报》，2018年9月6日

模招聘人才，靠着技术研发突破一个个难关，发明了1000多项专利，在与外资品牌的激烈搏杀中节节获胜，进入中国高端厨电第一阵营。新冠肺炎疫情之下更是迎来逆势增长，2021年营业额突破155亿元，同比增长达29%。

“插座之王”的新旅程

1984年夏天，当茅理翔正在慈溪筹办无线电厂的时候，100多公里外，杭州水电机械厂分配来了一个名叫阮立平的大学毕业生。当时谁也不会想到，这个沉默寡言的小伙子会在未来打造一家市值千亿的公司，并成为身价数百亿的“插座大王”。

阮立平出生在慈溪古窑，16岁时跟着做会计的父亲搬到慈溪城，受电影《火红的年代》影响立志当一名工程师，高考所填志愿都是机械工程类，最后考入武汉水利电力大学。

在杭州水电机械厂，阮立平一边搞研究，一边做些小生意。那些年，他卖过猪肝、卖过桃树，慈溪最高的草莓也是他引进的。然而这些小打小闹都没法满足他要做一番大事业的雄心壮志。

90年代，慈溪出现了最早的一批插座开关厂。亲友们拿着插座样品到全国各地去推销，路过杭州时就到阮立平家中转，阮立平看到这些插线板“10个里面3个是坏的”，就利用闲暇把损坏的插线板修好，几年下来积累了不少经验。

1995年，阮立平辞掉铁饭碗，回到老家慈溪创办了公牛插座厂。阮立平喜欢打篮球，公牛这个名字，就来自芝加哥公牛队。

与点火枪等小家电行业一样，插线板行业的进入门槛较低，涌入了大量粗制滥造的小作坊。阮立平一门心思要提高插座的质量，导致生产成本高出同行一大截，满屋子的插座卖不出去，公司陷入困境，连2000块钱的水电费也交不起。

走投无路之际，一个机会找上门来。一家美国企业希望订购一批插座，大半个中国都找不到符合要求的产品。阮立平硬着头皮接下来，关在房间没日没夜地干了半个月，拿下了这笔价值40万元的订单，美国公司后来又追加了一笔20万的订单。小小的公牛插座厂，由此在行业内声名鹊起。

如今，公牛插座因“安全可靠”的口碑被广为人知。这与阮立平几十年的坚守密不可分。从创业第一天起他就把质量作为企业立身之本。一开始，由于市场上买不到可靠的开关，公牛的第一批插座索性不用开关。后来，阮立平自己设计了开关，公牛插座才有了开关装置。直到现在，国内百90%的插座上用的开关，还是他最早设计的按钮型。①

阮立平采用“农村包围城市”的路线，以五金店为核心铺设了一张庞大的销售网路。靠着口口相传的可靠品质，让公牛一路飞奔成为本土插座第一品牌，2001年市场占有率超过20%。

到2019年，公牛在全国建立了73万个五金渠道网点、12万个数码配件渠道网络、10万个专业建材及灯饰渠道网点，同时全面入驻天猫、京东等电商平台。全年销售额突破100亿元，其墙壁开关插座在天猫销量第一，市场占有率高达28%。转换器产品也位列天猫第一名，市场占有率超65%。

2021年9月，因为违反《反垄断法》，公牛被浙江省市场监督管理局处以2020年中国境内销售额3%的罚款，共计2.95亿元。

① 钱亦蕉：《阮立平，十八年专一梦》，《新民周刊》，2013年。

事发后，阮立平亲自出马，牵头成立合规自查及整改小组，对公司展开全面自查和整改。当白手起家的创业者成长为行业龙头，具备影响行业发展的能力时，也就到了审视自身的时候了。

解码新国货

工厂——
科技、生产与需求的交互试验层

工业4.0时代随着产业变革悄然而来，如今，传统制造生产模式向智能化、数字化转型已是大势所趋。工业4.0并非简单的复制，它需要融合互联网、大数据与人工智能制造等创新技术，进一步通过数字化打通设计研发、生产制造、物流运输、销售等全套环节。

从过往的变革中看，蒸汽机带来的工业革命，电气化改革、信息革命都给社会生产生活带来了前所未有的改变，变革过程中，各行各业也出现了新的窗口，新的技术正在推动行业发展。

传统行业中，也发生着前所未有的变革。

家居行业是一个具有代表性的行业。其中，定制家居行业在生产端面临很多的难题，工人制造中的非标化、生产空间的环境污染等问题层出不穷。伴随产业、国民技术升级，如今的家居行业在产业端发生了质的变革，在消费端也逐渐形成了品牌效应。

定制家居行业在我国的发展大致分为四个阶段：引入期（1990—2000），起步期（2001—2012），快速成长期（2012—2017）以及加速整合期（2018至今）。这个过程中，定制家居由从国外引进开始，到随着我国人口红利、地产的发展而兴盛，再到如今国民消费水平的提升，得以快速成长。

顾家全屋定制生产研发基地鸟瞰图（图片来源：顾家家居提供）

当行业进入新发展时期，发展逻辑也随之发生变化。定制家居行业在我国起步较晚，渗透率较日韩欧美偏低。根据前瞻产业研究院数据，2018 年我国整体定制家居渗透率约为30%，相较于美韩60%的渗透率，仍有较大提升空间。

如今，我国定制行业正处于龙头跑马圈地阶段，尽管行业集中度较低，但马太效应逐渐显现。龙头企业依靠多年渠道、产品、品牌、规模等优势加速提升市场占有率。

其中，顾家家居提出了新消费时代下的命题，即定制家居不只是家具，而是一个解决方案。在这套方案背后，也能看出如今的制

顾家全屋定制生产研发基地生产流程—智能包装（图片来源：顾家家居提供）

"在2022年的今天，
随着消费互联网的巅峰已过，
商业模式的创新已近山穷水尽，
所有注意力重新回到硬科技，
而工厂正是科技、生产与需求的交互试验层。"

——吴晓波

造业出现了属于这个时代的“新四化”，而定制家居行业所受影响较为明显：

第一，制造智能化。工具智能化，工人职业素养不断提高，工人在车间的健康指数和薪水不断提升。最终，与机器革命同时发生的，是人的革命。

第二，组织柔性化。第一要义还是企业家意志，因为这实际上是组织再造。

第三，平台赋能化。

第四，产品国货化。

定制家居市场的天然需求是多品种小批量的。粗放式经验管理是我国家具行业长期以来的主流管理方式。而如今精细化管理和柔性化生产是解决该行业问题的重要手段。

柔性化生产更是能将小批量多品种的市场需求与工业化大生产相结合，使生产系统能对市场需求变化做出快速的适应。

顾家家居是这一范式的先行者。其全屋定制方案配备了行业领先的高新技术和高端设备，完成数字智能总控台的建设，大幅提升了生产效率和制造能力，实现全生产要素的数字化改造，达到100%柔性化生产能力。

在这一进程中，顾家家居投资10亿元建设22万平方米的4.0智能制造基地，开启“个性化+规模化+智能化”的全新领跑模式。全屋定制4.0智造工厂做到了轻松实现“量尺-设计-下单-拆审-排产-运输-安装”等全流程一体化的解决方案，一键实现“所见即所得”的家居场景体验。

顾家全屋定制生活方式展厅（图片来源：顾家家居提供）

刘才亮

顾家家居定制家居事业部副总经理

6年前，顾家刚推出全屋定制模式时，面临诸多困难，如今我们已走到第三个阶段。第一个阶段在2016—2018年，当时靠CAD制图、手工下单，需要大量人工去拆单，将图纸拆成清单给到车间，车间只有单机生产，效率十分低。到了2018—2021年的第二个阶段，我们实现了软件设计、局部自动化。直到今天的第三个阶段，才实现了智能化、柔性化制造。

这背后，除了看得见的自动化设备，还有看不见的业务体系、流程以及系统数据。在实践过程中，有四个核心要素：1. 产品数字化，这是基础；2. 业务在线化，以提高效率，确保数据的准确性；3. 流程信息化，以保障同个用户的同个订单能准时完成。

实现了前面三个核心要素，才是最后的设备自动化、智能化、柔性化。设备可以买到，但前面三个核心要素是买不到的。只有把基础平台建设好，业务才能跑起来。当顾家在向智能制造转型时，我们团队也一直在思考“为了什么”。核心还是围绕价值创造，体现为效率、成本、质量，最终要转化成用户价值，包括用户体验是不是更好，对于产品的品质用户的满意度是不是更高。

顾家全屋定制生活方式展厅（图片来源：顾家家居提供）

从用户视角出发是当下国货品牌发展的核心要素之一，伴随着国民消费升级，中国的年轻消费者对国货的购买力和认可度得到了很大的提升。企业在做智能化工厂的同时，也在关注消费者在新时代审美和需求上的变革。

刘宏

顾家家居副总裁

消费趋势正在年轻化。据了解，中国Z世代的消费在2020年已达到4万亿人民币，并且他们很大程度上影响着家庭消费。

今天一个企业要做智能化工厂，老板的意识是第一要素，对不对？只对了一半，另外一半由用户决定。解决用户的审美问题，就是满足用户的价值观和创造用户的满意。顾家在更新了logo后，还设置“生活观察员”，成立了生活研究院。用户要善于表达，我们要善于收集，最终将用户的想法设计出来。我们认为，要有足够多的途径，接触到足够多数量的用户，珍惜每一个触达用户的机会点。另外在终端应用上，我们也在用数字化方法获客。

参考资料：《定制家居行业深度报告：静水流深，夯基筑垒》（报告出品方/作者：海通证券，郭庆龙）

新国货启示录

上海
新国货第一高地

文 / 李檀

上海正在成为新国货第一高地。

财经作家吴晓波在一次演讲中提到过一种当代消费场景："有一位90后的女生，清晨起床，穿上内外，戴上moody美瞳，给自己煮一碗拉面说，用林清轩简单地化一个妆。临出门前，给自己的宠物喂一盆PIU鲜食。进办公室，先给自己来一杯永璞咖啡，中午到楼下的陈香贵或马记永吃一碗兰州牛肉面。下午的时候，最好来一根钟薛高或一杯乐乐茶，还会有闺蜜来分享一块零糖的每日黑巧。"

以上描述到的消费组合，只是如今国人的消费场景一隅。但这些选择背后，展现出了消费行业的几种内在张力，其一，新品牌如春笋般涌现，老品牌呈现出新的消费活力；其二，国货品牌开始占领国人消费心智，细分领域和消费场景被发掘出新的活力和可能，新国货和传统国货形成国货崛起双螺旋；其三，创业地呈聚集状态，上海成为热门创业首选。

根据天猫发布的《2022天猫新品牌创业地图》显示，1600个品牌中有348个来自上海，位居各大城市第一位。在CBNData发布的《2021线上新品消费趋势报告》中，上海同样展现出强劲实力，分别位列新品消费与新国货创新力榜单TOP1。由此可见，如今的上海既是新消费崛起之城，也是国货创新之城。同时，这里蕴含的巨大消费潜能反向为上海本土品牌提供肥沃的生长土壤，也为国货市场注入更多创新活力。

2002天猫新品牌创业地图

数据来自天猫TOP1600新品牌

城市	新品牌数	"独角兽"品牌	潜力新品牌
北京	140	元气森林、大力智能、Ubras、HELIUS、王小卤、keep、润百颜	亲爱男友、狮子歌歌、oatoat、柠檬共和国、茶小空、年衣、种子特工队
上海	348	小奥汀、优时颜、逐本、开小灶、moody、内外、bebebus、菠萝斑马	百植萃、听研、永璞、pidan、幼岚、THE BLENDER、龙猫先森、有乐岛、椰满满、虎头局渣打饼行
杭州	165	花西子、王饱饱、李子柒、ihoco、Bosie、小鹿蓝蓝、空刻、薄荷健康	缤兔、spes、独束、加点滋味、锋味派、窝小芽
广州	147	GOTO、usmile、colorkey、AOEO、朴物大美、KONO、溪木源、几光	素肌良品、奶糖派、第五人格、C咖、爷爷的农场、Pinkbear
深圳	170	蕉内、Wonderlab、理然、amiro、Jovs、参半、HBN、寻找独角兽、cubetoou	MoodyTiger、inface、几素、7or9、wosado、menxlab

新品消费城市排名榜单TOP10

1 上海市　2 北京市　3 广州市　4 深圳市　5 杭州市
6 成都市　7 重庆市　8 苏州市　9 武汉市　10 东莞市

新国货城市商业创新力TOP10

1 上海市　2 广州市　3 深圳市　4 北京市　5 杭州市
6 宁波市　7 武汉市　8 佛山市　9 晋江市　10 成都市

回顾过往，上海作为一座历史悠久的城市，是近现代中国资金流动、劳动力以及资本市场发展最好的标杆城市之一。早在1843年，上海就开设了开埠之后的第一批洋行，顺应当时国情下的供需关系，纺织品、五金等行业遍地开花，后又有军火、房地产行业的巨大成功。此时，大量洋货开始涌入中国市场，很快，上海就成长为一个较为成熟的商业“竞技场”，十里洋场的上海滩就是洋货与国货激烈交手的主战场。魁星牌面粉、华生牌电风扇、百雀羚面霜、回力鞋等等，都是国人对第一代国货的记忆。而在百货业，由广东人创办的四大百货商店——先施、永安、新新和大新，更是控制了时尚零售的半壁江山。国货产品也在这样开放的市场环境下开始了全球化的主动尝试，中国历史上第一次国货运动风起云涌。

伴随上海这个大市场的潮起潮落，这座城市正书写着自己的命运——它敏感、前沿、开放，不断生发着创新力，同时也拥有前所未有的包容力。它在保持迅猛发展的同时，也为日后成为国家金融中心和世界级大城市存续火种。如今，这座城市堆蓄的动力，再一次为中国品牌的创业、发展、创新提供动能。上海式动能产生的“雪球效应”，也让源源不断的中国品牌在新的时局下生根发芽，春笋般生长，并有能力角逐全球市场。那么，究竟是什么让上海在第三次国货运动中成为新国货第一高地？

城市文化为新国货造血

上海具有国货崛起的优渥土壤。这里拥有如今中国前沿的审美和品位，各类艺术活动、盛会层出不穷，这些由城市生活多年沉淀下来的文化内核，使上海的新国货获得了一次解放式爆发。

上海的咖啡行业，就是一次很好的例证，它的生根发芽正是一部城市文化生活缩略史。

截至2021年，中国已经成为世界第一大咖啡消费市场，且咖啡消费以每年15%至20%的速度增长，远高于全球2%的平均增速。

这中间最具有代表性的城市就是上海，从2021年初至今，上海的咖啡馆不仅没有受疫情影响减少，反而逆势增长。根据国内各大平台机构以不同统计维度对上海咖啡馆数量的测算，如新一线城市研究所《上海咖啡消费指数》的统计，到2020年末，上海拥有6913家咖啡馆；大众点评数据显示，2018年底，上海咖啡馆逾7500家；截至2021年11月，上海咖啡馆总量规模逾10000家……尽管统计口径各不相同，“咖啡馆数量全球之最”的结论跃然纸上。

城市文化和咖啡文化的交融也生发出了更多的可能性。本地咖啡品牌Manner便是其中的代表之一。据钛媒体统计，2021年1至9月，国内咖啡领域相关融资事件共有21起，融资总额超46亿元人民币。在这中间，Manner完成4轮融资、估值升至20亿美元，可谓市场的新晋“宠儿”。

Manner咖啡于2015年创立，当时创始人韩玉龙和妻子陆剑霞在上海南阳路盘下了一个2平方米的小档口，开始了他们的“咖啡生意”。就是这样的一个小铺子，像一口井一样“滋养”着附近社区居民，不管是上班族、学生，甚至是年纪较长的中年人、老年人都在这里获取一天的“原动力”。Manner首店做到了社区店态该有的样子，他们的成功得益于其商业模式，同样得益于其背后流淌的咖啡文化。

首先，在商业模式上，Manner一直坚持“小店低成本模式”。他们将房租、装修等前期的运营成本压缩到极限，从而扩大了每个单店的盈利能力，这让他们的净利润率甚至可以超过10%，在该行业首屈一指。对于“单店利润”的追求是咖啡馆存活下来必须考虑的因素，上海咖啡行业不仅发展快，竞争也极为激烈，算上高昂的租金、原材料和人工，店内每天至少需要200多个客单才能保本，加之装修等前期投入，大部分咖啡店回本需要2年左右。

在这样激烈的竞争中，Manner靠着“小店经营+低价咖啡”的模式，一路扩张。Manner第一家店于2015年开业，3年内扩张到8家门店。到了2021年6月初，Manner的全国门店数已经迅速扩展到140多家，品牌估值为28亿美元，平均单店估值超1亿元。

Manner咖啡店（图片来源：视觉中国）

20世纪30年代，上海舞厅场景（图片来源：视觉中国）

上海咖啡行业发展脉络[1]

1843
咖啡的引入

上海开埠后，西方饮食文化渐入上海，当时咖啡只作为佐餐饮料出现，服务对象也多为外侨。

1860
第一家独立经营的咖啡馆

五口通商的租界率先引入了咖啡馆，上海第一家独立经营的咖啡馆——“虹口咖啡馆”于1886年开设，服务对象主要是航海人员。这家咖啡馆不仅卖咖啡，还出售符合客群需求的啤酒。

1920—1937
咖啡业的繁荣

随着上海的稳定和发展，独立经营的咖啡馆开始大量出现，咖啡的做法开始多样化、本地化，加炼乳、奶油等本地人喜欢的口味风靡一时。喝咖啡逐渐成为部分上海市民的生活方式和文化、身份的象征。咖啡馆开始承担城市的复杂社会功能。

1937—1949
夹缝中求生存

1937年战争爆发，上海经济出现了畸形繁荣。此时上海咖啡馆数量至少有60家，并且处于盈利的状态。开设咖啡馆甚至成为犹太人和俄国侨民最佳的谋生工具。总体上，咖啡馆虽然受到战争的影响，但仍有发展。

①咖啡评论：《上海咖啡发展变迁史》

20世纪30年代，上海霞飞路（今淮海中路）俄侨开设的特卡琴轲兄弟咖啡馆（图片来源：视觉中国）

1949—1988
咖啡文化空白期

1949年以后，国家政治、经济重整，咖啡文化进入30年空白期，朴实简约成为核心需求。上海牌咖啡（上海老牌的德胜咖啡行于1959年收归国营，更名为上海咖啡厂）是20世纪60年代到80年代中国唯一的咖啡名牌，成为一代人的“国民记忆”。

1988—1999
“雀巢”来袭

改革开放后，咖啡生意出现了新的生机。1988年，雀巢开始扶持云南咖啡产业发展；1992年雀巢在东莞设厂，部分原料采用云南咖啡豆。在雀巢强有力的营销下，中国的速溶咖啡市场迅速崛起，老牌的上海咖啡厂风光不再。速溶咖啡和三合一调味咖啡成为改革开放至2000年，中国咖啡文化的主流。

1999—2018
咖啡行业的回温和发展

1999年，星巴克在北京开出了第一家门店，之后星火燎原，如今上海的星巴克数约为北京、杭州、深圳的门店数总和，共有900多家门店。国际连锁咖啡品牌纷纷落户上海，精品咖啡店不断升温，国货品牌倍出。

该模式不仅降低了营运费用，也给Manner在店态上以更多的尝试，比如围绕社区用户即拿即走的窗口模式，区别商场旁大型连锁咖啡店设置的手冲专门店，真正做到了差异化和因地制宜。

其二，Manner的定价规则。其常规的咖啡定价区间为15—20元，被上海消费者称为“最具性价比的咖啡”。而这样的定价区间正是Manner咖啡在用户策略上的重要举措，他们选择把用户圈在自己的“地盘”里。比如，初期Manner并未选择接入线上外卖渠道，一方面保护了咖啡在运输中失去风味带来的口碑影响，另一方面，他们把用在外卖上的费用，拿出来补贴用户，以5元的优惠减免，给到自带杯用户，这样不仅将用户留在自己的圈子和社群内，还给用户以“环保”的品牌认知，让消费者，特别是上海的消费者产生更多认同感。

“Manner模式”为何能在上海诞生？不管是让社区店生根发芽的土壤，还是对环保概念的认可，都少不了城市文化的内作用力。一众新兴品牌的崛起和成长，正是得益于城市的包容性和文化多样性。

抓住用户痛点，就是抓住快速超车的关键

上海本就是一个发达的消费中心，消费者的消费力比其他城市都更为强健。据上海市统计局消息，2021年 ，上海市实现社会消费品零售总额18079.3亿元， 位居全国第一。

浓郁的消费文化不仅增加了新消费品牌被消费者选择的机会，也反向刺激了新品牌不断更新求变，以跟得上消费者源源不断的消费热情，从而迭代出更适合品牌发展的产品。与此同时，上海

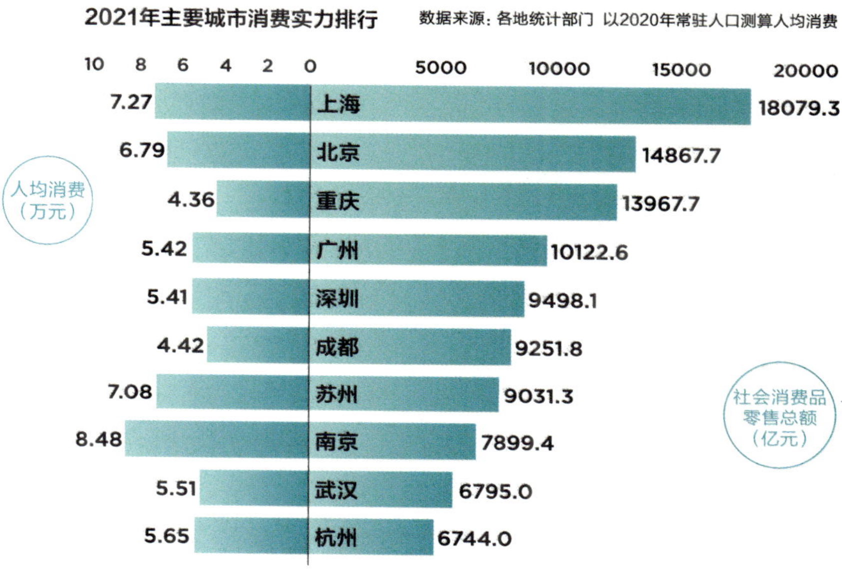

的消费者还是兴趣广泛、喜好多样、背景多元的，不管是爱好哥特风的Lolita圈、追求形制正确的汉服圈，或是沉迷异域风情手工艺品寻物人，都可以被这座城市接纳。对于国货品牌来说，小领域、细分品类便有了可发展的空间和潜在客群，也就有了更多的发展动力。

以“三坑”大型集合店品牌“诗与万花镜”为例，该品牌于2021年4月成立于上海，国内首店选址位于上海静安寺。“三坑”是一种流行的青年文化，分别指JK制服、汉服、Lolita服饰。因这三种服饰的价格比普通服装更高，对于可支配资金并不算多的年轻女孩们来说，若投身进去，就需要非常大的投入，因此称其为“三坑”。而上海正是“三坑文化”风靡的城市之一，各大商业街区都聚集着不同种类的“三坑”店铺。专注于“三坑”文化的“诗与万花镜”看到了“Z世代”年轻人的消费热潮，将其聚合为一，品牌线下门店专注于为“Z世代”打造“城中迪士尼乐园”。其上下两层占地约1100平方米的门店中，超过上百个国内外“三坑”知名品牌在这里汇集，围绕“三坑少女”的喜好提供一站式变美产品，彩妆、香水、美瞳、配饰、文创产品等一应俱全，致力于打造出文化认同的社交场景。

“诗与万花镜”的当红，正是抓住了“Z世代”年轻用户消费需求。选品上，他们根据对当下年轻人的审美洞察，将产品聚集式上架，同时，自创立以来，“诗与万花镜”便重视大数据系统的搭建，通过对大量用户数据的洞察和分析，实现采买环节的数字化，提高新品上市的成功概率。店铺设计上，“诗与万花镜”联合迪士尼专业团队，从挖掘“三坑文化”的本质入手，以充满艺术氛围的场景化设计，加深用户的体验感和参与度。品牌营销上，“诗与万花镜”主打内容营销，通过强内容或强社交属性的媒介形式，讲述“三坑文化”相关故事。另外，“诗与万花镜”非常重视用户的个性特点，并提出“让‘三坑’少女能够随时回家”的愿景，与用户产生共情，深度绑定。①

正是抓住了消费者的需求痛点，“诗与万花镜”不停地获得资本市场加持，顺为资本合伙人程天表示：在“Z世代”新兴文化快速崛起的趋势下，泛次元领域有着巨大的市场潜力。众为资本合伙人徐薇表示：“诗与万花镜”所在的赛道处于整体的红利期，行业在2025年可以达到千亿元人民币规模，整个赛道还没有一个整合级玩家出现，现在是一个很好的切入时间点。

在融资近亿元后，“诗与万花镜”创始人孙亚鋆表示，后续将着力于全国门店开拓和供应链拓展，不难看出，正是由于多样化的消费者样本选择，这一场被上海消费者接纳、追捧的尝试，落地全国时也会是一次文化“席卷”。

① 36氪：《三坑大型集合店品牌「诗与万花镜」完成数千万元Pre-A轮融资，两个月内连续完成两轮融资，总融资金额近亿元》，https://mp.weixin.qq.com/s/D11IMhZNdc1AQVzDGzwszQ，2021年11月29日。

用户需求催生新消费赛道

如今，年轻人对“养生”的兴趣高涨，尤其是当代职场人，随着加班、内卷等话题的热议，养生需求开始向全年龄化蔓延。据CBNData发布的《年轻人养生消费趋势报告》显示，超过90%的年轻人已经有了养生意识，超过95%的用户对健康养生的态度明确，而有24%的年轻人已经开始养生。

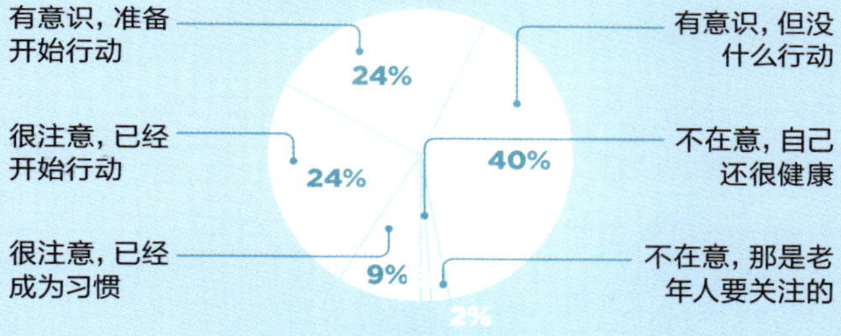

90后对待健康养生的态度

90后出现的健康状况下降信号

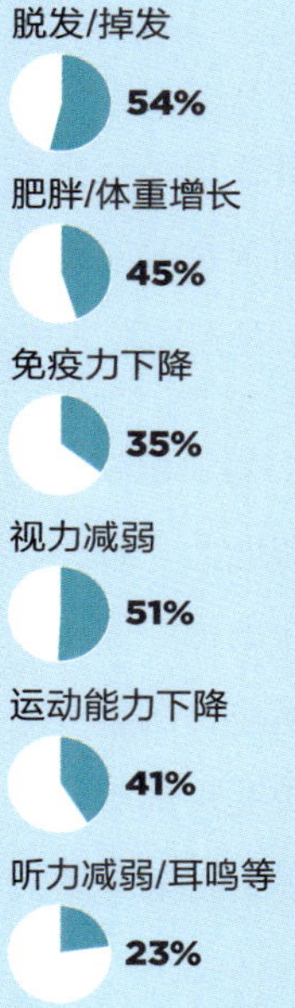

真不二产品（图片来源：企业提供）

当前，年轻人日渐加重的养生需求，使“养生市场”朝气蓬勃。据《2017—2022中国健康养生行业市场发展现状及投资前景预测报告》显示，当前我国健康养生市场规模已经超过万亿元，18—35岁的年轻人群占比高达83.7%。随着市场趋向愈加明显，新锐品牌开始崭露头角，其中一家老字号品牌——胡庆余堂就开始了向“新国潮”的融入，旗下品牌“真不二”更是以年轻客群为主要目标，接轨年轻人养生赛道。与此同时，真不二推出的产品也在当代年轻人的审美上做足工作，“泡脚包”更是以被称为“天然药库”的原料作为产品核心优势，有效地激发潜在用户群体的转化目标。同样，在增长方面，“真不二”以短视频、直播等内容为媒，借助兴趣电商精准匹配商品特征，大大缩短消费路径的转化，快速打造新爆品，实现增长突破。不仅如此，“真不二”的联名策略也让他们的名字出现在各类新消费品身旁，包括以“宠物经济”“咖啡经济”为目标的产品种类等。以用户为中心，深入洞察消费者需求，是真不二成功破圈的关键一步。

新时代品牌核心竞争力——供应链的整合响应力

在很多年里，因各类高企和国际品牌的压迫，上海一直不是本土消费企业的创业热土。如今，这一局面发生了转变，其关键的原因，是创业模式的更新。

如果说在20年前，工厂规模和渠道网络建设是消费品创业的核心能力，那么，在今天的新国货创业中，供应链的整合响应成为了新的核心竞争力。上海毗邻长三角地区，这里是公认的全球产业链供应链的重要组成部分，市场开放程度高，经济活力强，并逐步向更先进的数字化产业链升级方向发展——更强创新力、更高附加值、更安全可靠。

除了传统制造业中的美妆、护肤、食品和服装工厂之外，长三角地区还具备丰富的供应商、服务商、金融机构、科技机构等为新品牌们提供从基础产品制作到科技化数据运营的全面服务。这些聚集在长三角地区的产业集群，正在为上海的新品牌们提供全产业链的赋能作用。

位于上海奉贤区的“东方美谷”就是代表性的美妆品类集群。这个号称“中国化妆品产业之都”的地方，孵化了大量国货美妆护肤品牌，更吸引了全国十分之一的化妆品企业入驻。

2017年，上海市出台《关于推进上海美丽健康产业发展的若干意见》，将奉贤“东方美谷”升级为上海“东方美谷”，该意见还表示上海“东方美谷”要立足上海，联动长三角及珠三角，打造国内乃至亚洲规模最大、具有自主知识产权的美丽健康特色产业集群。

“东方美谷”对创业品牌的服务被称为“妈妈式”的，从产品生产、研发、包装、营销等上下游各个环节都有相对应的服务，不仅建立了行政服务中心、产业研究院、检测中心、创新中心，为缩小与海外品牌产品之间的差距，还和上海应用技术大学展开合作，成立材料研发、功效检测中心。在未来还会有1000个直播店诞生在这个化妆品集聚地，将该地的作用从产品研发和品牌建设进一步延展出品效合一的直播电商营销手段。

知名品牌韩束、伽蓝、科丝美诗（韩国最大化妆品代工企业）、自然堂、百雀羚、资生堂等都在“东方美谷”设立研发中心，与此同时，这里还是上海新生品牌的培养皿，像医美品牌EVM、美妆品牌玛丽黛佳、赛娜赫伯、水母娘娘等都成长在这里。

上海以其独特的地缘特性，吸纳着长三角、江浙沪一带高质量的源头资源。同时，江浙地区的制造业优势为上海的创业者们提供了强大的产品力的保证。以往的创业劣势正在消失。

人才——品牌历久弥新的关键问题

上海拥有前所未有的人才资源，且还在持续增长。2021年，上海落户人口为73128人，这个数字是2020年的2倍还多。对比过去8年间，2021年在上海落户人数是2019年的3倍多，2018年的3.5倍多，2014年的7倍多。对比上海的两种落户方向（居转户和人才引进），可以发现2021年人才引进落户人数增了171%，增量明显。

上海是一个超级大都市。这里包罗万象、多元前卫，因多年的对外开放历史和金融中心定位，最早吸引来一众跨国公司扎营安寨，如今，随着互联网、智能制造业、新兴国货品牌的崛起，人才

上海居转户增长率与人才引进增长率

数据来源：上海居住证积分落户指导

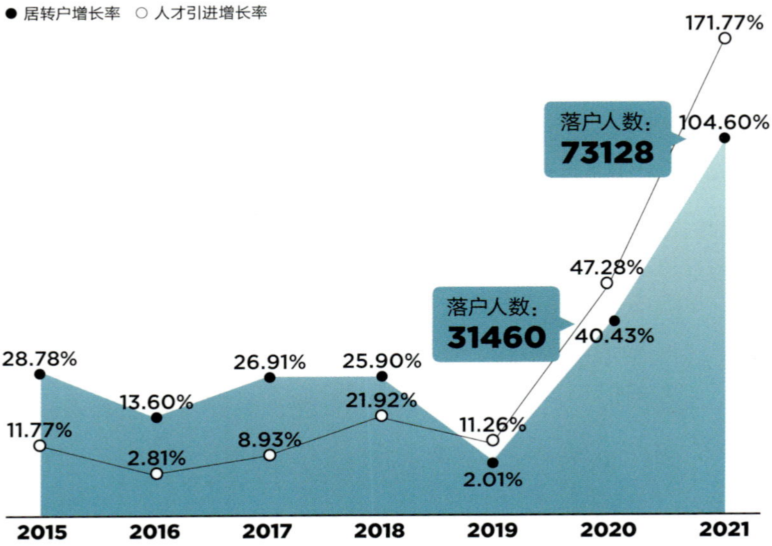

组成更具多样性，优势也更加明显。

首先，外企公司带来了他们体系化的品牌和人才建设方法论，并且培养了一批行业“正规军”。众多的上海创业者都具有大公司从业或海外留学的背景，常年的都市生活经历和开阔的国际化视野，让他们在工业设计和品牌叙事上，具有自己的独特建构优势。这些人才的身影，在如今的新消费品牌中清晰可见，比如曾在联合利华掌管中华牙膏、力士等品牌的刘滨，如今创办了专注于口腔护理的新品牌BOP，旗下的口腔清新喷雾更是在该细分类目内创造出了爆款产品。

其二，根据《2021中国海外人才职业发展分析报告》显示，上海是连续几年以来最受海归欢迎的发展城市，2021年支持率高达70%，远高于排在二三位的北京和深圳。而在沪工作的留学生有16万余人，其中正在创业的占25.93%。

归国海外毕业生期待进入的城市

数据来源：《2021中国海外人才职业发展分析报告》

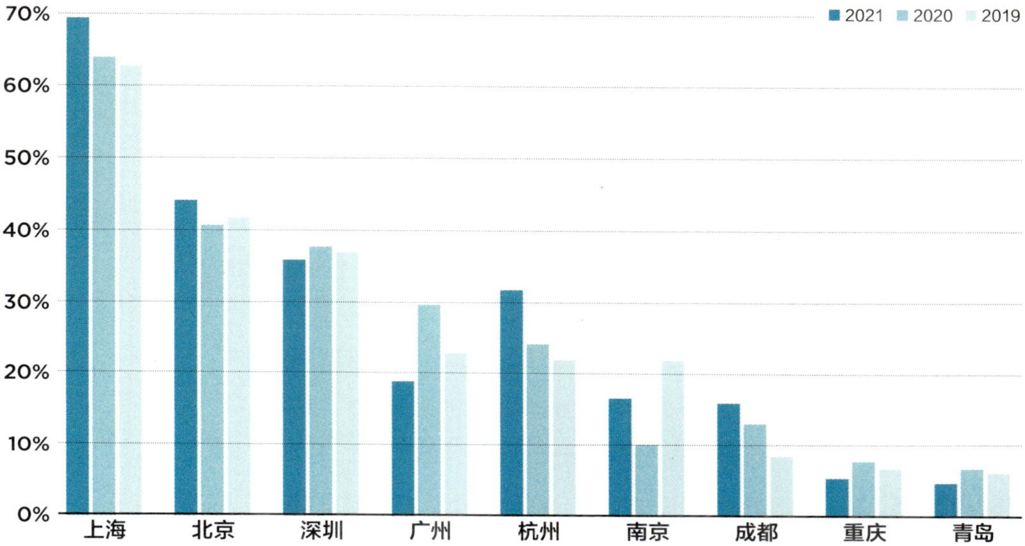

这些具有前沿思想的年轻人，正在创造出属于新时代的产品。这些年轻人拥有的海外视角，往往能帮助他们超前洞悉国内市场的需求点，并打造出适合落地本土的产品。身体护理品牌BOBORE，其创始人朱飞霖就是在中西方的差异消费场景中发现，在海外，身体护理是一个较为成熟的消费市场，然而这种需求在国内还未蓬发，品牌主导者也基本都是洋货。就是这样的洞察，让他找到了隐藏着的新国货品牌发展机会。BOBORE首先通过切入“礼品场景”，以情侣护手霜这一新颖设定获得了一批忠实消费者。2019年BOBORE又推出满天星身体高光精华液，产品曝光后再次成为爆款，这也是继Bite Me系列身体乳之后的又一新爆款。2020年4月，BOBORE获得千万级投资，规模逐渐变大，产业布局愈加深入。

在新国货崛起的道路上，还会有更多实力派的人才来书写国货创新的新篇章，而上海，依然是这些人才的主要聚集地。

资本：品牌间“厮杀”的原动力

2019年，新消费领域的资本投资狂潮来袭。一方面，火热的互联网创业随着核心巨头的规模化进程加快，新生项目起步越来越难，行业机会稀疏；另一方面，人均GDP的增长使中国居民产生对更好生活方式的追求。

历史上，每当人均GDP超过1万美元时，就会有具有现代性的产业代表事件出现。1913年，福特的全球第一条全自动化生产线开工，好莱坞诞生；1959年，德国工业设计师Dieter Rams的设计产品开创了极简、现代的产品风格；1963年，日本的电视机保有量突破一千万台，电视机取代了传统家庭的神龛……2019年，在中国，消费品领域迎来中国设计和中国制造“双国货”爆发。

这一次的国货爆发，出现了前所未有的特殊性。

其一，中华文化带来的审美自信。如果说，前两次的国货崛起是对洋货的抵抗和替代，那么，这次国货运动就是一次审美上的重新建构。

其二，中国制造带来的品质自信。作为全球最大的制造业国家，先进的制造能力和完备的供应链，为本轮新国货创业提供了前所未见的品质保证。在这一前提下，很多新国货已经摆脱了“定价自卑”，敢于在细分品类中掌握价格的自主权。

其三，互联网引爆模式带来的创新自信。本轮新国货的创业者以80后和90后为主力，他们娴熟地运用新的营销工具，绕开了传统品牌企业的传播和渠道壁垒，得以在很短的时间内完成初创期的积累，获得都市年轻消费者的拥趸。

这些新特征让上海的人才优势、流行引爆和资源整合能力，得到了淋漓尽致的发挥。资本在如此商机之下，纷纷投身。烯牛数据显示，近三年发生的新消费品牌投融资事件中，65%分布在上海、北京、深圳等五大城市，其中上海的新消费品牌独占20%，特别在美妆、食品等赛道，更是独占鳌头。上海作为金融中心，自然也沉淀了很多具有实力的资本方，在他们的加持下，品牌可以迅速被看到、快速成长，并且在市场的厮杀中获得巨大资金原动力。

新消费的下半场——长期主义者逐鹿

新的消费趋势依然在上海这座城市萌发，例如文艺爱好者们喜爱的品牌——多抓鱼，它不仅代表着循环经济的崛起，更是消费者消费态度的转变。

代表中产阶级生活方式的香氛品牌也在上海接连扎根。2021年本土高端香氛品牌DOCUMENTS闻献的全国首家旗舰店于上海开业，观夏也计划在上海拓展更多的体验式线下空间。大量投资热钱涌入新消费行业，各类新国货品牌接连涌现，部分消费品牌直达上市，但是，上市即巅峰的现象层数不穷。新消费行业如何建立壁垒，如何跑得更远？成了新消费行业下半场角逐的关键。

2020年12月11日，泡泡玛特在港交所上市，发行价为38.5港元 / 股，开盘上涨超过100%；2021年2月中，其市值一度高达1500亿港元。到了10月29日，泡泡玛特股价最低下探至45.15港元 / 股，相较历史高点下跌了58%。在美妆领域，“国货美妆第一股”完美日记上市后，股价也在走下坡路。2021年8月26日美股收盘时，完美日记母公司逸仙电商股价报5.84美元/股，跌幅超70%，直接击穿发行价（10.5美元/ADS）。同样，在2021年6月上市的“新茶饮第一股”奈雪の茶，风光上市，却直接跌破发行价，8月3日，其总市值几近腰斩。

三家新消费“第一股”均上市受挫，新消费品牌的创业热和投资热在 2021年的结尾时也相继来到冷静期。这些搭上时代快车的新品牌们一路狂奔，在行业下半场较量中也都面临着破局的困境——如何持续获得增长、提高产品复购率；如何扩大规模、积累品牌势能。尽管新国货品牌仍风生水起，但爬坡过程依然艰巨。当市场趋于冷静时，裸泳者也会渐离海岸。如今看来，新消费品从来不是从0到1的问题，他们手握需求、把握流量、善用营销制造爆款，使品牌获得成功。但在市场规模变大，需要沉淀品牌势能、建立行业壁垒的下半场竞争中，对手就不仅是市场了，还有成熟的同行和国际品牌们的围剿。

“市场短期是投票机，长期是称重器。短期看，价格是由市场供需决定的；长期来看，价格是由价值所决定的。”（格雷厄姆语）这个阶段中，坚持“长期主义”才能获得真正的解法。上海，这座新国货之城，正见证着这个时代的世界级“王者”出现。

*** 周雅静对本文亦有贡献**

打造品牌就是长期坚持做难而有价值的事情

木兰姐
木兰姐品牌咨询创始人
《打爆口碑》作者

今天，当我们谈到品牌的时候，你能想到的是什么？

你会发现绝大多数企业都在卖产品，品牌的意识还是不强。很重要的一个原因是近些年新媒体大行其道，流量的红利让很多企业创始人红了眼，很多人陷入只要能做出抢占用户眼球的产品，就能快速获得高流量、强曝光、高转化的美梦中。但是网红品牌一夜成名，带来的是流量，不是品牌。一个品牌之所以能成为品牌，是因为其拥有了持续赢得消费者信任的能力，拥有消费者的偏爱，拥有了消费者的信任，让消费者闭着眼睛买都不会出错。

21世纪的今天，在全球DTC（Direct To Costomer，直面消费者）品牌浪潮中，新锐起飞，国货崛起，国际大牌与跨境小众品牌齐飞，中国消费品领域可以说是迎来了新物种的集中大爆发。

一面是新消费市场被完全打开，国货新锐品牌如群星般崛起，逐渐占据头部位置。新国货市场这片热土培育出了名创优品、喜茶、完美日记、钟薛高、熊猫不走蛋糕等一大批有互联网基因的新玩家们。

一面是面对市场倒逼，国产老品牌正在行动。波司登与世界级设计师合作，以专注羽绒服、立足高端的战略定位，成功在高端羽绒服市场站稳脚跟；李宁重塑产品线推高品牌形象，和国际球星签约，走上时装周，向世界喊出“中国李宁”，成为大批年轻人心中的战靴……

为什么这些品牌突围了？对于多数企业的成功，我们都只看到了水面上的4%，隐藏在水面下的96%是学不来的。其中，火爆市场的彩妆品牌完美日记，其母公司逸仙电商于2020年11月19日在美国纽交所挂牌上市，成为国内首个在美股上市的美妆集团。完美日记诞生不到5年，就能够赶超老牌经典，反超国外大牌，在成为大众爆款之前，已经凭借12色动物眼影、琉璃时光唇釉等几款高性价比产品成为小红书上的爆款品牌了。还有喜茶，是凭借着皇茶ROYALTEA（喜茶前身）在区域市场沉淀了足够长的时间，从而收集反馈、打磨产品，逐渐凭借不断创新的高质量饮品，从江门发展到珠三角大中小城市，最终才进入大众视野，成为全国性品牌的。

每个行业都有自身的优势，但优势的背后是对产品极致的打磨。

杭州
MCN产业分布密码

文 / 杨春秀

近年来，随着流量转型，网红经济井喷式爆发，卫星产业，尤其是MCN（多频道网络，是一种新的网红经济运作模式）产业增长尤为明显。

根据iiMedia Research（艾媒咨询）数据显示，2020年，伴随疫情爆发，线上经济出现较大增长，市场规模扩张明显。2021年MCN市场规模已超330亿元。同时，短视频、直播等营销工具也进入了快速发展期，MCN红利依然明显，特别是在海外电商发展的新时期，其服务需求仍在增长。

过去一段时间，由直播购物主导的头部效应式微，网红经济焕发新活力，二次元、电竞等领域增长迅速，内容开始朝多元方向发展。

2016—2021年前三个季度国民人均教育文化娱乐消费支出以及占比

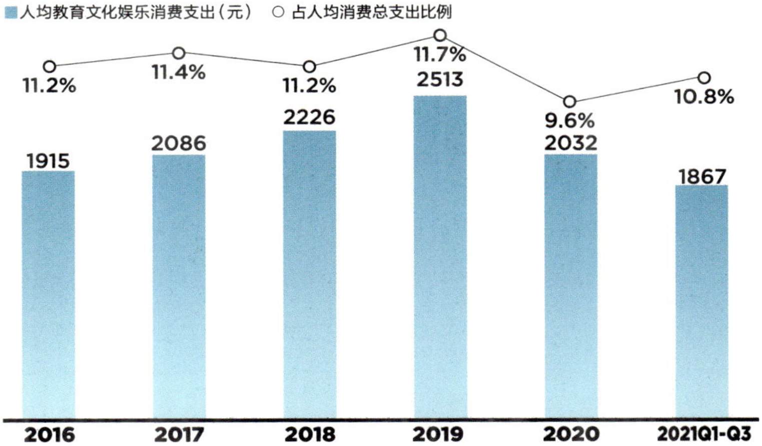

数据来源：国家统计局、艾媒数据中心

中国直播电商产业图谱　　来源：阿里V任务、抖音官网、快手官网、公开资料、艾瑞咨询研究院自主研究及绘制

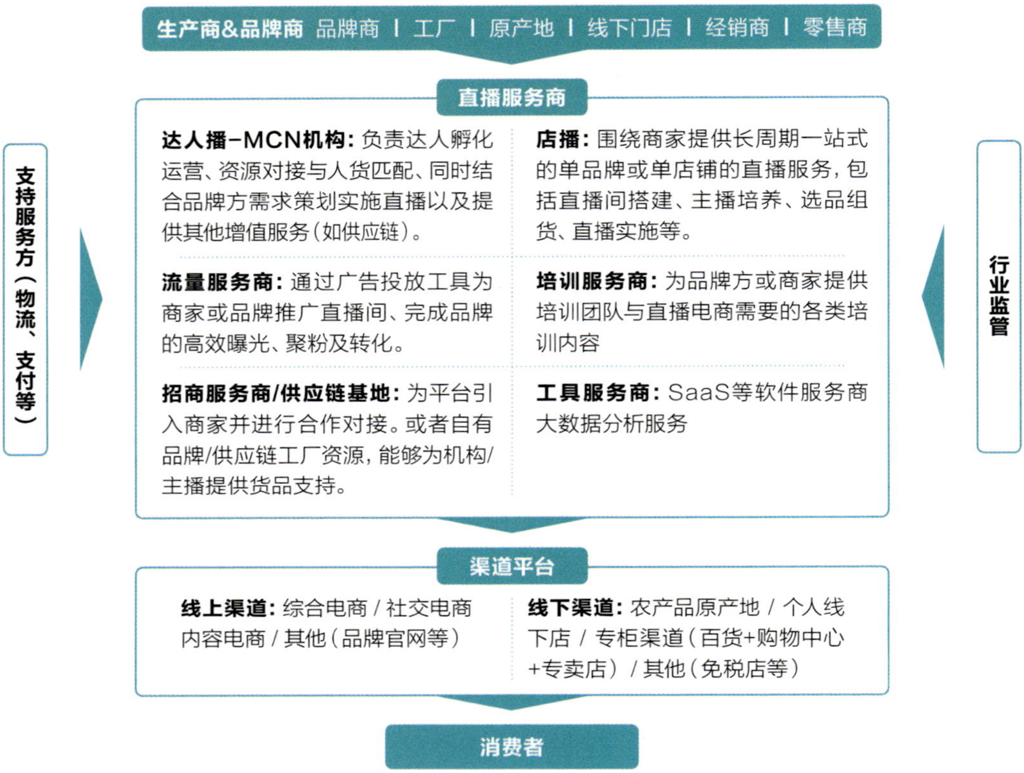

网红经济的快速崛起对于城市及地区的影响颇为明显，尤其是在线下经济受到冲击、用户习惯转移至线上的时期，各地有效地借助网红电商解决传统营销的局限性，特别是各地区相继出现的助农直播。

多地政府也在2021年相继出台政策助推网红经济产业的快速发展。

到了2021年，直播带货热度不减，行业仍维持着高速增长的态势，这一年直播电商市场规模突破2万亿元，已然成为网络电商行业

新兴流量来源。直播电商行业的流量红利，吸引来多方入局者，行业生态链基本完善、成型，形成以品牌方、经销商、生产商等为代表的上游“货品端”；平台方、MCN机构/主播、服务商等为代表组成的中游直播“场域”及政府监管部门；以及下游“用户端”，这样一个活力十足的新营销生态链。

随着直播电商的发展，中国MCN机构数量迎来爆发式增长。据艾媒数据中心统计，2021年中国MCN机构数量达3.4万家。同时，根据克劳锐调研数据统计，2021年超过18.4%的MCN机构选择进入杭州开展电商业务，MCN机构南迁趋势明显。

MCN首选之城

“整个20世纪，杭州产业的空心化问题一直没有得到解决，直到21世纪电子商务出现后，才突然柳暗花明。”（吴晓波语）如今，杭州最具有代表性的就是电商直播业务，也因此成了名副其实的网红聚集地。在杭州湖滨大道、武林银泰到嘉里中心一带，随处可见有人扛着摄像机在街拍；线下咖啡店、特色餐饮店也在这一风潮下兴起，甚至出现大量聚集区，比如中山北路咖啡聚集区等等。这些店面也纷纷设置起一些适合流量营销的场景、餐食。

除了网红，越来越多北京、上海、成都的MCN机构和头部主播，纷纷选择在杭州“安营扎寨”。2021年初，罗永浩宣布“交个朋友”落户杭州，2021年末，初代网红papi酱将公司主体设置在杭州。浙江传媒学院互联网直播与网红研究中心、中国（杭州）直播电商（网红经济）大数据研究中心主任李新详在某次访谈中提到：

"全国各地涉及直播电商业务的公司要么已经搬到杭州，要么在来杭州的路上。"

为什么首选杭州？或许早在罗永浩"交个朋友"直播间从北京搬迁至杭州滨江互联网小镇时，答案已经浮出水面："为获得更好的供应链资源、更多直播方面人才，经过公司内部讨论，'交个朋友'直播间和其兄弟公司做出了搬迁的重要决定。"

此外，加上抖音、快手等直播平台、资本相继加快布局在杭州的相关业务，杭州直播电商发展速度领先全国。

人才基础上，杭州作为网红之都，已形成完整的网红经济产业链，围绕"网红带货"构建了成熟的运营体系，因此聚集和培养了大批优秀的电商运营人才，为直播电商行业的发展奠定了人才基础。

供应链资源上，浙江省供应链资源十分丰富。不同于北京的知识付费、上海的电竞直播，杭州网红经济拥有较强的商品消费属

2020年—2021年头部MCN机构迁入杭州

年份	时间	事件
2021	12月底	MCN机构"papitube"关联公司徐州自由自在网络科技有限公司企业名称变更为杭州自由自在网络科技有限公司，签约达人包括**papi酱**。
	4月	**罗永浩"交个朋友"直播间**从北京搬到杭州滨江互联网小镇。
	7月	抖音头部MCN机构成立杭州嘻柚互娱子公司，开展直播电商业务，签约达人包括**毛光光、航仔AyO、吴桂芳**等。
	7月	泰洋川禾成立杭州目焦电子商务有限公司，开展直播带货业务，签约达人包括**陈赫、张檬、孙怡、潮爸刘教授**等。
	6月底	**胡海泉**成立MCN机构"聚匠星辰"，落地杭州萧山。
2020	2020年初	抖音头部MCN机构无忧传媒旗下的三个顶流网红：**"大狼狗郑建鹏&言真夫妇""温精灵""多余和毛毛姐"**，相继搬到杭州，进军直播带货。

杭州直播电商发展五大优势

资本入局，融资火热

2020—2021年6月
融资
34起
杭州：16起，
北京 / 深圳：4起
广州 / 成都：2起
上海 / 嘉兴 / 宁波
南京 / 贵阳 / 郑州：1起

融资金额
超14.7亿元

直播电商政策扶植

颁布直播政策区县：
江干区 / 高新区（滨江）
余杭区 / 西湖区
政策扶持方向：
直播平台引进
直播人才引进
直播电商基地、园区搭建

供应链资源丰富

产业资源丰富：
四季青（服装）/ 海宁（皮革）
湖州（美妆）/ 绍兴（纺织）
温州（鞋革）/ 诸暨（袜子）
嵊州（领带）/ 慈溪（家电）
义乌（小商品）
物流成熟：
桐庐“民营快递之乡”：
申通 / 中通 / 圆通 / 韵达

电商人才聚集优势

网红经济产业链成熟：
平台运营引流 / 货品供应
网红培训
优秀电商人才聚集：
招商选品 / 客服 / 场控 / 运营
灯光 / 技术

直播电商平台聚集

传统电商平台：
阿里巴巴 / 网易 / 蘑菇街
新兴直播平台：
建立官方直播电商基地：
抖音 / 快手

性，主要的货源来自浙江下辖县市区的块状经济产业集群，比如四季青的时装、海宁的皮革、义乌小商品批发市场等等。同时，杭州在江浙沪“包邮区”地理优势显著，为电商行业的发展奠定了供应链物流基础。

政府政策上，浙江省网商协会于2020年6月17日发布的《直播电子商务服务规范（征求意见稿）》，成为全国首个直播电商行业规范标准。杭州各区政府均颁布政策，大力扶持MCN及直播电商业务发展，吸引更多高潜力带货主播及相关企业聚集杭州，为杭州直播电商的发展“保驾护航”。

电商平台优势上，杭州除了拥有阿里巴巴、网易、蘑菇街等传统电商平台扎根外，抖音、快手作为新兴直播平台，相继入驻杭州，建立官方电商基地，为直播电商相关企业提供支持。

资本市场上，随着主播带货成绩不断刷新，屡创新高，资本市场关注度陡增。据网经社“电数宝”电商大数据库显示，2020年至2021年6月，中国直播电商行业融资事件共34起，融资总额超14.7亿元。融资机构城市分布上，杭州共16起，融资次数排名第一，总部或分公司位于杭州的机构有13家，包括宸帆、聚匠星辰、交个朋友、嘻柚互娱等，覆盖头部MCN机构、直播电商平台及服务商等产业链相关企业。

新流量玩法先锋地，国货品牌借势崛起

说到杭州，大家肯定会想到西湖，而提起杭州特产，大家总会想起杭州丝绸、西湖龙井等老牌杭货。在2019年末，杭州出现了一款新兴“特产”，受到了年轻人的热捧，它不仅仅融入了杭州地理人文元素，还把一整个“西湖”都装了进去。这就是花西子于2019年推出的西湖印记限量礼盒。

2017年，花西子诞生于杭州西子湖畔，品牌名称中的“西子”取自苏东坡的诗句“欲把西湖比西子，淡妆浓抹总相宜。”作为一个初创品牌，花西子在寻找营销突破口时，进入了一个极有潜力的赛道——电商直播，并开始探索品牌直播的发展模式[①]。从最初把直播当作带货渠道的1.0模式，到与主播合作探索直播带货2.0模式，花西子在不断迭代升级。

通过线上直播，花西子将带货和带品融合在一起，实现品效兼

① 科技plus：《花西子：当匠人情怀重新受重视，才是国货崛起的黄金时代》，搜狐网，https://www.sohu.com/a/480681439_121097259。

收，迅速出圈，迎来爆发式增长。据统计，2020年，花西子在淘系平台的成交额达到27.5亿元，成为淘系平台上成交额最大的彩妆店铺，登顶国产彩妆第一品牌。

这期间，一系列播品牌[②]通过与头部主播的合作开始进入大众视野。例如，中式调味牛排第一品牌“大希地”、黑巧克力第一品牌“每日黑巧”、小龙虾第一品牌“信良记”等。除了播品牌外，百雀羚、鸿星尔克、蜂花、汇源等国货老牌纷纷入局，越来越多消费者通过直播间了解并购买国货产品，品牌与主播的合作模式也在持续创新。

在杭州，网红主播的带货属性极强，且对空白市场和用户需求的挖掘能力也非常强，品牌与这类主播合作，能够在短期内帮助品牌在某个品类建立领先地位。

2021年5月，某主播在抖音发布的一条日常种草视频火了，视频中推荐的某品牌西梅汁，受到很多粉丝喜爱，传播发酵后，该品牌西梅汁在各个平台销量迅速增长。原有销售渠道为了获取更高的利益，大肆涨价，甚至还搞起了饥饿营销，导致国内消费者利益受损。当时，国内还没有成熟的西梅汁生产体系，市场一片空白。

后来，国民果汁品牌汇源与该主播建联，开展战略合作，依托汇源多年深耕果汁的经验，他们共同推进国产西梅汁项目。经过100多天的努力，在2021年9月“NFC西梅汁”首发上线，两场直播过后，共售出30万瓶，销售额突破449万。国内首款NFC西梅汁成功了。汇源也因此建立了在西梅汁品类的领先地位，品牌实现新的增长。

此外，杭州直播电商火热发展，也吸引了很多国货品牌涌入，比如安踏、高梵等。例如，2020年，老牌国产羽绒服品牌高梵来到杭州，成立直播公司，开始探索直播带货新玩法。

② 所谓播品牌，我们做了如是定义：1、通过直播带货形成较高的品牌知名度和品牌势能；2、直播带货贡献的当下销售额和连带销售额占总销售额超20%，并高速增长

杭州直播电商图鉴

余杭区

产业基地： 中国（杭州）直播电商产业基地暨遥望直播电商产业园

直播MCN机构/企业： 遥望网络（瑜大公子、李宣卓）

蚊子会（fashion美美哒）/ 宇佑文化（陈洁kiki、小李琳）

搜道网络 / 如懿文化 / 彦祖文化（企鹅文化）

富阳区

产业基地： 西谷银湖电商直播产业基地

西湖区

产业基地： 珀莱雅电商产业园 / 浙商大创业园

首个电商助农直播基地 / 颐脉嘉星电商直播基地

直播电商平台： 蘑菇街 / 珀莱雅 / 格家网络 / 微拍堂 / 粉象

高新区（滨江）

产业基地： 高新区（滨江）直播电商产业基地 / 数字创意产业基地

直播MCN机构/企业： 谦寻文化（林依轮）

宸帆集团（雪梨、林珊珊）/ 君盟文化（烈儿宝贝）

交个朋友（罗永浩）/ 无忧传媒（大狼狗、郑建鹏言真夫妇）

嘻柚互娱（毛光光）/ 泰洋川禾（陈赫）

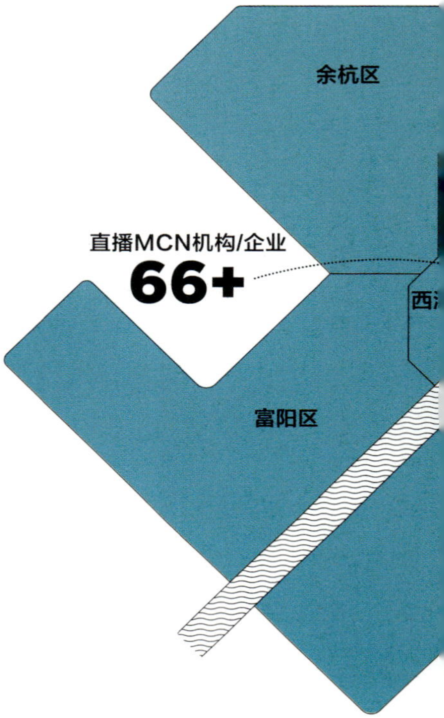

杭州“新流量”产业分布地图

随着更多主播、MCN机构、品牌的到来，杭州政府开始积极推动直播电商业务的发展，各区县也逐渐形成各具特色的发展模式。

上城区：“直播电商大区”

直播电商园区、基地数量最多。

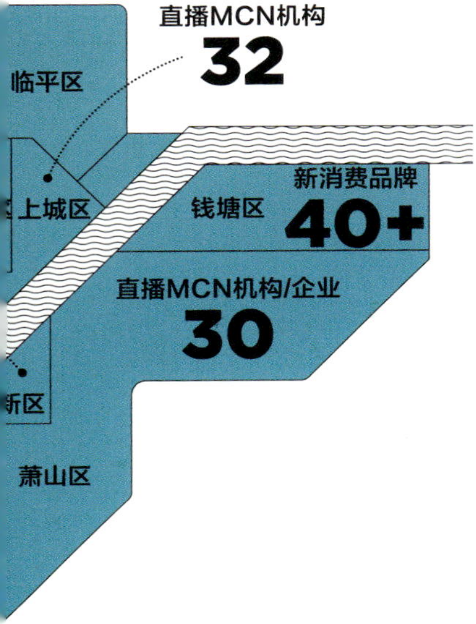

上城区

产业基地： 东方电子商务园 / 新禾联创时尚产业园 / 四季青网

红孵化基地： 西子环球园区 / 全国首家综合服饰家纺抖音电商直播基地

直播MCN机构： 如涵（张大奕、虫虫、晁然）
构美（靓靓胖大仙）/ 纳斯 / 缇苏 / 言止传媒

萧山区

产业基地： 中国TOP直播电商产业园/云创直播小镇

直播平台： 甩甩宝宝 / 好易购 / 云创

直播MCN机构/企业： 聚匠星辰（胡海泉）/ 帅库网络
微辣文化（大西米君）/ 妙趣互娱 / 西多文化

钱塘区

产业基地： 华策影视直播培育基地 / 壹网壹创“网红城”

新消费品牌： 九阳小家电 / 顾家家居 / 奥普卫浴 / 百草味 / 花西子

拱墅区

产业基地： 星汇直播小镇

线下消费经济体： 胜利河美食街区 / 武林商圈 / 丝绸城步行街 / 汽车互联网产业园

直播MCN机构/企业： 子默网络科技 / 凯宇信息技术 / 势为文化传媒

依托服饰产业资源优势，形成“网红+孵化器+供应链”模式。

“中国直播看杭州，杭州直播看九堡。”当时的电商圈内流传着这么一句话。随着大量商家、主播开始向九堡聚集。短短几年时间，以九堡为核心的上城区发展成为直播电商大区，直播电商园区（基地）数量最多，如新禾联创时尚产业园、西子环球园区等6家基地，聚集了32家MCN机构，包括如涵、缇苏、言止传媒等。之所以能够吸引众多商家、主播聚集，上城区最主要优势在于货源丰富。依托四季青服饰批发城、东站服装市场、龙翔服饰城等大型服饰批发市场，可供选择的种类齐全，且挑货、选货方便，九堡便成为淘宝女装最重要的生产基地，大量淘宝模特、网红来到九堡，开展直播带货业务。

早在2014年，杭州网红经济模式在九堡开始形成，初代MCN机构如涵落地九堡，推出女装店“吾欢喜的衣橱”，通过网红营销吸引流量，机构提供货品，将流量转化为购买力，“网红+孵化器+供应链”的模式初步成型。2016年，张大奕在两小时的直播中，引导成交交易额约2000万元，“吾欢喜的衣橱”店铺营业收入超过2亿，拥有1200多万粉丝。

高新区（滨江）“直播电商第一区”

高新区

头部主播，MCN机构聚集。

MCN机构围绕头部主播，搭建供应链体系，吸引品牌、主播聚集，形成完整的直播带货生态链。

杭州滨江是无可争议的头部主播聚集地，比如烈儿宝贝、罗永浩等都在此驻扎。作为杭州顶级头部MCN机构的聚集地，滨江也吸引了更多网红新人入驻，例如B站UP主何同学，也选择在滨江开起了个人工作室。

头部主播的超级流量红利，吸引了众多品牌、商家聚集滨江。MCN机构开始围绕头部主播搭建服务体系，一方面通过搭建供应链体系，将更多品牌、商家纳入货品池中，形成一体化供应链模式；另一方面，通过孵化主播，培育更多优质带货达人，扩大MCN机构的“流量优势”，在与供应商、品牌商等合作过程中，凭借手握“流量”来提升议价优势。

诚如由直播发端的谦寻文化，也在当时尝试向集团化发展。谦寻主要业务线包括孵化网红主播、品牌，打造自有供应链体系，包括杭州主播孵化基地、北京明星直播基地、杭州超级供应链基地、广州供应链基地等。2020年谦寻成立子公司谦娱娱乐和谦禧文化，前者重心在传统娱乐领域，通过整合艺人、品牌和直播间资源，实现娱乐内容变现；后者则聚焦在品牌IP业务变现上。

谦寻打造的超级供应链基地，有两种合作模式：一是将谦寻积累多年的货品沉淀出来，把非常适合KOL，适合MCN合作模式的品牌服务商货品集中呈现在这里；另一种是C2M模式，整合谦寻80亿销售规模的工厂，将商品全部罗列在这个平台，主播能够来这里零成本选择货品。逐步建立起逾40人的多领域专业主播矩阵，形成完整的直播产业生态。

西湖区：“杭州对口帮扶工作典型示范区”

在政策主导和直播电商平台引导下，形成“电商+直播+创业”的新模式。

北有中关村，南有文三街。西湖区是互联网人最早聚集的地方，如今杭州文三街这块互联网高地上，依旧有不少“独角兽”在生长。作为国内领先的文玩艺术品电商平台，微拍堂开始了“直播竞拍+免费鉴宝”的全新商业模式，构建文玩电商新生态。除了微拍堂，西湖区还聚集了蘑菇街、珀莱雅、格家网络（斑马会员）、粉象等成规模的直播电商平台，共建“电商+直播+创业”模式。

产业主动项目中，格家网络打造的“产业带直播助农”项目，在2021年也结下了累累硕果。数据显示，中国田全年共卖出10186526斤农副产品，卖货最快的是来自张家界的椪柑，8小时卖出25吨；卖出最多的是九物家河南宁陵梨膏棒棒糖，全年卖出225万支。

早在2020年5月，格家网络就参与了杭州首个电商助农直播基地的活动。截至2021年11月，已深入全国15个省的22个县区，累计完成30场产业带直播助农活动，带动农产品销售额超过120万。在政策主导，以及多个发展成熟的直播电商平台的引领下，西湖区在文玩、农业、美妆、服饰等多个产业构建新的直播电商生态，带动西湖区产业经济的发展，也对其他省市对口帮扶区县的发展提供助力。

拱墅区

数字生活直播打卡地，聚集商圈、产业园等线下消费经济体。以“直播+”推动数字生活线上线下整合，打造“网红打卡景点”，激活线下消费场景。

运河千古流芳，拱墅自古繁华。漫步在胜利河美食街区，偶尔会碰到以运河美食为素材，拍摄有趣好玩的短视频的创作者。抖音账号“杭州大院”就是其中一个，通过与锦鲤中心合作，以胜利河美食街、运河美食为素材拍摄短视频，相关短视频在抖音平台点赞超500万，成为抖音最热视频内容之一，也吸引了很多网友到锦鲤中心打卡。

除了胜利河美食街区外，拱墅区还拥有武林商圈、丝绸城步行街、汽车互联网产业园等消费者常去的打卡胜地。在疫情影响下，无接触购物”需求增多，拱墅区直播电商产业迅速发展。拱墅区以“直播+”推进数字生活线上线下整合、直播经济与实体经济融合，打造浙江省直播经济示范基地和数字生活直播打卡地。一方面，以平台店铺+直播、数字供应链+直播为方向，整合拱墅区传统市场、贸易商、供应商和全省特色产业带产品打造直播供应链中心，另一方面，通过直播机构孵化网红达人，打造爆款短视频内容、线下打卡直播等形式来激活线下消费场景，形成“网红打卡地”，带动特色产业经济发展。

余杭区

余杭区：全国首个“中国青年电商网红村”

垂类网红主播孵化地。

通过优质内容孵化垂类主播，吸引精准粉丝，借力直播实现转化。

2020年3月，全国首个“中国青年电商网红村”在杭州未来科技城梦想小镇正式挂牌成立。截至2021年6月，余杭区直播电商产业链相关企业已近600家，引进百万以上“粉丝”的网红达人100人以上。依托未来科技城数字经济产业优势，以遥望直播电商产业园为核心，余杭区建设中国（杭州）直播电商基地，聚集遥望网络、蚊子会、宇佑文化、彦祖文化等多家MCN机构，孵化多个垂类头部主播，包括瑜大公子、酒仙李宣卓等，余杭区垂类网红孵化能力领先优势显著。

2020年9月，一位95后宝妈入行直播仅7个月，凭借50多万的精准粉丝，创造了抖音单场直播带货超300万元的亮眼成绩，她就是彦祖文化旗下的母婴主播“企鹅妈妈”。起初，企鹅妈妈是在生完宝宝两三个月的时候，开始尝试在抖音发布视频，分享她的待产和育儿经验。真实有趣的分享让企鹅妈妈收获了很多宝妈的喜欢和信任，在这个过程中，彦祖文化对企鹅妈妈输出的内容进行加持，并为企鹅妈妈积累了众多忠实粉丝，为带货奠定基础。通过从0到1打造母婴垂类达人，该公司旗下达人目前已覆盖超3000万精致妈妈粉丝群体，并通过直播电商实现带货转化。

萧山区

萧山区：全国首个直播电商生态圈

通过布局新零售和网红生态链，以直播推动企业数字化转型升级。

一部手机、一支话筒、一台电脑、几盏镁光灯，主播在镜头前卖力地介绍产品。在萧山的中国TOP直播电商产业园，这样的场景每天都在上演。目前，该产业园已入驻16家头部直播类企业，逐步形成集平台、主播、产业链、企业品牌、物流管理、大数据运营、孵化培训等为一体的全国首个直播电商生态圈。

新经济模式层出不穷，稳健、可持续变现却是难解的题。处在网红经济上下游产业链中的微辣文化，在打造网红IP上不遗余力，并形成一手抓“网红”，一手抓“商家”的布局。一方面，他们借助微博、短视频平台等新媒体渠道进行内容生产和分发，形成畅通的流水线作业，快速打造网红IP；另一方面，又为商家提供咨询服务和供应链服务，做两手业务准备，寻找新突破口。

钱塘区：新消费品牌聚集地

通过“互联网+”与传统产业的深度融合，快速打造多款网红爆品，助力品牌增长。

2021年10月，刚结束2021首届杭州钱塘潮玩节，百草味又马不停蹄地“打卡” 第八届“电商中国 · 中国（杭州）国际电子商务博览会”。和百草味一起参加本届电博会的，还有微念（李子柒）、衣邦人、九阳、顾家家居、万丝利等品牌。这些品牌都来自杭州最年轻的行政区——钱塘区。

如今，制造业逐渐成为地区经济腾飞的优势，钱塘区便是代表之一。在与“互联网+”的深度融合下，钱塘区先后培育引入了华策影视直播培育基地、壹网壹创“网红城”等孵化基地，为本地大中小企业品牌快速构建销售渠道，扩大产品知名度，并且帮助品牌快速生产和打造了多款网红产品，如九阳的豆浆机、养生壶，百草味的每日坚果，花西子的同心锁口红等，通过直播电商，打造爆品，助力品牌实现销量增长。据果集数据显示，花西子2020年抖音平台直播销售额超6.5亿元，2021年同比增长30%，抖音平台直播销售额超8.4亿元。

去泡沫化时代，MCN机构何去何从？

2021年底，直播行业震荡，头部主播先后被曝出偷逃税行为，巨大的罚款金额不停地刷新着大众对该行业的认知，头部主播效应被打破。11月22日，杭州市税务局实名通报MCN机构宸帆旗下两名主播偷漏税行为，并对两名主播分别追缴、罚款6555.31万元和2767.25万元。在全国网红主播查税潮下，这是首例被实名披露的网红主播偷逃税案例。不到一个月，黄薇（昵称薇娅viya）也出现了税务问题。12月20日，薇娅因偷逃税款被罚13.41亿元引发全网关注，薇娅事件一时间引发多方震动，也为行业敲响警钟。

作为当下炙手可热的行业，直播电商崛起速度迅速，“灰色地带”众多，头部主播手握“流量”，凭借高额坑位费、佣金等，带货收益赚得盆满钵满，成为行业中最大的获益者。同年双十一购物节过后，国际大牌欧莱雅又因为虚假宣传引发广泛热议，紧接而来的是头部暂停合作声明。这一年的双十一购物节期间，欧莱雅某产品选择了进入头部主播的直播间营销，同时官方称这将是“全年最大力度”。而在双十一当天，欧莱雅自家旗舰店的同款产品，在叠加店铺优惠券后，价格比主播直播间的预售价低了39.9%。这引起了消费者的强烈不满，欧莱雅和头部主播之间的对峙也引发了行业关注和热议。

随着头部主播效应的打破，行业来到洗牌阶段，品牌与主播间的价格战就此拉开。因利润问题，品牌们也开始寻求突破，尝试新的直播电商模式——品牌自播。而各直播平台为了建立更加稳定、多元的直播电商生态，于2021年初相继推出了扶持品牌自播的政策，鼓励品牌搭建自播体系。

2021年，抖音推出“FACT经营矩阵”模型；快手推出“STEPS品牌商家经营”方法论，淘宝直播则通过降低门槛、打通手淘公私域场等方式鼓励商家自播。后续，在品牌不断尝试中，自播也在不断刷新带货成绩。例如，太平鸟2020年开始布局抖音品牌自播，2021年就打破了服饰品牌自播记录，单场直播成交额高达2800万元。雅鹿于2021年7月布局快手品牌自播，开店一周粉丝10万+，日销GMV破百万，开店16天自播GMV累计过1000万。2021年双十一期间，淘宝直播平台上有超10万个品牌开启自播，43个品牌直播间成交额超1亿元。

FACT经营矩阵模型

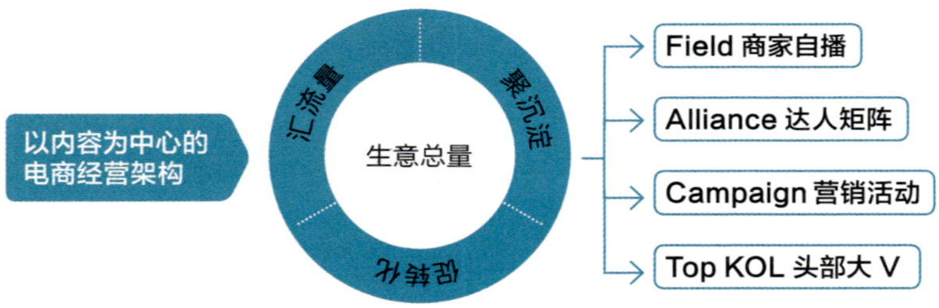

STEPS——品牌商家经营方法论

随着行业规范化发展的推进，品牌自播的兴起，头部主播的流量优势将逐渐冷却，直播电商行业将迎来去泡沫化时代。品牌尝试和MCN机构中的主播合作，各持要匙，探索新的发展模式。

自品牌自播的兴起，代运营服务被激活。如今为品牌代运营服务的大概分为两类公司。一类是传统电商渠道成长起来的头部代运营公司，比如宝尊、丽人丽妆、若羽臣等。另一类是熟悉平台内容、流量玩法的MCN，比如以交个朋友、无忧传媒为代表的头部MCN。但在合作过程中，也存在较多问题。例如，品牌追求高回报率，不考虑账号运营的情况，致使结果难达预期；出现长时间停播，切换直播平台等情况，让品牌失去积累粉丝的情况等等。由此可见，MCN机构的品牌代运营业务，仍然面临较多挑战。

对于拥有头部主播的MCN机构而言，他们也在逐渐探索更多元的主播孵化模式，降低高度依赖头部主播的潜在经营风险。以遥望网络为例，在多年发展过程中，逐渐形成独特的“明星+达人主播”双向孵化的模式。一方面，遥望网络在打造垂类达人主播上总结摸索了一套比较高效的方法论，即以“赛马不相马”的原则，目前已成功孵化出100多位垂类职业主播，包括快手头部达人主播瑜大公子，快手酒水品类的头部主播李宣卓等，主播孵化模式可复制性较强。另一方面，他们还签约近30位明星主播，在抖音、快手平台均获得较为亮眼的直播带货成绩，从招商选品、排播运营到仓储物流和售后保障，形成完整的直播生态闭环，助力明星开启“主播”事业第二春。

2021年6月，遥望网络通过“IP+平台+遥望”的合作方式，开启品牌、IP、主播、平台全链路带货的新模式探索。逐渐建立起以“内容+私域”为核心的竞争壁垒的新玩法。如今，波涛暗涌之际，下一阶段的推动者已在酝酿机会，扬帆起航。

深圳
国货出海先锋地

文 / 徐军

在全球经济低迷之际，国货却逆势崛起。

2021年6月3日，小米在沙特阿拉伯的首家授权专卖店开业。开业当天，店面所在的沙特首都利雅得电子商务中心内人山人海，现场十分火爆。当时，小米已在包括沙特在内的迪拜、埃及等多个中东国家和地区开设MI商店，沙特的店面仅是小米在全球开设1000家授权MI门店的总体战略的一部分。截至2021年上半年，小米已进入全球100多个市场，在智能手机品牌中位列第四，仅次于三星、华为和苹果。出海7年的小米，取得了令人骄傲的成绩。

显然，对于雷军而言，小米的出海之旅，还要继续发力。早在2020年中期，为了进一步推进国际化战略，雷军就计划大手笔在深圳投资77.6亿元打造小米国际总部。当时，已有一大批知名企业先于小米，将总部、国际总部落在深圳，手机巨擘华为的总部也赫然在列。而雷军之所以紧追先行者们的脚步，将出海根据地落址在深圳，原因自然无出其右——深圳的区位优势和人才优势。

极其完善的配套，极度细化的分工，以及能够响应市场需求的快速变化，使深圳成为世界手机的中心。与此同时，外贸出口极强的创新性、高程度的数字化能力以及城市的开放性，也使深圳很早就成为“跨境电商第一城”。得天独厚的优势，让深圳拥有“出海光环”，展现出强大的吸引力。许多胸怀国际化梦想的企业，选择从深圳出发，踏上征战海外的征途。到了2021年，中国大规模品牌出海已经初步形成良好局面，并预计在后续的3—5年时间里迎来中国品牌出海的历史性时间窗口。

多年的努力与积淀，中国品牌大军在深圳驱动的国货产业巨轮，正在开启一个新的出海时代。无疑，在众多产业中，手机作为中国出海最早，产业链最完整的产业，取得的成绩也最为显著。而透过这张手掌大的屏幕，可以看到国货品牌的出海巨轮朝着大洋彼岸前行的导航轨迹。

国内鲜为人知的传音“称霸非洲”

传音是深圳出海手机企业中的一个典型代表。它在国内鲜为人知，然而在非洲，却是占有绝对统治地位的手机霸主。

在肯尼亚首都内罗毕市中心的卢图利大街，人群熙熙攘攘，鳞次栉比的商铺中一幅幅蓝底白字的广告牌格外抢眼。

本森·姆温德瓦是街上一家手机店的老板，从业7年的他见证了当地手机市场的变迁。现在，他的店平均每月能卖出约120部手机，其中近七成是传音。“质量好，操作方便，电池待机时间长……”姆温德瓦一口气说出传音手机的几大卖点。

根据第三方研究机构IDC的数据，2020年传音在非洲、巴基斯坦、孟加拉国的智能机市场占有率排名当地第一。而早在2018年，传音在非洲全品类手机市场就占据了48.7%，出货量达1.24亿部，超过三星和华为，成为名副其实的“非洲手机之王”。

传音的创始人竺兆江，出身于国内老牌手机厂商波导。2005

非洲手机市场（图片来源：视觉中国）

年，他从波导离开，成立传音科技，专门从事移动通信产品研发、生产等服务。他在开拓波导国际业务过程中经常看到日韩手机品牌的广告，却很少见到中国手机的身影。创业后，他立志做一款让全世界瞩目的手机。虽然功能机时代即将结束，但传音选择留守功能机阵地。[①]

非洲市场消费者众多，仅次于中国和印度，居全球第三，市场发展比中国慢。如果能够运用现有的技术与资源，推出适合非洲市场的产品，应该有不错的前景。竺兆江看到了非洲市场潜藏的巨大商机。

2007年，传音旗下的TECNO和itel试水非洲，效果不错，第二年便锁定非洲市场。当时，非洲手机市场竞争者并不多，仅有三星、诺基亚等几个品牌，竞争远没有国内市场激烈。手机对于非洲消费者而言，就像早年中国人使用“大哥大”一样，是一种身份的象征。于是，被中国等市场淘汰的功能机，在非洲重获新生。

传音选择的这个赛道，参赛者少，成长速度高。伴随着非洲通

① 昕锐社传媒：《传音手机出海记一你不知道的非洲之王》，搜狐网，https://www.sohu.com/a/317012122_120165755，2019年5月12日。

讯基础建设日趋成熟、用户对移动信讯的需求日益增强，非洲已成为全球成长最快的手机市场。为了深入市场，传音选择无限贴近消费者。

早期，为了接近非洲消费者，传音的广告铺天盖地，无论是电视广告，还是路边牛皮广告，都浮现着传音旗下TECNO、itel等品牌的身影，传音甚至直接用油漆在墙上刷广告。直到今天，传音仍沿用着这一广告轰炸方式，让旗下品牌深入非洲消费者心中。

传音的产品研发高度重视本地化特色，包括本地语言、本地声音、本地审美观等。比如，传音死磕黑人拍照难题，发明了黑皮肤美肌模式。由于非洲人肤色的原因，自拍出来的照片效果很差，传音特别成立工作小组，大量搜集当地人的照片，最终通过眼睛和牙齿定位，加强曝光，解决了这一难题。考虑非洲人民热爱音乐，传音开机的音乐铃声似乎永不结束，来电时的铃声大得离谱。

帮助传音俘获非洲消费者的，还有一件利器——双卡手机。非洲用户大多有两张以上的电话卡，但只有一部手机，且非洲不同运营商之间通话很贵。传音抓住这一机会，引入国内司空见惯的双卡双待技术，甚至推出四卡手机，深受非洲人民喜欢。和很多中国企业想方设法在自己的项目和工厂里增加中国元素不同，传音并没有强调其中国背景。在亚的斯亚贝巴最繁华的购物中心，TECNO的旗舰店里看不到中文，也没有中国的品牌标志。用传音创始人之一、副总裁阿里夫·乔杜里的话说：“在非洲，我们是本地品牌。”

接下来，传音准备在埃塞俄比亚继续扩大生产规模。在全球其他地区，传音也在加紧布局，努力把在非洲成功的经验延伸到巴基斯坦、孟加拉国、印度尼西亚等更多“一带一路”沿线国家。“全球化思维，本地化创新”是传音对自己战略的总结。

开启中国手机的大航海时代

在传音以另辟蹊径的方式称霸非洲的同时，国内竞争白热化的众多中国手机品牌也看到了海外市场的巨大空间和红利，纷纷以各自的方式选择出海。

华为是深圳出海手机企业阵营中的标杆，也是中国民族品牌的一面旗帜。2020年3月，华为一口气发布了三款P40系列5G智能手机。这意味着华为重新发力海外市场，尤其是因为美国极限施压而受到重挫的欧洲市场。

2020年一季度全球智能手机市场主要厂商市场占有率 数据来源：前瞻产业研究院

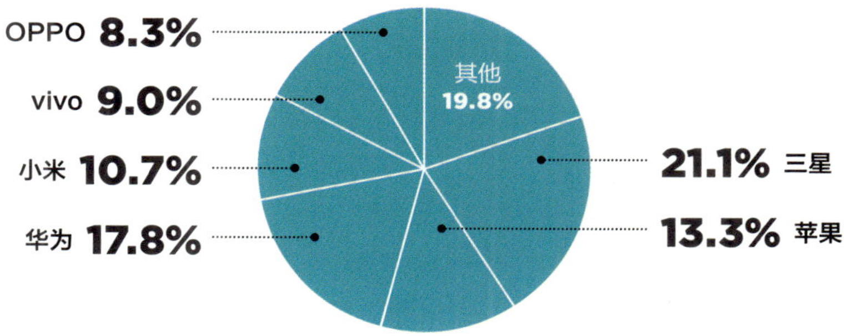

华为拥有自信与底气。这源于华为手机地位的上升：超越苹果，位列世界前二。

华为问鼎世界高峰的背后，缘于海外坚定的品牌高端化战略。

华为做旗舰机型有一个特点：手机高端，同时匹配高端的发布会选址。历次全球新品发布会，无一例外都选在艺术气息浓厚的精致宫殿，或者风格现代的高端会议中心。比如：首次搭载徕卡影像技术的华为P9，发布会选择了伦敦巴特西公园：一个极其清新文艺的地方，和切尔西主场斯坦福桥球场近在咫尺，非常吸引年轻人。

在海外做高端产品，需要高端的团队。作为华为的一员，戢仁贵在华为待了18年，2016年，他是华为西欧地区消费者业务总裁。

这个从哈工大毕业不久就进入华为的老兵，和欧洲区总裁、华为董事会成员彭博一起，频繁在空中往返于欧洲各国。他们身上有一种中国企业家普遍存在的特质：身先士卒，不辞辛劳。[①]

在伦敦发布P9之后，戢仁贵接受了很多媒体采访。他反复强调一个观点：华为不做欧洲手机市场的小玩家，华为出海，就是要做高端。

2013年，华为刚刚发布P6时，在欧洲存在感不强。当地各个运营商态度傲慢，爱理不理，针对华为的合作请求提出很多苛刻条件。四五个主流运营商里，最多只有一个会选择华为。而当3年后的P9发布时，欧美的主流运营商几乎全部与华为建立了合作关系。

逆转的背后，离不开团队的带头人——首席市场官安德鲁·加利西（Andrew Garrihy）的努力。他的履历几乎是为华为手机量身定制的：18年深耕欧洲市场的经验，曾是沃达丰市场团队核心成员，5年的三星欧洲市场全权负责人经验。

安德鲁发现，在中国大陆，赢得市场的方式是“尽可能接地气”：从小城市起家，走“农村包围城市”路线。但在海外市场，尤其是较为高端的欧洲市场，要取得成功就必须拿下核心城市，走上层路线。

在他的极力主张下，办公地迁到伦敦，同时市场团队大肆招贤纳士，打造了一支国内厂商中极为罕见的“全欧班”专业

① 快评哥：《华为出海启示录：欧洲篇》，知乎，https://zhuanlan.zhihu.com/p/51276574，2019年5月28日。

华为门店（图片来源：视觉中国）

营销团队。2018年，全球知名市场调研机构IDC的总监杰罗尼莫（Francisco Jeronimo）说："在欧洲，华为的存在感极强，广告几乎无处不在。"

在2019年底超越苹果，排名第二后，华为有着更加值得憧憬的未来。除了华为，在国内异军突起的OPPO、vivo，在海外的表现同样值得称道。

2009年，OPPO宣布进入泰国市场，并开始复制国内打法。除邀请当红明星代言、花大力气铺设线下渠道之外，OPPO在当地招聘了解本土市场的高管确保这套打法能够顺利推进。②

较早的布局加上复制国内已验证的模式，OPPO顺利在泰国打开了局面。接下来，从2012年开始，OPPO又陆续进入越南、印尼等东南亚国家，开启全球化布局。OPPO在海外直接以"中国模式"输出独立品牌，这成为后续中国手机出海的主要形式。

② 哈那：《征战全球16年：中国手机出海简史》，霞光社（ID:Globalinsights），2020年7月20日。

在OPPO出海5年后，它的同胞兄弟vivo在曼谷塔拉世贸中心大酒店举行首场国际发布会，高调宣布进入泰国市场。根据官方披露的数据，仅一年时间，vivo在泰国已拥有2000多家合作客户和1000多名销售人员，并在泰国全境建立了20多家专卖店和15个售后服务中心。采取猛烈攻势在海外成功迈出第一步的vivo也踏上了自己的全球扩张之旅。

相比国内消费者熟悉的华为、OPPO、vivo，深圳的一加手机，知道的人并不多。

韩寒曾吐槽一加手机的国内知名度低："首部登上美国《时代周刊》的国产手机，这事儿，国内有几个人知道呢？"

事实上，一加的海外表现非常强劲。根据市场调研机构Conterpoint的数据，在2020年第一季度全球高端智能手机（售价400美元以上）领域，一加在北美、欧洲、中东和非洲等多个地区都进入了前五。在竞争激烈的美国，一加跻身5G市场前三。①

凭借"聚焦线上，只做旗舰"的品牌定位，"Never Settle（不将就）"的品牌口号，关注小众而追求品质的极客市场，一加的产品优势牢牢印刻在用户心中，在海外市场赢得一席之地。

众多国产手机品牌进军国际市场，掀起一股风起云涌的新浪潮。

从以电子产业起家的制造业巨头到全新的互联网手机品牌，在时代的大浪淘沙中，这些从中国市场主动走出的手机厂商以中国出海新一代先锋军的身份，开始在全球地图上进行新一轮的跑马圈地。

在这个过程中，部分品牌抓住了功能机到智能手机过渡、互联

① 一只叫小白的猫：《案例精选 |"一加现象"燃爆街头，看一加手机如何突破重围玩出海？》，NewMediaLab（ID：NewMediaLabSCUT），2019年5月23日。

2020BrandZ™中国全球化品牌

排名	品牌	类别	品牌力得分
1	华为	消费电子	1938
5	小米	消费电子	1098
8	一加手机	消费电子	771
11	安克	消费电子	546
12	OPPO	消费电子	546
20	vivo	消费电子	348
21	荣耀	消费电子	345

网崛起等时代机会，或创新产品，或复制“中国模式”，尝试在海外市场站稳脚跟。从搭建线上线下渠道实现产品对外销售，到投资设厂实现本地化生产，中国手机品牌在海外逐步深入地推进全球化布局。②

由此，占领新兴市场，颠覆传统市场格局，挑战全球手机霸主地位的国产手机开创了一个全新的时代——属于中国手机品牌的大航海时代。

完整产业链的强大吸引力

这些扬帆出海的手机品牌，都绕不开一个特殊的地方——深圳。

深圳，地处中国华南地区、珠江口东岸，东临大亚湾和大鹏湾，西濒珠江口和伶仃洋，南隔深圳河与香港相连，是粤港澳大湾

② 哈那：《征战全球16年：中国手机出海简史》，霞光社（ID:Globalinsights），2020年7月20日。

区四大中心城市之一，也是国家物流枢纽、国际科技产业创新中心、中国三大全国性金融中心之一，被誉为“中国硅谷”。

全球TOP级手机厂商中，超过半数总部在深圳，站在更庞大的手机产业链来看，深圳同样具有风向标意义。

“消费类的电子产品没有深圳做不出来的。”面对《21世纪经济报道》等媒体采访时，OPPO副总裁、中国区总裁刘波感慨道。①

从20世纪80年代一批通信设备厂商在深圳设立，到21世纪初中国品牌相继进入手机终端市场，再到今天“穿越”四个通信时代在全球站稳脚跟，倏忽40年与深圳经济特区建设同频共振。

在历史演进过程中，这里形成了以深圳为中心的深莞惠经济圈，这是一个基于智能手机产业链而形成的城市群。

根据复旦大学管理学院胡婧的研究，早在2016年，就有统计表明，位于深圳的手机生产企业有近140家，配套的方案整合公司36家，主板研发企业140家，外观结构设计企业50家，蓝牙厂商近300家。在渠道上，深圳共有国包商约250家，省包商1260至1300家，整机贸易公司20家，手机卖场100家，零售商150家及物流配套企业150家。②

高端产业聚集的深圳南山区拥有上千家手机及相关企业，成为全国手机产业最主要的总部基地、研发中心和检测中心。比如，深圳柔宇科技坚持自主研发，掌握了一整套独立全柔性显示技术体系。而过去，在关键性元器件方面，我国长期受制于日韩企业。

深圳手机产业的发展模式，其核心在于针对某一特定地理区域，大力推动知名品牌商落地，并引导供应链配套企业迁入，以供应链为基础逐步推动产业链的建立和发展。供应链成员地理距离的

① 21世纪经济报道：《从东莞到深圳：国产手机OPPO产业链崛起的新世纪》，南方网，http://static.nfapp.southcn.com/content/202008/26/c3948732.html，2020年8月26日。

② 胡婧：《大湾区制造业皇冠上的明珠：深莞惠智能手机产业链》，上林院，https://baijiahao.baidu.com/s?id=1656074375118594109&wfr=spider&for=pc，2020年1月18日。

2021年全年我国手机出口量及出口额

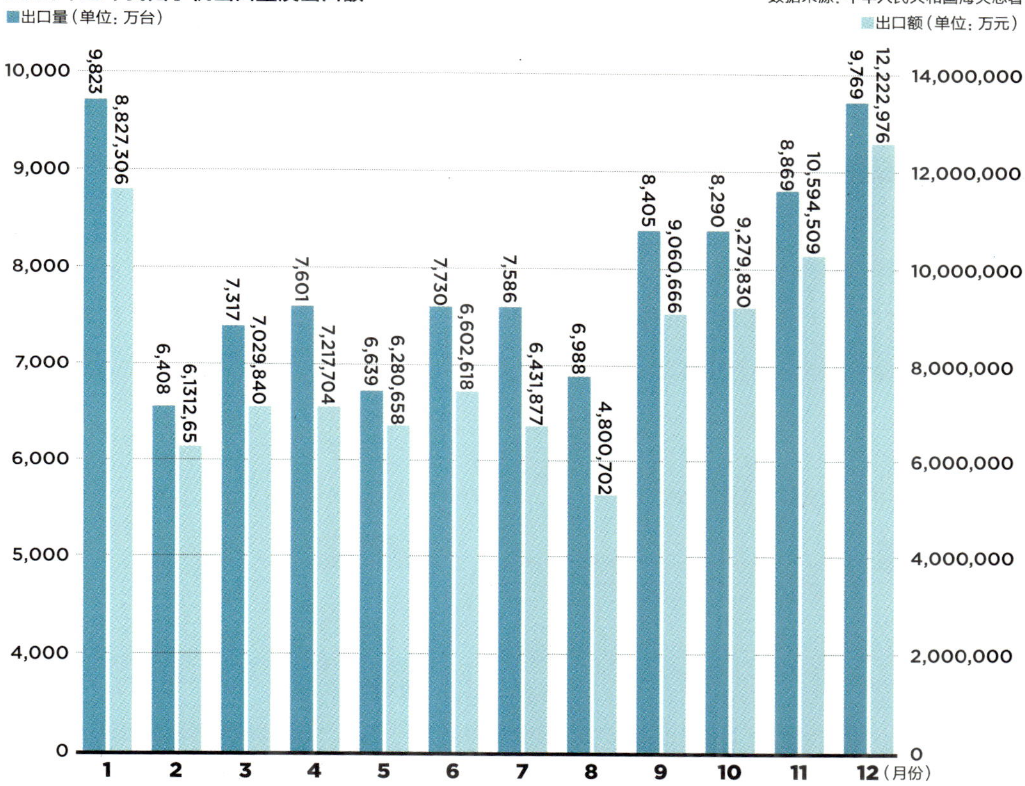

缩短极大方便了物流和知识流，系统性的产业建设和政策支持则显著改善了信息流、资金流和商务流。随着用工成本上涨、土地供应紧缺以及城市转型发展，深圳手机供应链企业将目光逐步转向周边城市，东莞和惠州成为直接的受益对象。例如，东莞的松山湖成为不少深圳手机企业的聚集地。

实际上，以20世纪90年代末诺基亚在东莞开辟代工厂为开端，经过20多年的经验积累和企业培育，东莞具有劳动力熟练、交通便捷、产业配套完善等诸多优势。

同时，整机企业发达使得“品牌+代工+配套”的产业生态模式在东莞落地生根。产业发展环境日益优化，自主创新研发能力显著增强，东莞有足够的底气承接由深圳转移出来的供应链配套。

而与深圳相邻的惠州，在手机产业发展上同样占有一席之地。除了本土手机企业TCL外，三星设立的生产基地也落户惠州。惠州还有联想、德赛集团、侨兴集团等手机厂家，拥有手机关联企业近1000家，形成集手机整机方案设计、线路板集成制造、发射芯片、背板制造、锂电池等较为完善的产业链。

广东省智能手机产业链综合配套企业　　资料来源：前瞻产业研究院整理

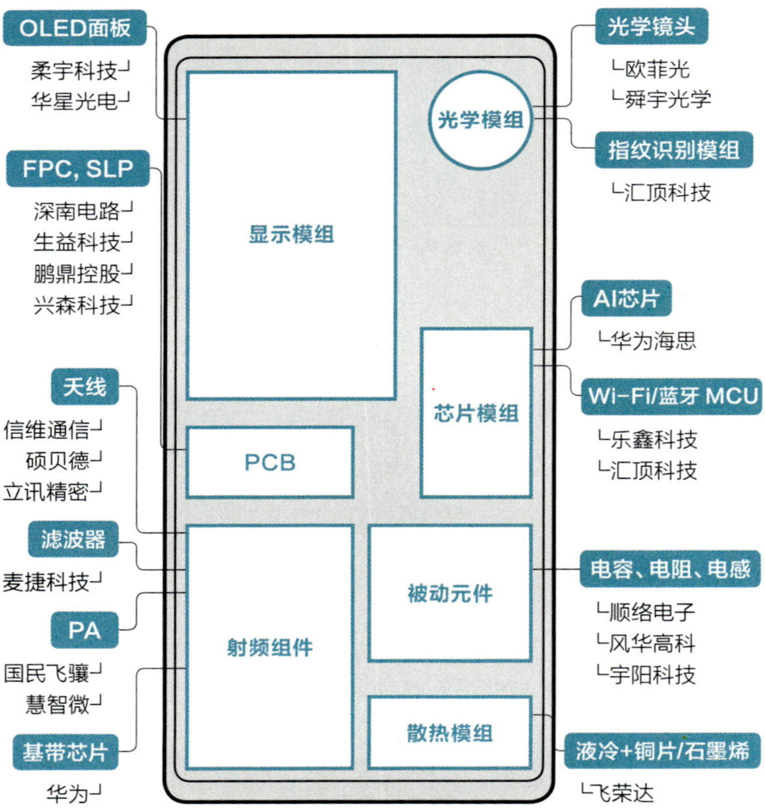

胡婧的研究显示，三座城市在功能上各有区别：深圳是手机综合中心，东莞是手机产业链中心，而惠州是手机组装制造中心。众多手机企业被深圳吸引而选择在这里安家落户。除了外地企业纷纷前来，广东本土企业也向深圳进一步聚集，比如起家于东莞的OPPO，在公司获得发展后，在深圳设立研发总部和国际总部。

“未来智能机有巨大的空间，它将带来庞大的移动互联网业务。”OPPO副总裁、中国区总裁刘波解释。由于看到这个趋势，2010年OPPO决定来到深圳，这里有更丰富的软件型人才，也更贴近硬件市场和产品。OPPO提出未来5年发展战略，从生产制造型企业转向研发技术型，到深圳会推动这一战略更快落地。

“现在假如你有某个产品的更好或更先进的想法，在深圳很容易实现。可以找到人设计、做模具、生产，甚至未必要招员工，一个idea就可以实现一个产品。”OPPO副总裁朱高领对深圳的产业配套能力发出感慨。①

未来，深莞惠经济圈将进一步发挥各自优势，有机衔接，协调创新，形成以新技术、新业态共同引领产业发展的新趋势。深莞惠经济圈打造的完整产业链，是出海手机企业的坚强后盾。有了后方的支撑，手机品牌们才能义无反顾地在海外攻城略地。

新趋势：集体竞相出海

如今，国货集体出海的趋势已经形成。出海成为国货打造世界品牌的契机，优质的中国产品通过跨境电商平台等渠道越来越多地走向全球市场。与过去扎根中国市场，然后择机出海的传统企业相

① 21世纪经济报道：《从东莞到深圳：国产手机OPPO产业链崛起的新世纪》，南方网，http://static.nfapp.southcn.com/content/202008/26/c3948732.html，2020年8月26日。

比，现在的国货新秀们，有些从成立之初就瞄准海外，或直接以全球品牌为定位规划自身的发展路径。①

《2020国货出海报告》显示，外贸成为当年中国经济的最大亮点。疫情期间，全球“宅经济”需求爆发，健身设备、智能电子产品等畅销海外。其中，专注3C数码配件的倍思，以年近5000万的成

2020年中国货物出口额情况

数据来源：中国海关总署

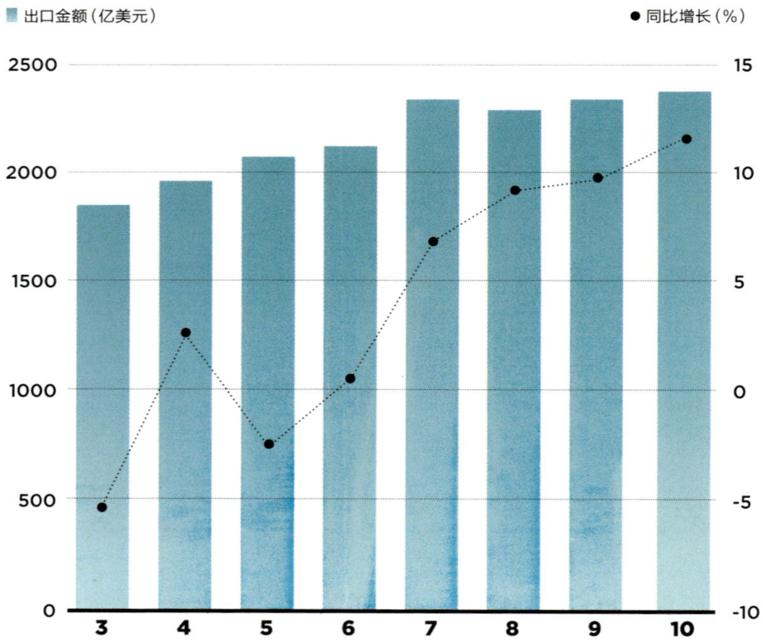

哪些中国货在国外最受欢迎

数据来源：央财智库

TOP 1 机械
TOP 2 家庭园艺
TOP 3 消费电子
TOP 4 美妆个护
TOP 5 服装
TOP 6 包装印刷
TOP 7 运动及娱乐
TOP 8 建筑
TOP 9 健康医疗
TOP 10 汽摩配

① 《国货出海已成大趋势，千帆竞发如何领跑？》，科技说说（ID：kejishuoshuo），2021年4月19日。

交量成为新国货出海的品质代表；备受海外消费者欢迎的菠萝君筋膜枪，一年通过天猫海外卖出43000件，同比增长385%，居出海新锐品牌增速之首……

消费电子、健康医疗、服装等国货为何现在集体出海且大受欢迎呢？综合分析，有以下几个方面的原因。

其一，品质制胜，国潮品牌崛起，产业结构升级。

入驻路威酩轩（LVMH）集团旗下顶级百货商场乐蓬马歇（Le Bon Marché）专柜的上海本土品牌沙涓，是商场内唯一一个中国品牌。2020年因为疫情巴黎宣布封城，乐蓬马歇全店关闭，但沙涓的业绩却逆流而上。品牌创始人郭秀玲介绍，沙涓的商品售价并不便宜，一条羊绒毯3000欧元、一条羊绒围巾上百欧，但沙涓海外30多家门店，在过去一年均实现业绩翻番。[②]

原因是采取人无我有、独具特色的策略——无论是蒙古族制毡这种古老民族技艺的活性传承，还是持续研发和创新的植物染色技术，都有技艺内功。再加上故宫文化、敦煌艺术、帛画这些中国特有的文化要素，让羊绒制品有故事可讲，能充分展现自己的品牌内涵。

沙涓走的是“抛开低端路线，向高端迈进”的出海路线，“今天的外贸跟传统外贸已是两种概念，今天应该是把中国品牌卖到全球，以品质取胜，而不再是将低廉的商品出口到海外，以量取胜，赚取微薄利润。”郭秀玲庆幸10年前放弃代工转向自有品牌的决定。大家形成的共识是，高品质成为出海品牌的最大支撑力。

② 徐晶卉：《2020，“中国制造”国货如何出海？》，央广网，https://baijiahao.baidu.com/s?id=1692826729714746309&wfr=spider&for=pc，2020年2月27日。

其二，渠道变革，在线经济崛起，“新业态”成常态。

双循环新发展格局下，中国全球化的步伐仍在继续，跨境电商成为外贸的重要支撑力量，并从外贸“新业态”变为“新常态”。① 2021年11月以来，在占地近2万平方米的菜鸟法国分拨中心，全自动分拣设备昼夜运转，智能分拨系统高效处理着中国发往欧洲的包裹。日均处理跨境小包超过20万件、跨境大包约3万件。“京东开门红”当天，国产手机、国潮服饰内衣下单额分别同比增长256%和241%。

传音在今年与京东印尼达成合作，由京东提供线上线下支持，助力传音在印尼发展。与阿里、京东专注B2C业务不同，开展B2B业务多年的敦煌网对海外采购商的变化，感受更为直观。“四五年前，他们还不理解‘双十一’，现在也开始主动参与谋求商机了。”敦煌网全球用户营销中心运营总监张静介绍，中国跨境电商为代表的数字化贸易正有效地影响欧美高端市场。跨境电商的重要作用在于，能够帮助中国品牌快速直达海外消费者，规避减少了多个中间环节。另外，企业能够直接对接海外消费者的诉求，及时生产和调整产品，进而获得海外市场的认可。

其三，健全的产业链、供应链支撑国货“出海”。

中国的产业链优势，使不同种类的产品均可快速具备规模化优势。同时，供应链距离短、周转快，叠加人力资源共享等因素，又带来规模化效益。博达科技集团副总裁吕谋笃的观点是，在跨境电商新业态下，这一规模效应体现为国货的多样化、高性价比和快速

① 陈晓、昌道励、欧志葵：《“双十一”借跨境电商东风，国货出海成“香饽饽”》，南方新闻网，https://baijiahao.baidu.com/s?id=1716060474666765255&wfr=spider&for=pc，2021年11月11日。

物流。如今的中国制造品牌，在技术力、产品力上与海外品牌差距越来越小，甚至在很大范围的制造业领域，中国的工艺和质量都强于欧美。市场研究机构益普索Ipsos数据显示，全球视角下，71%的消费者认为中国品牌非常重要，69%的消费者则认为中国品牌的发展未来可期。② 基于敦厚的供应链优势，优质的中国制造品牌出海将是大势所趋。

其四，综合国力提升，“一带一路”搭建出海平台。

国货走向世界离不开我国近年来综合实力的提升，“一带一路”让国货有了良好的发展渠道。

中国企业出海，有机会让一些先进的技术、装备、管理理念在“一带一路”框架下走向世界。对于中国企业家来讲，这是一个重要的机遇，也是一个成长过程。早年的英国、美国，包括后来的日本都经历了同样的过程：先在本土发展，然后走向国际化。

自提出“一带一路”以来，中国品牌备受鼓舞，纷纷走向国际舞台。

“我们为参与‘一带一路’建设感到自豪。”格兰仕集团董事长兼总裁梁昭贤介绍，目前格兰仕在10多个国家设立了研发中心和分支机构，在137个国家注册品牌，产品覆盖近200个国家和地区。

中国国际经济交流中心副理事长、商务部原副部长魏建国总结出海新国货的特点：带着高技术、带着专利，能够自主创新，拥有行业内全球顶尖的人才。③

② 《国货出海已成大趋势，千帆竞发如何领跑？》，科技说说（ID：kejishuoshuo），2021年4月19日。

③ 葛江涛：《魏建国：“一带一路”是“新国货”最好的机遇》，《瞭望东方周刊》，2015年8月20日。

骆驼：丝绸之路上的形象大使（图片来源：视觉中国）

他对“一带一路”寄予厚望，新国货不仅要走向亚非市场，更要走向欧美等高端市场。他建议企业一定要带着好的质量和技术走出去，要培养好当地的技术工人，不能保守，要做好本地化。要把中国的文化跟当地的想法、习惯以及其他文化结合起来。

对“新国货”来讲，现在是最好的机遇，又是真正的考验。

一直以来，中国企业都有走出去的国际化梦想。从早年的海尔、联想、TCL等，到近年来的华为、小米、大疆等，一代又一代企业家前赴后继，不折不挠，其中有成功有失败，积累了大量的宝贵经验。

时代的变化与发展，企业的进步与迭代，没有阻挡深圳发展的脚步，而是让这座城市一次又一次闪光。出海过程中，深圳作为改革开放的窗口，再一次发挥先锋军的角色，成为众多国货品牌的梦想起航之地。这股集体出海的时代浪潮，强势主动，浩浩荡荡。它改变了世界对中国制造的传统印象，重塑了中国企业参与世界产业分工的秩序和格局，“中国品牌”以新的身份和标签站上世界舞台。

陕西、河南
国潮文化发源地

文 / 金丹萍

“鬓云欲度香腮雪，衣香袂影是盛唐。”

2021年初，一个名为《唐宫夜宴》的节目在河南春晚横空出世。节目将“5G+AR”等现代技术和传统文化融合，“妇好鸮尊”“千里江山图”等国宝级文物都被搬上了舞台，14位穿着“黄、绿、褐”亮丽连体衣、画着唐妆“斜红”的唐朝少女，穿行在河南博物馆各个角落，穿梭于各种文物之间。直观的视觉冲击，不禁让荧屏前的观众都在鲜活的文物中陷入一阵恍惚，唐代仕女陶俑竟也幻化成真。

这场“唐朝少女的博物馆奇妙夜”，因为新颖的展现方式，迅速收获一大批关注。经过几天的社媒传播发酵，其微博相关话题阅读量破亿，甚至一连上了5次热搜，以超20亿的播放量，霸占各大投票榜榜首，成为当年度的第一黑马节目。随着节目的出圈，河南这个在很长时间里都并没有过多进入现代大众视野的省份，以全新面貌出现在世人面前。《唐宫夜宴》所呈现的唐文化也一时间成为河南的代名词。

在如今乍看大部分年轻群体都奔赴新潮文化的时代里，也许很难有人用感知印象，将传统文化与现代城市紧密结合在一起。然而，美国社会学家、建筑学家刘易斯·芒福德曾说：“城市是文化的容器。”在这个名为城市的容器里，传统文化是孕育城市的基石，是城市面向大众的第一层台阶。不可置疑的是，唐文化已从传

唐文化再现华夏之心，千年古都重获光彩

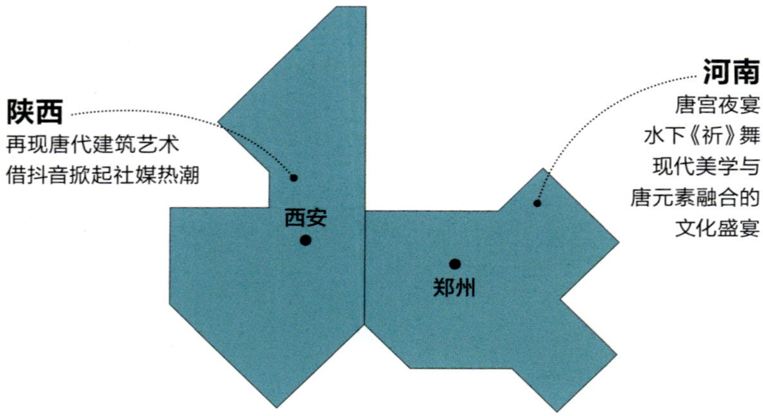

统文化的万花园中脱颖，用历经千年的厚重底蕴和穿越千载的盛世传奇，为当今的城市繁荣赋予别致的文化内涵。

与此同时，正应了诗人骆英的那句“一切都是文化的，也是商业的”，唐文化在受重现的同时，也正在成为一个能够赋能城市名片、重塑商业品牌、解读产业形态的全新密码。

新名片：唐文化成为古都城市的出圈密码

实际上，依靠唐文化出圈的城市中，河南并不是首例。作为十三朝古都的西安，早已散发出同为唐朝都城的神秘魅力，在长安古风里飘扬起旅游胜地的旗帜，吸引大批年轻粉丝慕名前往。

早在2005年，西安就提出“皇城复兴计划”，围绕唐文化做全方位城市改造，大唐芙蓉园、唐长安城墙遗址公园、曲江三大遗址公园等线下文旅IP陆续建成。地标性建筑大唐不夜城也是此计划的一部分，其核心特色就是大量气势恢宏的仿唐建筑。

唐代建筑被人们称为唐代“四绝”之一，无论是与大环境的融合、建筑群的总体布局方式，还是单体建筑的造型、结构、空间构思以至建筑的细部处理、建筑装饰做法都有着开创性成就。[①]建筑承载着历史的厚度和匠人的心血，大唐不夜城重现唐代建筑，将建筑艺术中的刚健之美和唐朝辉煌文明展现得淋漓尽致，仿佛让人重回大唐。

身临其境的体验，源于一饱眼福后的向往。文化与商业的结合就在此间的微妙中触发了。恰逢抖音这一新兴社交媒体的崛起，西安借助全新渠道将不夜城中“不倒翁小姐姐”“石头人”“敦煌飞天”等演出打造成现象级文化IP，大唐不夜城成为西安打卡胜地。根据抖音发布《2019抖音数据报告》，大唐不夜城在2019年实现抖音50亿次以上视频播放量，全国景区抖音播放量第一名，甚至出现了10条视频中有9条关于西安的盛况，西安依靠唐文化华丽转身为中国的“网红城市”。

如果说西安是借由“城市空间建设纵向挖掘唐文化+社交网络横

2019抖音播放量最高的景点TOP10

- TOP 1 西安 大唐不夜城
- TOP 2 上海 迪士尼度假区
- TOP 3 成都 大熊猫繁育研究基地
- TOP 4 北京 故宫博物院
- TOP 5 重庆 万盛梦幻奥陶纪主题公园
- TOP 6 西安 钟楼
- TOP 7 上海 外滩
- TOP 8 广州 长隆欢乐世界
- TOP 9 洛阳 老君山风景名胜区
- TOP 10 成都 春熙路

① 马一涵、詹秦川：《浅谈大明宫遗址公园建筑意义与发展》，《电影评介》，2012年11月8日。

唐三彩人偶（图片来源：视觉中国）

向扩大影响力”方式实现出圈，那么河南则可以说是唐文化传播的单点持续爆破。

素有十三朝古都之称的河南洛阳，作为都城几乎贯穿整个唐朝。不过，拥有如此底蕴的古都，却一直没有拥有与西安等同的声量待遇。直到2021年，借助《唐宫夜宴》，河南洛阳终于打响了出圈的第一枪。

在《唐宫夜宴》得以吸睛之前，河南本土大象融媒体矩阵的前期布局，也为河南的出圈之旅搭建了一条航道。在节目播出的第一时间，河南就集中猛犸新闻微博、河南卫视微博、河南卫视B站账号等具有一定影响力的新媒体账号，在大象新闻客户端、新浪微博、今日头条、抖音、快手、哔哩哔哩等平台做第一轮集中传播，实现优质内容的传播最大化。凭借现代化技术手段和媒体传播方式，唐文化不再遥不可及，掀起一阵让人触手可及的狂欢。

其实，这场社交媒体商业掀起的现代化表达背后，正是洛阳城所蕴藏的传统唐文化。编导陈琳接受采访时表示，《唐宫夜宴》的灵感之一来自“唐三彩”。一组“唐三彩”唐俑，“多以黄、绿、褐三色为主”，演出舞者的服装色彩设计亦以这三种颜色为主色调，河南省博物院展柜中陈列的一组静态的乐俑，鼓乐吹笙的造型，更让她有了“假如让她们活起来，会给今天的人们讲述什么故事”的想法。

河南洛阳是最早、最多出土唐三彩的地方，因而唐三彩也有“洛阳唐三彩”之称。对洛阳来说，这是具有象征意义的文化遗产。唐三彩和唐代诗歌、绘画、建筑等其他文化一样，是唐文化的主旋律之一，在艺术价值上，同样拥有着不可取替的地位。唐三彩雕塑保持了秦汉以来我国陶塑艺术的写实传统，也是丝绸之路发展的产物。丝绸之路上的骆驼、胡人等行旅形象都是塑造唐三彩的最典型主题。对传统陶塑艺术的传承和对外来文化的充分吸收、创新，造就了唐三彩独特的艺术风格。①

作为传统文化的典型，唐文化的现代化表达显然不止唐三彩。回首大唐往事，敦煌壁画则是丝绸之路上另一颗文化交融的果实。数千年前，工匠们摆脱了传统思想的束缚，融合印度、西域、中原文化，在艺术上进行再创作，留下千姿百态的飞天、反弹琵琶形

2019年春节假日大唐不夜城旅游数据

数据来源：西安市文化和旅游局

① 张春海：《唐三彩是丝路文明交往的产物》，中国文物网，http://wenwuchina.com/a/60/241217.html，2015年4月27日。

象，“反手拨弦自在弹，盛唐流韵袅千年”成为永恒的大唐符号。文化的开放与融合通过敦煌壁画尽情彰显，总面积超过4.5万平方米的壁画在中国乃至整个艺术史上都有举足轻重的地位。

时过1000多年，河南卫视同样将敦煌壁画玩出了新意。《唐宫夜宴》出圈后，河南卫视乘胜追击，巩固自己对唐文化的话语权，一曲水下《祈》舞，舞者在水下重现敦煌壁画“飞天”文化，让河南再次登上热搜。现代美学和留存于历史中的文化交融、更迭，用一次次的热搜和热议向世人证明，“唐”不仅可以作为华人对外时的自诩，唐文化更确实足以成为中国城市出圈的能量。

出圈，最直接的是赋能城市名片，而更深层次则是对城市经济发展的影响。唐文化成为西安与河南文旅业发展的助推剂，延长城市破圈生命力，为城市经济发展增高“一厘米”。

2019年大唐不夜城火爆社媒，同年景区游客量达1.2亿，位列全国5A景区游客量第一，日均游客量30万。据西安市文化和旅游局统计，2019年春节假日西安共接待游客1652.39万人次，同比2018年增长30.16%；实现旅游收入144.78亿元，同比2018年增长40.35%。同样，根据去哪儿数据显示，2021年出圈的河南，河南博物馆、隋唐洛阳城国家遗址公园、开封清明上河园搜索热度高居不下，与2019年同期相比，搜索热度增长4倍；截至3月22日，清明假期坐飞机去洛阳的旅客与2019年同期相比，增长超过两成。

而到了2021年端午节，由携程发布的《2021端午假期旅行大数据报告》显示，郑州首次入围近年黄金周热门目的地前十，河南博物院位居热点目的地榜首。随后，在携程发布的《2021暑期旅游大数据报告》中，郑州依旧榜上有名，入围全国“高铁游热门到达城市”前十名。河南省近三年五一时期的旅游收入也给出了最直接的

2021年端午十大热门旅游城市

1 北京市　2 上海市　3 成都市　4 杭州市　5 重庆市
6 南京市　7 西安市　8 长沙市　9 武汉市　10 郑州市

答案，经历2020年疫情的低谷，2021年旅游收入超过5000万，成为近三年来最高。

当河南、西安开始走上年轻化道路，厚重的历史开始沾染上青春色彩，两种时代元素的碰撞产生“火星撞地球”的化学反应，唐文化成了一张城市名片，在每一个晨曦之中，闪耀着一座城市重新绽放时的光彩。

李泽厚在《美的历程》中写道：“古今中外文化的大交流、大融合，无所畏惧、无所顾忌地引进和吸取，无所束缚、无所留恋地创造和革新，打破框框，突破传统，便形成了盛唐之音。”同样，无论是唐建筑艺术上开创性成就的大国风范，还是唐三彩、敦煌壁画中文化交融吸收和创新所呈现的举世无双，这些历经千年流传的文化元素都作为唐文化的载体，带着中外文化融合，物态变迁的时代特征。究其内在，是自由开放的民族思想、革故鼎新的创造力，海纳百川的广阔胸怀和继承古老的传统同时求新求变的民族特质。

新品牌：唐文化助力国货新生态

唐文化留下的精神内核，成功打造了城市新名片，反馈给我们的是文化的重要性以及可塑造性，这也是唐文化能够快速复兴的内在驱动力。如今盛世重现，唐文化的影响力远不止于塑造城市名片，它也正在赋能国货品牌成就全新生态。

一个品牌会在大众心中留下怎样的形象，影响因素有很多。经由唐文化的加持，由此诞生的新国潮IP和国货品牌营销过程中涉及

国货新生态

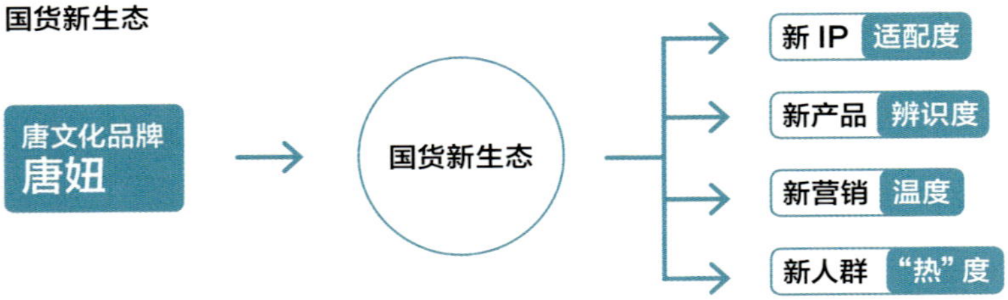

的产品设计、营销传播、创作者、消费群体等多个环节中，都展现出了特有的时代之光。新IP、新产品、新营销、新人群，组成了当下的国货新生态。

2014年，一位名叫乔乔的艺术从业者设计的“唐妞”诞生了。这个以陕西历史博物馆唐朝仕女俑为原型设计的Q版形象，一经推出就受到热捧。随后，陕西历史博物馆与乔乔创立的桥合动漫共同开发“唐妞”这一全新IP，先后发布出30余个品类的唐妞主题纪念品与周边产品，唐妞这一漫画形象一跃成为西安的城市代言人，也成为典型的博物馆文创品牌之一。

自2016年北京故宫博物院与腾讯达成长期合作关系，开放了自己的一系列经典IP，博物馆品牌便正式进入了文创时代。将博物馆中的特色元素提取出来设计成冰箱贴、书签等各种精致文创小单品，消费者用并不高昂的价格就可以把历史带回家，吸引越来越多博物馆加入这一行列。2020年，河南博物馆推出考古盲盒，将文化元素和网红盲盒元素结合，十二生肖兽首印章、大将军虎符或武则天金简等文物，都被设计成盲盒，刮起一阵考古风。据了解，河南

博物馆盲盒5天线上销售额超50万，紧急补货的600个盲盒在35秒内被一抢而空。[①]切中年轻群体审美喜好的组合拳让博物馆文创瞬间风靡社媒，成为一种潮流。

唐妞是在唐文化中滋养出的另一种可能，它的到来是偶然又并非偶然。

在一次参观博物馆时，乔乔产生了设计带有唐元素角色的想法。作为一名出生于西安的80后，他从小浸润成长在古都人文氛围中，对中国传统文化有着潜意识里的热爱。另一方面，他又深受日本动漫影响，这也让他设计出的唐妞具备了古今碰撞特性。就这样，基于唐朝以胖为美的审美特点，结合中国传统的工笔绘制和现代的可爱画风，乔乔立足传统而又突破传统，创造出的唐妞也成为“新唐风”的代表。

不同于以往博物馆品牌更多是用作城市吉祥物的存在，带有典型唐代特征、充满“Q萌”气息甚至是带有性格特点的虚拟人物IP唐妞，有了更生活化和时尚化的延伸。比如，唐妞可以成为表情包主角进入聊天日常，创作IP衍生故事讲述历史故事，成为品牌合作的热门IP……乔乔表示，“唐妞”代表的唐文化、中国传统符号被强化，不再受地方文化IP的局限。各大品牌也因此看到了唐妞身上的“中国属性”和文化特色，符合当下“国货”“国潮”兴起的潮流。[②]2019年开始，唐妞IP尝试与多个品牌联名推广，影响品牌新品设计、发布等各个环节，给品牌营销带来新气象。

金秋九月，奈雪の茶和唐妞的跨界联名媒体发布会在西安举行，成为业内焦点。奈雪の茶和唐妞带着“报款”红石榴掀起一阵唐朝风，同时推出联名限定杯套、纸袋和周边将瑰丽的唐文化以更加生活化的方式呈现。

① 桂娟、李文哲：《“考古盲盒”：让文物“活起来”》，新华网，http://www.xinhuanet.com/politics/2020-12/11/c_1126849998.htm，2020年12月11日。

② 左柚：《专访“唐妞爸爸“：用博物馆元素打造中国文化IP宇宙》，IP价值观（ID：IP-Valuer），2019年12月4日。

不同代际的民族自豪感指数值调研　　数据来源：《中国青年报》社会调查中心

60后	70后	80后	90后	00后	10后
8.9	9.0	9.0	9.2	9.4	9.6

这是奈雪の茶首次与西安本土品牌的合作。唐文化和西安城市文化以长安一百零八坊的形式巧妙地展现出来，除了高髻娥眉、体态丰满的唐妞，陕西历史博物馆的经典藏品葡萄花鸟纹银香囊，西安的城市地标城墙、钟楼、大雁塔，特色美食肉夹馍、石榴和方言“嫽咋咧”“咥”等元素都被设计在产品包装中。[1]生活中熟悉的历史元素被设计在产品中，极具地域特色的反差设计理念，都让奈雪の茶有了更鲜明的产品特征。产品首发后将近1个月的时间里，在西安奈雪の茶的门店中，唐妞随处可见，奈雪の茶也因此在西安有了“入乡随俗”的感觉，被消费者们熟记于心，引来大量年轻人打卡。

产品是第一步，而品牌营销过程中好的主题则能如虎添翼。唐文化显然正是一个好主题，让传播因文化饱含温度。奈雪の茶与唐妞，一个是年轻人喜爱的新式茶饮品牌和生活方式，代表当下年轻人对潮流的追求；一个是以唐朝仕女俑为原型打造的西安城市形象著名IP，是唐元素的潮流风向标。跨越千年的商业结合，一时间让奈雪の茶和唐妞成为西安最潮流的时尚符号。城市品牌、传统文化的交融碰撞、现代化营销三者互相融合，串起奈雪の茶传承文化、锐意创新的品牌理念，实现了从文化熟悉到品牌认可的自然移情，品牌也借此强化了与年轻消费者之间的沟通和情感链接，建立更具人格化的文化形象。

唐文化在创作、创新中迸发出新鲜活力与独特魅力，也在持续

① 王爽：《奈雪跨界陕历博引领国潮 唐妞带领年轻人爱上时尚中国茶》，陕西传媒网，https://www.sxdaily.com.cn/2019-10/27/content_8076311. html?from= singlemessage，2019年10月27日。

的再度演绎中打破思维和观念的局限，以多元化的方式呈现出更丰富的故事内核。2020年，由乔乔创作的关于唐妞的第一本漫画《唐妞驾到》面世，带读者穿越至唐朝，讲述唐文化知识，感受时代风貌。集合了历史文化、博物馆IP、国潮风格、动漫形式等多种思想内核的漫画书在淘宝直播间3秒钟卖出2万册的好成绩，打破了国内漫画销售记录。②

除了成为唐文化传播首发阵营，拥有桥合动漫创始人、高校讲师多重身份的乔乔，也积极促成桥合动漫成为"西北大学艺术学院专业实践基地"，为学生们提供实习实训、对外学习和交流的机会，影响着更多年轻人加入文化传播队伍。

根据《中国青年报》社会调查中心数据显示，不同代际人群的民族自豪感逐步上升，1995年后出生的Z世代人群拥有强大的爱国热情、文化自信和对主流意识形态的认可，已然成为促进国潮兴起的重要力量。

这一力量反馈到消费上，便是对国货极大的兴趣。据天猫调研，近60%的消费者愿意为文化溢价买单。而2020年阿里研究院报告显示，在购买新锐国货品牌的消费者中，超过半数是95后。③80后是国潮推手，90后是国潮中坚力量，00后是国潮潜力股。④人群因文化产生的创造和消费热情也在生生不息传递。每个时代有每个时代的文化传播者、建设者和消费者，受唐文化的影响，这些时代代言人正因文化迸发热度。

如今，唐文化的出现越来越频繁，品牌借助文化元素为自身赋能已成为常用玩法。比如乔丹质燥与陕西历史博物馆携手打造的唐韵国潮秀成了业内焦点，以"唐文化"为核心，推出"万国来潮""唐运会""宫宴"三款联名产品；泸州老窖冠名河南卫视《重阳奇妙游》

② 吴晓婷：《圈粉又带货，唐妞等爆款IP的吸金秘籍》，赢商网，http://news.winshang.com/html/068/3574.html，2021年4月13日。

③ 阿里研究院，《2020中国消费品牌发展报告》，中文互联网数据资讯网，http://www.199it.com/archives/1130201.html，2020年10月7日。

④ 百度：《2021国潮骄傲搜索大数据》，中文互联网数据资讯网，http://www.199it.com/archives/1246843.html，2021年5月18日。

特别晚会并联合IP唐小妹共同拍摄一支视频短片，用唐小妹的视角呈现泸州老窖品牌历史和产品“浓香”的秘密……

“文化看上去无形无色，却决定了我们的社会从何处来，往哪里去。”以唐文化为代表的传统文化正在以更立体、更多样、更有趣的姿态出现在日常生活中，这也让文化在传播发扬的同时，被探索出更加创新的表达方式，这其中就有着一些新产业在浪潮中崭露头角。[①]

新产业：传统文化再掀国货潮

新品牌的华丽高楼之下，必定是牢固的产业基石。2010年，我国成为世界第一制造大国，世界第二大经济体，人民生活水平肉眼可见地提升，更多余力去关注精神世界的建设。而官方也提出“文化兴则国运兴，文化强则民族强”的指导方针，提出“文化强国”战略、设立“中国品牌日”等一系列官方带头的举措，促使相关政策一直在为文化建设与带有文化元素的国牌发展积极服务。

与政策上的建设相对应，是文化环境和思想上的转变。近几年来，《国家宝藏》《战狼》《大圣归来》等大量优秀的国产综艺、电影、国漫霸占我们眼球，这些带有传统文化内涵的节目频繁出现在大众视野，同样潜移默化地影响当代人对于传统文化的认知，有效提升着文化自信、民族自豪感和爱国热情，为中国品牌发展打了一针强心剂，也为国潮概念兴起做下铺垫。

仿佛默契使然，唐文化的盛景独树一帜的同时，其他传统文化也百花齐放，再掀国货浪潮。据百度国潮骄傲搜索大数据显示，

① 陈全：《网红形象“唐妞”亮相DIGIX TALK 一起探讨潮起来的传统文化》，环球网，https://city.huanqiu.com/article/9CaKrnKnSqB，2019年11月19日。

2016—2021年5年间中国品牌关注度从45%提升到75%，2011—2021年10年间“国潮”搜索热度上涨528%，“国潮文化”相关关注度上涨128%。2016—2021年间，中国品牌关注度占比从45%上涨至74%，全面反超境外品牌。

百度2021国潮骄傲搜索大数据

数据来源：百度

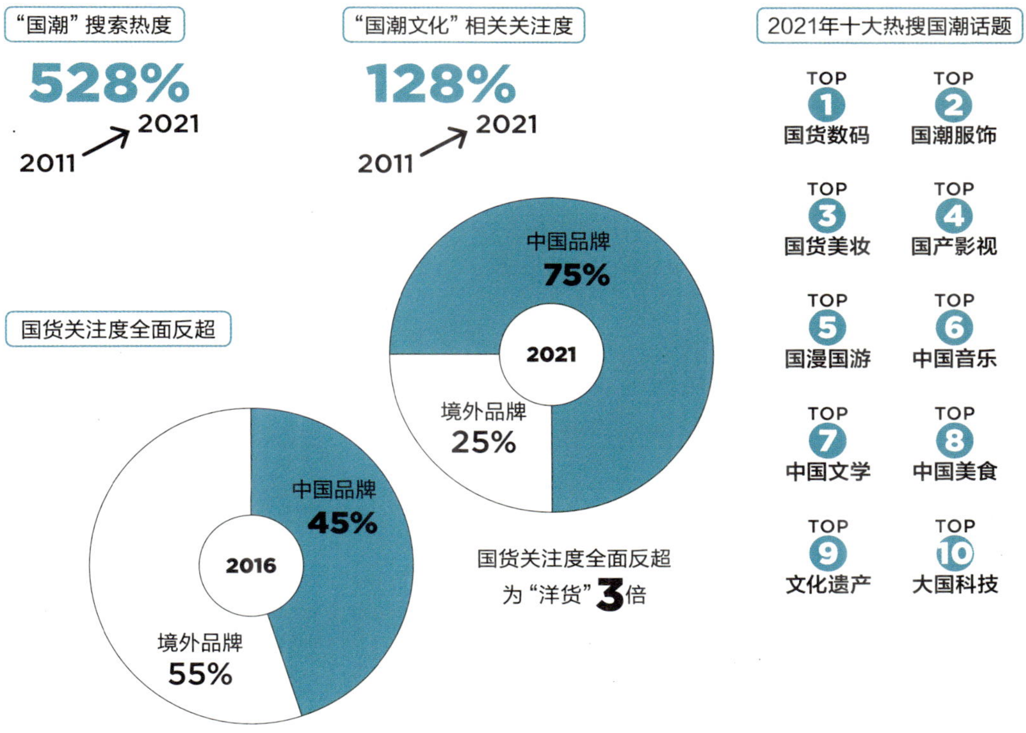

越来越多品牌加入文化赋能队伍，国潮文化消费已是百川归海水到渠成之事，由品牌组成的产业也因文化拥有发展扩张的动力，我们已然进入了文化赋能品牌时代。

汉服文化作为传统文化中的一颗璀璨明珠逐渐进入人们的视

百度2021国潮骄傲搜索大数据

野。随之，作为过去的小众爱好的汉服产业，在走过了十多年的路途后，遇到了壮大的良好契机。

2003年11月底，河南郑州，34岁的电力工人王乐天穿上了和朋友们一针一线缝制的“汉服”，成为国内第一位穿“汉服”示众的现代人。这件由薄绒深衣和茧绸外衣组成的“汉服”，简陋甚至有点不合身，彼时他走在街上有人嘲笑，有人不解。

当时的王乐天肯定不会想到，十多年后，汉服经济迎来了爆发，以个位数计的国内经营汉服机构数量猛蹿至1000多家。根据天眼查数据显示，2019年更是成为汉服经济井喷的时期，全新注册企业达到900家，同比增长298.2%。①行业的迅猛发展在市场规模同

2015—2021年中国汉服市场销售以及预测

数据来源：艾瑞咨询

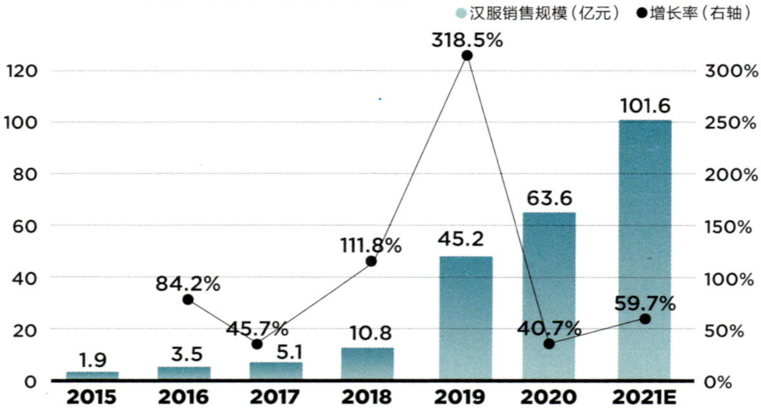

① 杨泥娃：《这个新兴的百亿市场，是如何诱惑年轻人的？》，电商在线（ID：dianshangmj），2019年4月16日。

2021年中国汉服品牌线上发展排行榜单TOP10　　数据来源：艾瑞咨询

排名	品牌	金榜指数
TOP 1	汉尚华庭	94.88
TOP 2	如梦霓裳	87.53
TOP 3	重回汉唐	86.40
TOP 4	十三余	86.31
TOP 5	桔屿	83.39
TOP 6	池夏	81.21
TOP 7	钟灵记	76.68
TOP 8	劲合汉服	77.85
TOP 9	小训狐	77.63
TOP 10	夕洛茜	76.81

样有直观体现，根据亿邦动力整理评估，2021年中国汉服销售规模突破百亿，达101.6亿元，相较2019年约增长45.2亿元，增长率达124.7%。

“2007年我刚刚接触汉服时，这个圈子真的很小众，几乎找不到买汉服的地方。”2008年已经成立的汉尚华莲是伴随汉服行业壮大起来的元老级选手，也是如今的行业头部品牌，对行业的发展有着较直观的体会。从当初一个仅创始人小若一人的工作室到如今近200人规模的成熟服装公司，汉尚华莲天猫旗舰店和淘宝平台粉丝总规模达600万以上，截至2019年末会员规模超过30万，较2018年同比增长超过14倍，淘宝创造产值2.63亿元。

依靠互联网庞大的流量，汉尚莲华迅速积累了品牌声量。然而，不满足于“圈地自萌”，影视剧中的文化元素联名很快成为汉尚华莲“出圈”的重要动力。2018年，电视剧《知否知否，应是绿肥红瘦》全网热播，剧中的宋代美学风尚一时盛行。汉尚华莲与《知否》官方合作推出了14款联名汉服，不同时代文化的交融成就了一个新爆款，联名服饰上线仅3周就已销售近百万。

当然，汉尚华莲并非一家独大。从概念上说，汉服的含义是汉民族服饰，从魏晋到唐宋以及明代，所有传统元素都可以被拿来参与产品设计与品牌建设。看似小众的领域其实也有着广阔的创作空间，传统文化的赋能让汉服市场呈现万紫千红的景观。

重回大唐、十三余等新老品牌不断涌现，越来越多用户被吸引成为汉服的追随者，汉服摆脱了十几年前的异样眼光，成为常服般的存在融入生活中。现在我们在日常生活中也常能看到身穿汉服的年轻人，出尘洒脱，古韵绵长。汉服与所有潮流元素一样，成为年轻人表达自我的出口，传统文化亦通过年轻人穿着汉服时所展现的站立、行走、谈吐等仪态有了具象化的表现，让人们明白，在中华美学中，永远是内在气质修养最为耀眼。

留学法国的刘楚心就常常穿着汉服行走在校园。“同学们对汉服都很好奇，在我的介绍下，越来越多的同学也喜欢上了汉服，甚至有同学托我从国内代购汉服。”刘楚心说，“穿汉服也是传承中华传统文化的一种方式，作为中华儿女，我们当仁不让！”①也有在伦敦摆摊卖汉服而走红的山东小伙，正在攻读英国伦敦大学硕士研究生的他，与喜爱汉服的好友媚晴、暮雨业余时间合作售卖汉服，“虽然每天赚钱并不多，但也想通过自身努力让更多人了解汉服，也呼吁越来越多的留学生加入推广汉服、弘扬中国传统文化的队伍中来。”② 2020年，天猫海外平台上，汉服出海销量同比增长超20%。这股汉服风尚正在海外兴起，这也意味着中国传统文化正在对外有效输出。

汉服这个百亿产业，就像一朵由中国传统文化浇灌出来的花，从根本上立足于文化而生根发芽，历经几千年的生活美学和无数先人生活方式的延续，最终在当下绽放。文化给了汉服生命，给了它持续发展的营养，而产业同样反哺文化，成为传承与传播的载体，成为年轻群体对文化认同感的最直接表达，让他们身体力行地将中国传统文化影响力扩散至更广阔的天地。

① 孔德晨：《那些“汉服江湖”里的年轻人》，《人民日报海外版》，2020年9月11日。

② 闫春旭：《三名95后留学生在伦敦摆摊卖汉服 不为赚钱只为“吆喝”中华传统文化》，紫牛新闻（ID：yzwbznw），2021年11月8日。

营销学泰斗菲利普·科特勒曾经指出，文化因素是影响购买决策的最基本因素。西安、河南的出圈，唐妞的IP商业价值，汉服的兴起都给全行业上了一课，以唐文化为代表的中国传统文化具有巨大的能量和魅力值得我们挖掘。对城市来说，一张文化名片可以带来无线效应，辐射至城市形象、城市经济和城市品牌多个方面；对品牌来说，文化留下的物质财富和精神内核都能为品牌营销和建设添砖加瓦；对行业来说，文化与之相互成就，同时也为行业中的品牌赋能。

以文化为骨，现代环境为筋脉，越来越多品牌正在此基础上生长出独属于自己的血与肉。文化是流动的，不变的是融入中华文化中代代留存的思想和价值观念。大浪淘沙始见金，文化传承是如此，做品牌亦是如此。

未来，文化赋能还能出现怎样全新的方式，品牌如何打通自己的任督二脉，行业如何利用文化提升价值，身体里流动着中华文化血液的我们，仍值得被期待。

解码新国货

一枚熊猫金币的前世今生

自新冠肺炎疫情席卷以来，全球经济和国际局势动荡，股票、基金等传统投资行为风险上涨，伴随楼市寒冬、央行降准，很多普通人并没有好办法应对风险和通货膨胀。

相比之下，黄金又一次成为全球性抗通胀和避险资产。

在2008年，黄金的价格大约在180—190元/克，2021年金价一度超过了400元/克，一路飙涨。经济学家管清友认为，“如今复杂国际局势下的三大核心资产，分别为好房子、好股票与黄金。”而这中间只有黄金，有最简单的投资持有形式。

纪念币拥有得天独厚的收藏与投资条件

随着我国经济的快速发展，人均收入的不断提升，各个群体的消费形态在近些年中，发生了大幅转向。“强刚需”产品不再成为最大的支出项。人们开始寻求精神和审美上的满足。而在国际环境较为复杂的情况下，满足精神、文化需求，又兼顾有潜力的资产持有方式正中下怀。

国际上，每当出现人均GDP达到3000美金时，就会出现文化消费井喷现象。目前的中国，人均GDP已超万元，这一现象在年轻一代消费者身上的表现是，能够彰显个性、具有收藏意义的潮流玩具市场爆发；在“中产”“高净值人群”身上则是艺术品、文化收藏市场的火热，例如纪念币、茶叶、红酒、文玩等。而纪念币拥有得天独厚的条件。它既满足收藏层面上的价值，同时具有稳定的投资价值。

由中国人民银行发行的熊猫金币，与美国鹰洋金币、加拿大枫叶金币、南非克鲁格金币和澳大利亚袋鼠金币，并称为世界五大投资币。这些纪念币上，均刻有具有本国文化属性的形象。熊猫金币是中国的代表纪念币，为法定货币。因其为黄金制品，所以发行价贴近金价，购买时有市场规范，同时又具有收藏价值。

2021年，财经作家吴晓波走访了熊猫金币铸造方——深圳国宝造币有限公司，并与上海金币投资有限公司董事长殷献民一起，聊了聊熊猫金币是如何诞生的，以及它具有的收藏和投资价值。

2021版熊猫金币正反面（图片来源：上海金币提供）

熊猫金币的缘起和价值积蓄

吴晓波：2022年是中国熊猫金币发行的第40周年，中国人民银行是自1982年开始发行熊猫币的，有何缘起？

殷献民：1967年左右，南非开始有普制金币投向市场。1979年，加拿大也出了枫叶币。中国贵金属纪念币，从1979年开始发行，也正好赶上了国际黄金市场的放开。这些是熊猫币发行的大背景。

那么，一款中国的普制金币应该选什么主题？我们当初也选过很多元素，从中国对世界输出的文化符号来看，熊猫受到国际社会和人们的欢迎，最终我们选择了熊猫这个形象作为普制金币的元素。

1982年9月15日熊猫金币首发（图片来源：人民日报，1982年9月16日）

吴晓波：熊猫币最早除了增进国际外交关系，是否与外汇相关？

殷献民：有关系。中国从1979年开始发行贵金属纪念币，当时主要有两个目的：一是增进国际交往，纪念币成为国家之间交往中互赠的礼品；二是有一个出口创汇的目标。

当时中国的外汇储备非常少，黄金可以作为外汇的一个重要补充。但如果仅作为储备黄金投向市场，第一是比较敏感，第二是附加值较低。所以用纪念币金币的形式投向市场，既可以带来外汇的增值，还可以对外传播中国文化。

吴晓波：从1982年发行第一套熊猫币，当时的熊猫币和现在的有什么区别吗？

殷献民：造币工艺大不同。最初发行熊猫金币时，造币工艺还处在摸索阶段。为了体现出熊猫的样态，当年的技术工人创造性地使用了凹刻法，把熊猫身上有毛发的部分凹刻出来，打成镜面，视觉上就像黑色的毛发。

这种工艺从1982年开始使用，一直沿用到1995年，我们在1995年更新了工艺，叫反喷砂工艺，把熊猫的黑白色，圆墩墩、毛茸茸的质感体现出来。

吴晓波：中国的纪念币工艺在不断演进，跟其他国家相比，目前中国纪念币的工艺大约处于什么水平？

殷献民：拿熊猫币来说，熊猫币的工艺技术跟其他国家的普制币比，明显高出一个档次。我们和国外币商交流时，他们一般将普制

熊猫金币历程

（图片来源：上海金币提供）

1982 1983 1984 1985 1986

1987 1988 1989 1990 1991

1992 1993 1994 1995 1996

1997 1998 1999 2000 2001

2002 2003 2004 2005 2006

2007 2008 2009 2010 2011

2012 2013 2014 2015 2016

2017 2018 2019 2020 2021

币称作“Bullion Coins”“Bullion Gold”，但称我们的熊猫金币为“Cameo Proof ”。熊猫币虽然是普制币，但有精制币的效果，大量使用像镜面、喷砂这类精制币的工艺。

吴晓波：说到普制币和精制币，献民你给我们普及下这两者的区别。

殷献民：一般来说，普制币的定位是投资。普制币的图案没那么精美，从工艺来说，基本是在印花机上一次压印成型，图案看起来不如精制币那样饱满、细致。

精制币的定位则是满足收藏爱好者的需求，因为精制币的量更少，图案更精美，也会更多采用新工艺，突出它的稀缺性和收藏性。

金币制作场景（图片来源：上海金币提供）

吴晓波：说到收藏，很多人会想到黄金，想到黄金，又会想到财富。千百年来，实物黄金是中国家庭资产配置中重要的组成部分。比如，女儿出嫁、子女传承，一般都会用到黄金和珠宝。

我想问，在今天中国家庭的资产配置中，黄金处于什么位置？说到配置实物黄金时，我们最先想到的可能是买金条或金块，那么熊猫金币的独特价值体现在哪里？

殷献民：黄金在经过2004年至今的持续繁荣后，不少人发现了黄金作为家庭资产配置的投资价值。

普通人配置黄金资产，一类是账户类的纸黄金，这类黄金是虚拟的。另一类就是实物黄金，比如黄金饰品、金条、金币，黄金饰品更侧重在消费品，它有所谓的设计费、加工费等溢价在其中，售价也明显高于金价。

金条和金币更契合投资定位。其中，熊猫金币是法定货币，由人民银行发行，不论是发行的权威性，还是产品的保障性，都高于金条，因为所有金条都由社会企业在做。

而且没有人敢造假熊猫金币，因为熊猫金币是法定货币，造假是犯伪造货币罪的。关于熊猫金币，这些年还有几个大事件：

关于熊猫金币几个大事件

2021.10

30克的熊猫金币**启动了溢价回购**，这打破了黄金制品回购行业的惯例。一般黄金回购都是减价回购，比如你把黄金卖给收黄金的店，价格会低于当日金价，还要收取一定手续费。但熊猫金币实现了溢价回购，不收手续费，还加价回购。比如今天金价是380元/克，我们会以380+1元/克的价格来回购熊猫金币。

2018

中国熊猫金币在上海黄金交易所正式挂牌，**成为全球唯一在交易所市场挂牌交易的金币产品，**熊猫金币30克（合约代码：PGC30g）采用现货实盘的交易方式，交易单位为“手”，每手30克。这是熊猫金币的交易方式和交易流动性的一个体现。

2012

财政部发布《关于熊猫普制金币**免征增值税**政策的通知》，实施销售环节免征增值税，这是实物黄金产品中唯一免征增值税的品种。

吴晓波：从购买者角度，过去几年，熊猫币的购买者有什么变化吗？

殷献民：早期，人们购买熊猫金币以收藏为主。

那些发行较早，市场流通量很小的熊猫金币，已经逐渐演变成一种收藏品。目前最贵的熊猫金币是1995版熊猫金币（一套5枚普制币），因为市场上非常难找到，目前交易价在十多万元。

这很有意思，纪念币会慢慢形成自己的时间价值。现在，更多人把熊猫金币作为一种资产来配置。选择30克金币（售价1万多元）的人越来越多，熊猫金币的资产配置属性也就愈来愈强。

解码新国货

“中生代”与酒业新物种

在新国货崛起的商业浪潮中，融合传统文化元素以提升年轻人对国货消费兴趣的做法，早已屡见不鲜。经久不衰的意境，历久弥新的内涵，让传统文化元素得以穿越商业周期，在新消费时代下焕发新生机。

新时代下，消费者的新需求成为本次国货运动的助推器。本次国货运动，明显的特征之一就是对文化自信的彰显。不管是创业者们从故宫、宋画、敦煌乃至三星堆等古老的文化遗产中发掘出了既迥异于欧美、又不同于日本的生活美学，还是消费者对民族认同感的空前高涨，两者，即供需两端在审美认同上都达成了空前的一致。而这一特点也正在逐渐建构21世纪中国消费品的美学符号和体系。

在本次消费品行业爆发的过程中，借由文化IP做文章的品牌不在少数，尤其是针对“Z世代”消费者深入研究和洞察后，那些带有传统文化形象、特点的产品仿佛解锁了“爆品密码”一般大行其道。然而，具备IP这把钥匙，也不一定能开启成功的大门。

首先，“Z世代”消费者本身就是会对新鲜事物充满兴趣的一类消费群体，他们对具有娱乐、趣味性的快消费有相当的购买力，但是，他们的消费热情和复购率如何保持，对产品背后的品牌力如何认知，就变得不明朗起来。正因此，新品消费能力和品牌长期发展实则并不能形成共识。

其次，“Z世代”消费群体很容易出现“极化”的消费现象，反映到品牌端就是爆品现象，而高点之后如何延续优异，也是如今消费行业竞争中不可跨越的一步，毕竟品牌的发展不在一朝一夕。

当整个消费品行业从一开始置身于聚光灯下，到竞争至白热化阶段，大众关注的焦点始终在年轻一代，甚至对“银发经济”的重视。而这中间的群体，似乎被传统意义上“上有老、下有小”的社会境况围困，出现了真空地带，但这一群人，他们的消费观稳定，容易形成强认知感，且专一度高；同时财力雄厚，具有长期、稳定输出的实力。

新消费时代下，该消费群体同样生发出不同的消费认知和需求。

千斤坛封藏基地（图片来源：肆拾玖坊提供）

代际人口及消费占比

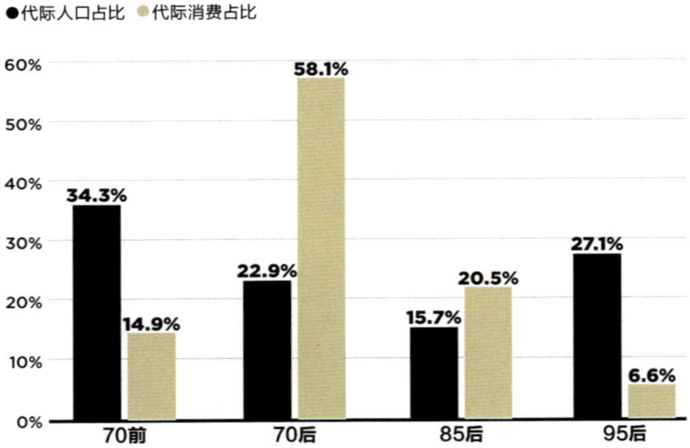

相对消费力

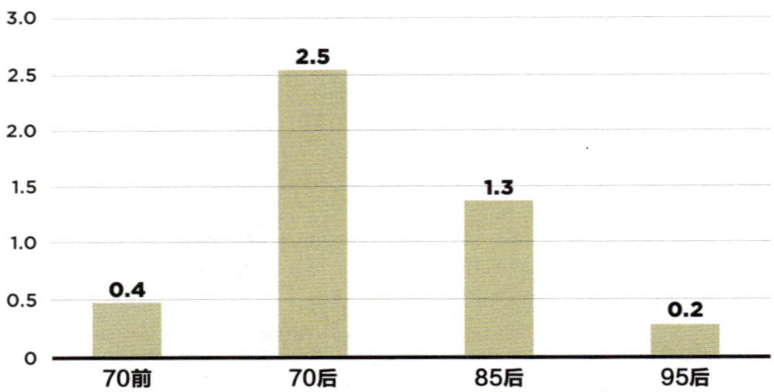

注视“中生代”

所谓中生代，是横跨60后到80后，亲历和见证中国改革开放，成长并受益于那个时期的那部分人群，他们的价值观与底层逻辑有鲜明的时代特点。（注：肆拾玖坊酒业提出“中生代”消费群体概念。）

根据国家统计局2018年底数据，我国人口代际分布及消费状况呈现以下特点（综合估算），从数据不难看出，中生代消费人群，特别是70后、85后的消费能力处于绝对领先地位。

中生代人群中，除了对汽车的消费一骑绝尘外，酒业也是不可忽视的、具有鲜明特点的行业之一。

2019年是酒业数字化元年。白酒行业在这一年发生了重大变革，在消费品市场崛起的背景下，白酒从政商消费逐渐过渡到大众消费市场 ，酒在“生意场”以外也有了更多元的场景；同时，各大酒企也在数字时代开始了新一轮的转型，力图突破传统经营模式，把握上升周期。

十余年前进入市场的江小白，以视觉和营销夺目于市场，将白酒的消费群体范围辐射至80、90后一代；WAT等新酒品牌的出现，则用好喝、好玩、好看，迅速占领“Z世代”消费者市场；高端白酒如茅台，则通过互联网、数字化等多种形式，稳定固有终端市场的同时，在部分年轻群体市场实现增长。

然而，根据Digitown数字重阵2021年白酒消费趋势的数据来看，白酒的消费群体仍主要集中在40岁左右的消费者上，且消费场景呈现多元化趋势，这也意味着白酒市场中的机遇较多，中生代当仁不让。

酒业“新物种”

白酒一直被市场认为拥有绝佳的商业模式：行业历史悠久却

肆拾玖坊白酒包装车间（图片来源：肆拾玖坊提供）

变化很少、品牌壁垒相对较高。同时，白酒拥有很多得天独厚的优势，其一，白酒是少数与经济周期无关的商品之一。其二，白酒行业是少数有机会诞生中国式奢侈品的品类之一。（2021年8月，工信部表示高度重视保护白酒文化遗产，支持中国白酒文化遗产申报世界文化遗产。）

过往，以茅台为首的高端、次高端白酒公司虽具备相当的品牌壁垒优势，且目前消费升级使得行业向高端、次高端靠拢集中，但长远来看这些白酒公司还是面临一定危机，白酒行业的传统底层消费基础正在发生变化。

新物种正在到来。美通社的数据显示，2020年酱酒市场销售额突破了1550亿元，利润约630亿元，以白酒行业8%的产能，创造了39%的利润，白酒业的酱酒市场如异军突起。尽管市场前景广阔，但入局者甚少，能够杀进酱酒市场的创业者则是少之又少。

肆拾玖坊以“新物种”的姿态出现在市场上。2015年，49个合伙人在张传宗的带领下，开始了酱酒行业的创业之路，到2021年，企业获得A轮融资后，又在同年7月获得CMC资本6亿人民币的新一轮（B轮）融资。肆拾玖坊以酱酒行业新零售企业形象，将传统酒业与新商业模式进行融合，成功突围。

首先，肆拾玖坊锚定“中生代”为目标客群，利用社群进行圈层营销，做足线上渠道；在全国设立多个专营店和小酒馆，深耕线下市场。期间，又布局电商渠道，发力新零售。如今该品牌在全国建设了5000多个新零售终端，包括2000多个新零售体验店，3000多个非门店终端。

张传宗

肆拾玖坊创始人

肆拾玖坊布局了49个产业，这是我们的理想，也是初心。我们关注到了“中生代”的消费趋势，希望和“中生代”一起玩转互联网，跟上新时代，一起去升级美好生活。

同时，我们想让大家看到，如今的中生代，在酒和其他消费品上的态度。中生代是变革中的一代。

我们希望围绕着中国的中产家庭、中生代的吃喝玩乐，衣食住行，做几十样好东西。

也正是基于用户思维，我们重构了人、货、场，重构了社群、社交、众创，重构了酿酒、卖酒、饮酒。同时我们还以此为基，去学习茶叶、葡萄酒，以及几大科技公司，我觉得这个是魂。

肆拾玖坊像一棵树，以文化为根，模式为干，产品为枝，品牌为叶，是一个生态系统。

在供应链端，肆拾玖坊目前拥有万吨产能，并且已建成包括国联、五马、立诚在内的多个储酒基地。

更重要的是，对于企业、品牌的建设和成长来说，一个新的消费时代必定会诞生具有时代意义的品牌，这样的品牌乘风而上，但拥有御风的能力，才能令其穿越迷雾，影响一代代消费者。

文化，正是这个消费时代的御风之术。

新一代消费者的“全新饮酒文化”

白酒作为一种传统饮品，同时也是一种现代商品，具备天然的文化属性，它能穿越历史，贯穿古今。

中国的酿酒技术，在商代的甲骨文中就有记载，此后“有饭不尽，委余空桑，郁积成味，久蓄成芳”的晋代史籍也加以佐证，而从大唐盛世至今，更是得到蓬勃发展。此外，古代饮者就注重酒德，古代“君子”对饮酒的态度是“酒以成礼，不继为谣，义也”，“谣”是指饮酒过量。为了保持酒德，古人还专门制定“酒礼”。国人传统饮酒文化的源远流长，可谓自其诞生之初就深深打上了文化的烙印，这在众多的商品中，实不多见。

除却传统文化流淌的烙印，如今的饮酒文化在现代社会的发展中却横生枝节。科技媒体爱范儿曾在微博发起一项“你或者你身边的年轻人，平时会喝白酒吗？”的调查，选择“不喝”的参与者接近80%。

而关于“年轻群体为什么不喝白酒”这个系统性问题，期间被暗示最多的就是“酒桌文化”的影响，另外还有对于口感的追求。换言之，年轻一代对于白酒敬而远之，一在“酒桌文化”，二在“口味体验”。

让酒再次成为令人着迷的事，或许才是饮酒文化的本质，才是让酒，或者任何一个匠心企业成功的密匙。

张传宗

肆拾玖坊创始人

创立肆拾玖坊前，我曾因缘际会去到茅台镇，当时就被迷住了。茅台这个古镇，赤水河穿镇而过，我徜徉在赤水河畔，两岸千家店铺，万户酿酒，空气中弥漫着酒香，沁人心脾。在那之前，我在商界工作了15年，经常去到各种酒局，酒都是拿嗓子直接喝，尝到的都是苦和辣。那一刻，我却觉得自己对酒文化一无所知。

白酒行业虽然是历经上千年的古老行业，但是还存在很多可以改善的问题，比如勾兑酒横行、用户体验比较差等等。它足够贴近生活，又亟待被改造。

于是，我们恪守传统酿酒的技术，坚持只做纯粮酒，所以肆拾玖坊有着“善酿者”的底色。

此外，我们确立了“同饮不同量”的文化，制定出“一滴法”“四滴法”等等品酒方式，让酒可以用来闻、用来品。

总体来说，肆拾玖坊希望做的是文化酒，找回酒的精神属性、文化属性、情感属性，把白酒做出调性，做出底蕴，做出吸引力。因为这是饮酒的本质。

成都
街区文化创造消费新空间

文 / 崔国

成都悠久的商业传统自不必说，几千年前，就坐拥“锦官城”“扬一益二”的美名。进入新千年，成都可能是中国最懂得锻造明星商业的城市，没有之一。回顾一下近20年成都在商业上的“成功案例”：

2001年取消春熙路夜市，启动了商业步行街改扩建工程，比上海南京东路的改造仅仅晚了2年。百年春熙路借着时下流行的步行街模式，再一次焕发活力。

2004年，仿古商业流行起来。在旅游开发上被奉为经典的锦里仿古步行街开街，它与一墙之隔的武侯祠一道，成为前往成都必到的景点之一，这一案例也从此出现在各个主题街区成功案例的分析报告中。

紧接着是2008年开放的宽窄巷子，是在锦里仿古模式上的升级，将商业销售与传统街区完美融合，一时间家喻户晓，模仿者不断。

2013年，成都环球中心开业，176万平方米的建筑体量，不仅创造了“全世界最大单体商业建筑”的记录，同时结合沉浸式体验、海洋休闲运动、异域风情等元素，成为主题式商业综合体的标志性项目。

同年年底，成都国际金融中心（IFS）屋顶上的熊猫装置“I AM HERE”对外亮相，瞬间刷爆朋友圈（微信朋友圈功能于2012年正

成都春熙路步行街（图片来源：视觉中国）

式推出），在艺术商业地标史上至今一骑绝尘，无人超越。

翌年，当其他城市在商业综合体领域争得你死我活的时候，成都远洋太古里开业，从此成为新中式风格低密度商业的唯一代表。到2017年，借着短视频崛起的东风，“成都太古里街拍”的标签更是成为吸引流量的不二法门，单抖音一个平台上跟此标签相关的视频播放数，就超过40亿次。

2018年，在成都本地人都还摸不着头脑的时候，一条在成都再正常不过的街道——锐钯街，悄无声息地荣登“TIMEOUT世界最酷的邻里街道”（The 50 Coolest Neighbourhoods in the World）第19位。一时间，到锐钯街“打卡”的人络绎不绝。

几乎没有一座其他城市，拥有如此多的城市商业“经典案例”，况且隔几年总能推陈出新，让成都一直处在商业开发的前沿。成都的商业营造、创新，几乎成为一股融汇到骨子里的能力，演变为一种“商业力”。

消费传统造就一种城市商业竞争力

商业力是一种综合实力。在撇除了所有冗余的数字本身后，单看两个排名，都让人不得不为成都的商业能力侧目。

第一个排名是新一线城市研究所发布的《城市商业魅力排行榜》（新一线城市研究所的城市排名，是根据170个品牌市场跟踪，以及对阿里巴巴集团、Keep运动研究院、京东大数据研究院等17家互联网公司城市大数据进行综合计算的结果。尽管名称是“新一线城市”，但这一排名并非城市全部能力的综合评估，而恰恰是重点对商业发展水准的评估）。这一榜单从2016年第一次发布开始，尽管一线中北上广深的前后位次时有变化，但成都就自始至终位居“新一线城市”第一位，稳居全国第五位。如果说以前人们还在为城市的能级先后有所争执的话，那么如今在大数据加持下，这种排序已无可质疑。

此外，2022年1月，喜茶联合新一线城市研究所发布了《茶与城：喜茶·城市消费报告》。报告中首次提出用于评估各城市新消费发展水平的“新消费生态圈”概念。据统计结果，成都是目前唯

2021城市商业魅力排行榜　　数据来源：新一线城市研究所

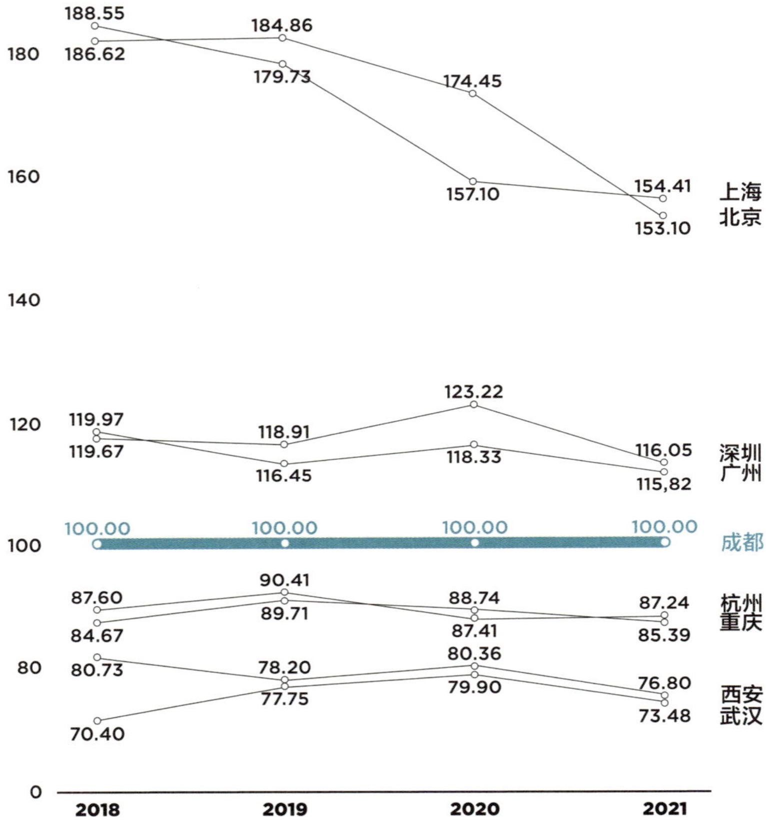

一一个拥有包含多种新消费业态的四级新消费生态圈的新一线城市。报告将超级猩猩健身、泡泡玛特门店、西西弗书店和新能源汽车体验店等，和喜茶门店高频出现在同一商业体内的品牌，定义为喜茶的“共生业态”，认为它们和喜茶门店共同构成了覆盖休闲餐饮、运动、娱乐、文化和出行等核心消费领域的“新消费生态圈”，并将生态圈内的业态丰富程度依次进行定级。成都能够在大众关注、城市管理者以及商业决策者认同的研究报告中脱颖而出，充分说明了其城市商业发展的潜力和不可替代的重要性。

另一个排名是全国主要商业综合体销售额排行榜。在每年发布的《全国购物中心销售额排行榜》中，成都的IFS和太古里一直双双稳居第十位左右，并不时排在前十以内。从2018年，两个商业综合体销售额分别约50亿元，增长到2021年的分别近100亿元。一个显著的对比是，大概在2000年，彼时消费市场还被称为“生产资料和消费品市场”。当时，成都整个城市全部783座市场全年的商品交易额，仅有379.8亿元。而如今的IFS和太古里，已经成为成都商业消费能力的象征。特别值得强调的是，这两座商业综合体，是全国综合体销售额排行榜前20位当中，唯一相互比邻的商场。其他城市，要么是一家独大，如南京的德基广场，出现显著的“灯下黑”现象；要么是城市中不同的区域，各自占据一片天地，如上海的国金

全国购物中心销售额排行榜20强（2018—2021年）

排名	名称	2021年	2020年	2019年	2018年
1	北京SKP	293	177	153	135
2	北京国贸商城	200+	165+	117	90
3	南京德基广场	200+	150+	122	100+
4	上海国金中心IFC	近185	近110	85-90	80+
5	上海恒隆广场	155+	近100	60+	50+
6	武汉武商摩尔城	150+	100	-	-
7	深圳万象城	近130	100+	90	85
8	杭州大厦	100+	80	-	-
9	广州太古里	100+	82	75+	56+
10	成都IFS	近100	83	75+	60
11	西安赛格国际	100+	95	近85	70
12	上海环球港	100+	95-105	98	-
13	成都远洋太古里	近95	73	75+	56+

中心在浦东陆家嘴，而环球港又远在浦西的中山公园地区。唯独成都的IFS与太古里，比邻而居，非但没有抢了对方的生意，反而借着春熙路的历史积淀，将整个区域的商业销售额越做越大，形成了真正的商业空间极化效果。

数字说明了一切。也难怪，物资丰足的天府之国，将消费幻化为成都人的一种天性。易中天曾经在2000年《新周刊》出版的成都专题——《第四城》中打过这样一个比方：上海人有1000块钱，花500，想到只剩500了，就要赶紧存起来；成都人有1000块钱，花了900，却想到还有100块可以花！甚是乐观。爱消费，也敢消费，更会消费，成为成都商业的一种标签。

本土文化，为制造明星商业赋能

旺盛的消费诉求，也意味着商业空间面临快速迭代，商业业态推陈出新成为一种必然。尽管2010年以后，中国商业综合体的发展在传统的万达模式上不断推陈出新，知名项目层出不穷，但如果让消费者列举全国比较有代表性的知名商业项目，那么北京的三里屯、上海的新天地，以及成都的太古里一定榜上有名。或许其他的明星商业还只是圈内人的共识，但前述这几个项目的流传度，则早已“出圈”，到了妇孺皆知的程度。

太古里被人称为“天府明珠”。到成都不到太古里，就不算到成都。太古里成了成都的必到打卡地和城市名片。甚至“太古里”已经不再是一个单独的商业项目，而成为一种地域范围的标签。它从特指“远洋·太古里”这一单体商业项目，变为“以太古里为中

2015年，方所成都店在远洋太古里开幕（图片来源：视觉中国）

心的，包含IFS、晶品汇、春熙路一部分在内的周边区域”。而它之所以能够演变为这样一个人人皆知的“标签”，一方面当然得益于民间知名度的陡升，包括网络平台曝光；另一方面，就是商业上的成功，从销售额就可见一斑。但真正为太古里的成功奠基的，是这一地域的文化底蕴及其关联空间形态。

太古里所在的片区，实则是大慈寺片区。历史上，唐玄宗逃亡到当时的益州（成都旧称），御赐千亩土地用以建寺，并赐匾“敕建大圣慈寺”。极盛时期，其面积几乎占了成都老城东区的一小半；拥有楼、阁、殿、塔等共8524间，僧侣2万余人，有“震旦第一丛林”的美誉。就是这样一个历史深厚的地区，要新建一处商业空间，既需要对历史给予尊重，又要同周边空间协调，之后才是实现商业的成功，要做到这些，其难度是超乎想象的。于是，最终我们看到，成都太古里几乎摒弃了所有约定俗成的商业综合体应该有的样子。使用了现代材料，但完全是中式的；不是一个大体量的商业“盒子”，而是一个低密度的传统城市中心形象；不但没有“盖子”，反而与城市街道直接相连，是完全开放的。

成都太古里的设计是一次觉醒，是第一次彻底依托中国传统文化（成都文化），创造出新的潮流趋势。可谓是商业综合体空间设计中的一种国潮觉醒，而这中间展出的独特的“街巷氛围”又是成都的另一商业武器，在此暂按不表，后文我们慢慢道来。

说回太古里。所有要素的叠合，造就了成都太古里的成功。根据中国购物中心等级评价标准，成都太古里于2019年被评定为国家五星购物中心。2020年，又当选为“成渝潮流新地标”。

除了太古里，IFS——一个有大熊猫雕塑趴在楼顶的建筑，也是成都商业的重要代表。乃至于，艺术装置爬楼在中国已无可争议地成为一种特定范式——新建商场要想显示出自己的新潮品位、艺术格调，就要有一个艺术装置进行装饰。自从它出现之后，全国各地商场不断出现对这一范式的效仿之作，在商场屋顶推出一个惊世骇俗的地方形象，从而刷新地方认知，形成视觉标识，进而获得消费者的青睐。笔者认为，商业的本质是集聚。一旦出现人群的聚集，那么接下来的一切就有无限可能了。

除却这种大型商业综合体不断创造新高度以外，各种小微新业态，亦在成都遍地开花，表现出旺盛的活跃度。“一筑一事”（成都本地观察“建筑与生活方式”的新媒体机构）在2017年和2021年相继出版了《一筑一事城市指南·成都》。前后仅仅三五年的差

歌曲《成都》里提到的玉林路小酒馆位于街巷之中，门面并不起眼，但引得无数人前来打卡朝圣（图片来源：视觉中国）

距，直观地记录下“两个成都”的不同。其中，最明显的是，成都出现了非常有趣的新商业业态，比如咖啡、机车、时装、文身、高级烘焙……不再是北京、上海的专利，在成都这座西部中心城市，一样有一批年轻人，滋养着这些新业态。成都再也不是20年前，人们嘴里那个“真的不适合年轻人生存”的机会渺茫之地。这些新业态店铺，如今呈倍数增长。这在某种程度上，诠释了成都人在文化创意和精神财富层面的爆发力，也正是因为成都消费客群的升级扩容，让这些新业态在潮流趋势中不断更新迭代。

流量商业的密码学

正如前文所言，商业的本质是集聚。人群的集聚，意味着拥有了线下流量；而通过线上传播来获取线下流量，正是不二法门。

分布在镗钯街和周边的各类创意店

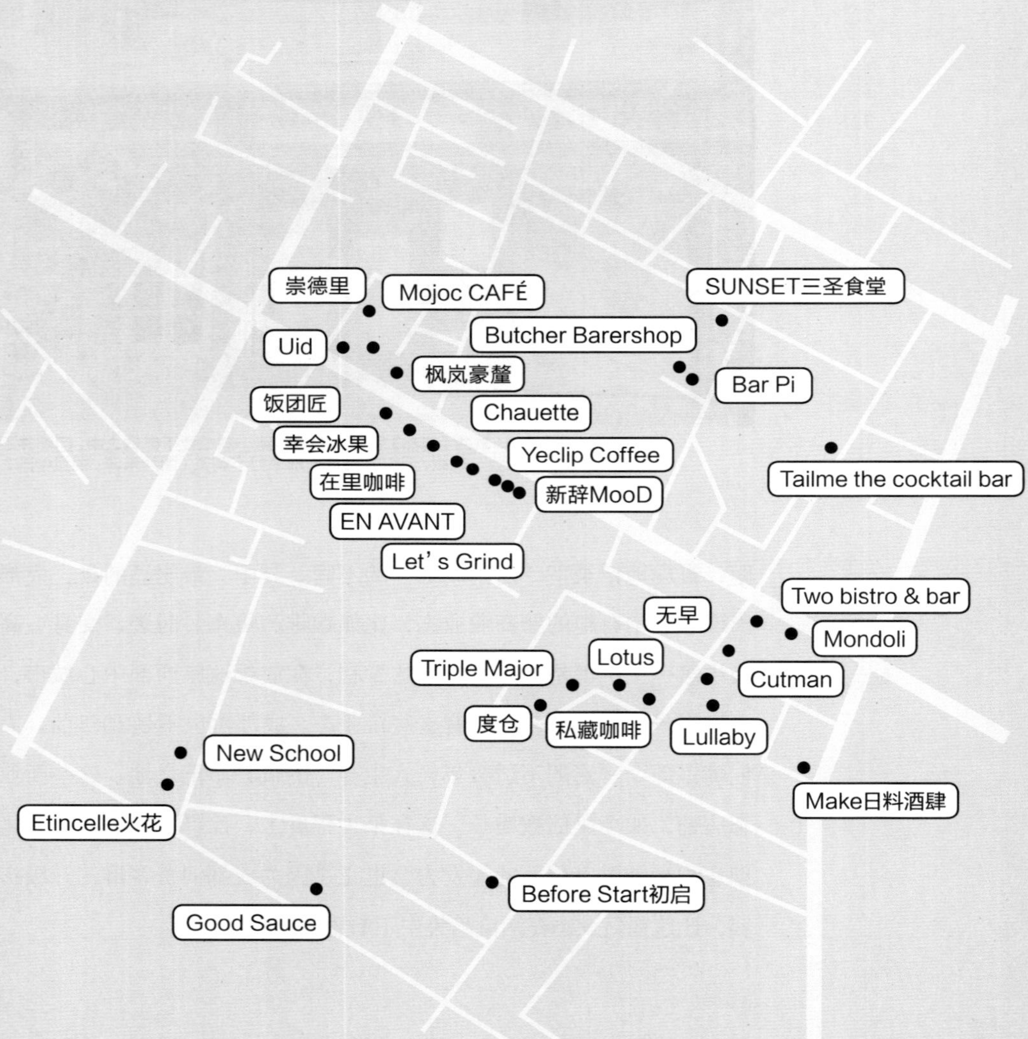

相传明代大慈寺于寺墙东侧空地开辟演武场，寺内武僧常在此演练，兵器多用镗钯。镗钯街所在区域为大慈寺门前的仓库，专用于存放兵器。后大慈寺范围缩小，演武之地渐成街道。至光绪年间，成都重新规划街道，“镗钯街”由此得名。其街之南有秦楚庙，之北建有菩提庵、大清庵。《华阳县志》早有镗扒街之名。《成都通览》（傅崇矩编，1909年）中也记做“镗扒街”。“镗扒”实为“镗钯”讹字。《成都城区街名通览》（1992年）成书时将“镗扒”纠正为“镗钯”。

成都商业深谙这一规律。“I AM HERE”大熊猫在网络间的传播力，不亚于上一辈人对南京长江大桥的熟悉程度；也不亚于新千年以后，人们对上海东方明珠塔这一符号的认知程度；甚至某种程度上，其标签性与纽约的自由女神像无异。

如果说静态传播时代，人们只能拍一张“I AM HERE”大熊猫的照片，证明自己曾经到过成都。那么，随着户外媒体的数字化革新，网络短视频成为新的流量密码。街拍风的盛行，让太古里成为不少视频制作者青睐的“取景地”。“太古里禁止街拍”，一度成为各平台热议话题。

就当各地还在乐此不疲地模仿之时，太古里的裸眼3D屏作为新型地标媒体，又一次让全国人民侧目。

在流量为王的时代，商业力从表象上来说就是大众传播力和知名度。作为全球生活方式的引领者，《Monocle》评价太古里，言其实现了传统与现代的平衡，改变了传统春熙路商圈的形态，是“足以让任何一个国际化都市眼红”的成功案例。

街巷是一座城市的毛细血管，是城市文明的末梢神经。根据清末《四川官报》（宣统二年，即1910年）统计，当时的成都共有街道438条、小巷113条。回顾成都的商业发展史，也可以说是一场街区商业的迭代发展史。第一代街巷商业的代表——春熙路，拥有百年历史，但真正开始现代购物体验，则始于1993年，是成都现代商业的起源地，被业内誉为中国特色商业街。第二代则是2000年初以锦里、宽窄巷子为代表的人文主导的仿古商业街区，引起了全国建设主题街区的浪潮。第三代则是2015年开业的太古里，在城市更新下融合城市人文、创意时尚的开放式、低密度街区，成为全国家喻户晓的商业项目。但最能够证明成都的街巷特质的，还要数镗钯街。

由太古里沿三圣街往南不过500米，向左一拐便是镗钯街。镗钯街总长不过500米，能发展成如今的样子首先要得益于闹中取静的区位。北面的东大街属于太古里的延伸区，早已被开发为高档公寓；西端的三圣街已经变成与太古里互补的小吃街。

2018年，镗钯街悄无声息地入选英国权威旅游指南杂志《TIMEOUT》。该杂志评出50个全球最酷街区，镗钯街位列全球第19位，中国第1位。然而，在《TIMEOUT》榜上有名之后，这里仍然是成都一条再普通不过的街道。这也由此成为成都人一种自豪的来源：看！我们一条如此名不见经传的街道都能在国外上榜，但其实比这里好耍的街还多着嘞！

这恰恰是成都商业的典型特质。在全国不少城市都在为实体商业的衰落忧伤，在因为商业综合体的崛起导致的街道商业不力而困扰的时候，成都街巷之中的商业创新性、多元性、包容度、主题性已经达到了其他地方无可比拟的高度，并形成了自然生长、更迭的生态路径。成都不仅有耳熟能详的标杆性商业街区，更有大量有趣的、充满市井烟火气的街巷商业。

当镗钯街登上《TIMEOUT》的榜单后，人们纷纷来探究它到底“酷”在哪里，毕竟成都有趣的街道太多了。如果想在街上一次性吃够各式地方美食，望平街不会让你失望；想体味穿越回清末民初的市井印记，牛王庙街可以给你提供丰富的想象；又或者琴台路、羊市街……

而让镗钯街能够脱颖而出的关键，实则是创意店的兴起。大约在太古里即将开业的2014年前后，镗钯街上慢慢聚集了一些独立小店，不时登上成都本土的各类推荐榜。崇德里是最早进入镗钯街的创意店之一，無早书店、轩客会则是阅读空间中的代表，而最被大众熟

铜井巷巷口，店主从对面小区围墙上辟出了一个门洞，开出了自己的小店。铺面不大，却包罗米油、调料、禽蛋、菇粉，甚至还有猫砂。每个商品都被一丝不苟地码放开，像极了它本该有的精致（图片来源：作者提供）

知的应该就是“日料一条街”的称号。

如今的锐钯街上依然有数家日料店在经营，街道另一头的底层商铺还有几家静谧的酒吧和花店，镶嵌于营列式的住宅楼下，与二楼的老住户安静地相处着。

在不长的街上走过，可能会令那些想来“取经”的人们失望，因为这里并没有人们想象中主题商业街该有的样子。店面虽然有趣，但分布零散，也没有那种铆足了劲向街上延展，或者用夸张的店面来招揽生意的样子，甚至有几家店面已经关门歇业。询问之下，多是就着去年的最酷街道的榜单发布之后，进入这里开设的与其他地方无异的“网红”店。好景不长，没有真正“酷”的技巧的门店，反而在这条街上变得很难生存。走在街上，哪怕是周末，锐钯街上的人流也不比其他街道上的更多，除非是真正的食客或者寻着中意的店面而来的人，普通人很难会来到这里消费在各个地方都可复制的商业业态。

也难怪《TIMEOUT》的榜单上，真正的名称并不是“最酷的街道”，而是“最酷的社区”。从这个角度来看，就不难理解，为什么中国城市上榜的是上海的法租界和北京的三里屯，国外则包含了纽约曼哈顿、伦敦佩卡姆等著名街区。他们的共同点是形成了一个显著且有代表性的公共空间。

如果说三圣街往北一直到整个春熙路地区，是成都的消费中心，那么龙王庙正街恰是一步之外的当地居民的私房商街，是成都扫街人群的私藏。

成都的街道也面临着改变，那种在全中国的城市中都在推行的统一化改造。不过成都的街道好似有着天然自发的街道美学。这种状态，曾任日本建筑学会主席的芦原义信也在东京发现过，其著作《东京的美学——混沌与秩序》中描述了东京甚至没有什么雄伟的城市主线，但是无人可以否认东京是一个有魅力的城市。东京的魅

三圣街与东大街的路口，满是各色的餐饮店，符合大众对于商业繁荣的普遍标准。路的对面在2015年还是四川金融资产交易所财富中心，如今已经改造成为餐饮城，即便到了深夜也依然有不少食客在店外排队等候（图片来源：作者提供）

力在于建立了一种“毛细血管”似的空间组织关系和人与人之间的交往。

若以活力定义街道，那么这条被外界奉为最有市井气息的街道，可能在成都显得极为常态。有谚语云：四川“头上晴天少，眼前茶馆多”。每一个茶馆都是一个据点，一个场域，是凝结的社群关系，创造这种街道活力，只是自然而然的结果。这其中重要的概念便是——场域。这是所有的创意产业、创意城市、创意园区都在努力营造的所谓社群创造性的空间内涵。

实际上，街道是一个品牌，也是一个平台。在网络社会愈发强势的当下，所有的互联网生态都是即时、直接的，那么我们凭什么要求城市空间还沿循着老旧的发展思路和模式？类比商业综合体的发展脉络，人们较少纠结于一个shopping mall中某家店面的逝去，较少为此大肆“物哀”，反而为常换常新的店面类型而欢呼。唯一不变的，是人们对于这个shopping mall具有持续、稳定的心理预期。这，也正是街道商业正在、应该，也一直以来持续经历的状态。

不论是现代商业建筑，或者传统街区，成都的商业都保持着一种相对的日常状态。也正是这种日常感，造就了其特有的商业形态，而其来源则是成都那无处不在的邻里感、市井美学和城市活力。

参考文献：张白：《图书馆与书店合作服务新模式——成都图书馆“城市阅读空间”实践研究》，《四川图书馆学报》，2019年2月25日。
傅崇矩：《成都通览》，成都：成都时代出版社，2006年。
王建国：《城市活力最初来自于市井生活》，在上海大学上海美术学院的主题讲座发言，2019年。

新国资关注

寻找新国货的第五年

文 / 新国货促进会

20世纪90年代的李宁，第一次代表李宁（品牌）站在亚运会火炬手的位置。那时，他的公司是位于广东三水县的一个服装工厂，主要业务是做运动服装，在这之前，他的身份一直是体操冠军。

在中国的第二轮国货运动中，李宁正式从一个名字，成为全国排名前三的运动品牌。他们用了10年多的时间，从第一款花了50万但完全不合格且必须销毁的鞋子开始，从一个小县城开始。而第二轮国货运动的主流，就是满足中国人的基础需求，是从一双质量不错的鞋，一件质量不错的衣服开始。

2018年，中国李宁在纽约时装周发布新品。红黄的搭配是当年李宁做体操冠军时候的主色调，这次他们同样用这两个色彩定义中国潮流。这个时候的李宁，是一个位于北京的上市公司，利用中国的优秀供应链，生产着中国的潮流服饰。这是中国时下正经历的第三次国货运动，是以自己的文化、自己的审美展开的消费升级，开始构建中国人的美好生活。

同样是2018年，距离当年吴晓波写《去日本买只马桶盖》这篇传阅极广的文章已经过去3年了。如今，我们发现马桶盖消费者真的已经换上新的产品了，不过不是日本的，是广东的恒洁和福建的九牧……保温杯也换了，不是虎牌，是深圳的品罗——来自小米生态类品牌，所以还有一个名字，米家保温杯……中国新一代的消费者有了新的审美、新的需求，也正式迎来了全新的消费升级时代。

对应着的，在中国第三次国货浪潮中，我们看到了新国货的三个趋势：

新审美、新技艺、新连接。新审美体现在产品对于感官需求和文化需求的满足，感官需求是不断细分、不断强化的过程，而文化需求是个周而复始的循环过程。新技艺体现在对于产品的重新想象。

消费品一直以来被认为是技术含量不高的行业，事实上技术和工艺对于很多产品的迭代甚至新行业的出现都起着巨大的作用。新连接则体现在与用户和合作者关系的变化上。

于是我们也开始寻找符合这三个趋势的中国好产品，一个个城市去寻找。广州的完美日记、冰泉，深圳的猫王音响、SKG，上海的钟薛高、Manner，北京的小仙炖、王小卤，杭州的花西子、老金磨方，成都的极米，武汉的汉口二厂……我们发现新国货在各个城市发芽。

2020年的时候，我们发起了一个奖项来评定什么样的产品才能叫做新国货里的好产品，我们希望像奥斯卡奖陪伴电影行业一样，用一个奖陪伴和记录新国货的成长，可以在定义好产品上给新国货一些引领。我们给这个奖起名叫“金物奖”，希望如同金子般有价值的器物，可以给这个时代以美好。

2020年、2021年，我们走了50多个城市，用双脚和双眼去发掘了很多产品，也通过每一个热心的新国货助力官、新国货创业者们看到更广阔的市场，也让大家看到，正在创造这个美好时代的人。两年的时间，我们找到了1500多个产品，也选出了具有代表性的产品，希望好的产品可以被更多人看到。

为了让更多人看到好产品，我们还做了一档综艺节目，联合“消费之都”上海，跟东方卫视一起打造了一档新国货社交分享节目“国货潮起来”。请到了店长吴晓波和副店长庞博，每一期他们会邀请四位明星达人来分享美好的生活方式，而美好生活方式的解决方案就是我们的好产品，我们的新国货产品。

2022年，“金物奖”会开展第三届，“国货潮起来”节目也会开启第二季，我们会持续寻找好产品和独具匠心的品牌。柳宗悦说：工艺之美，用得越多越美。希望新国货被更多的消费者用到，并使生活更美好。

2022 金物奖城市分布

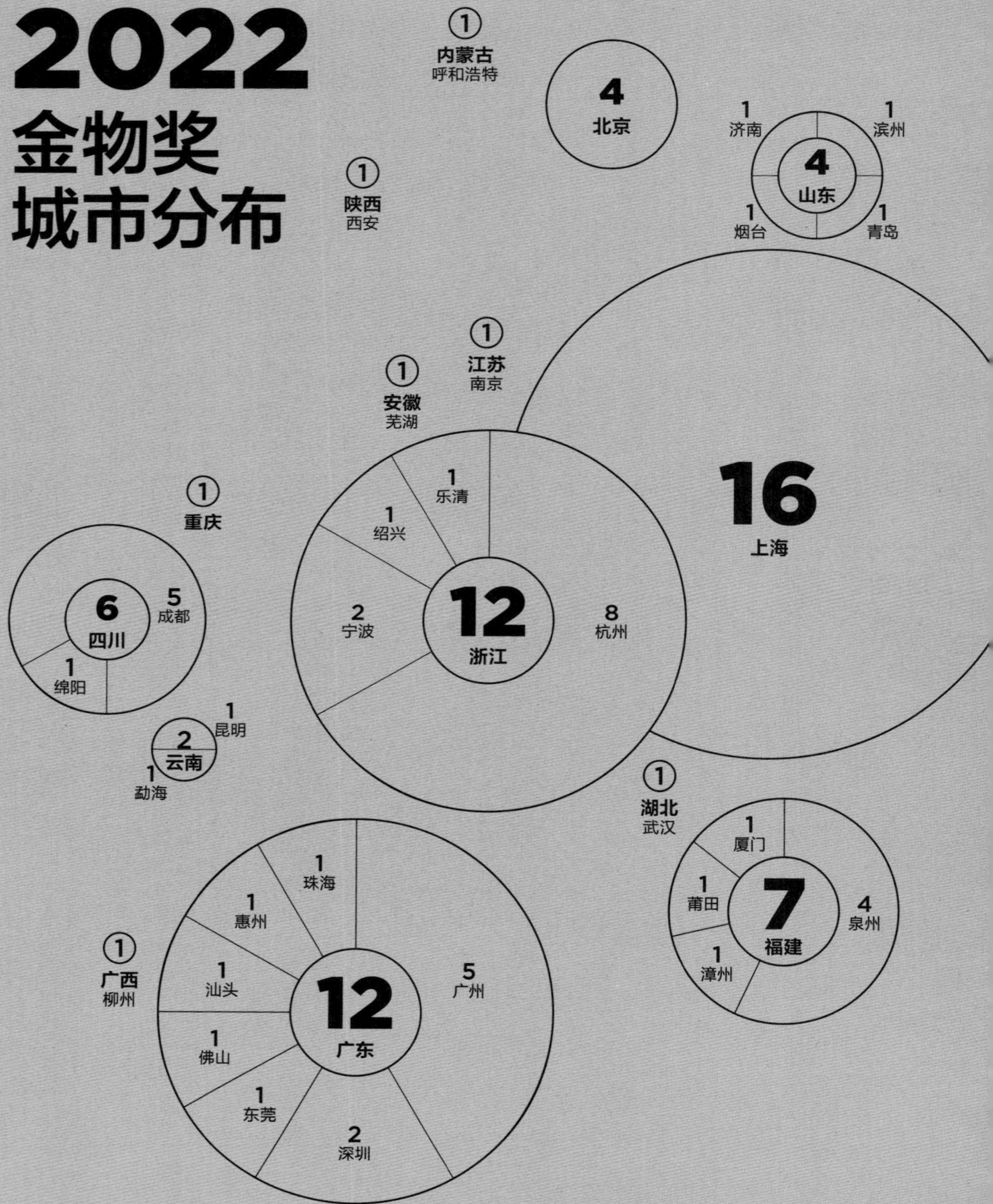

16 上海

3 潜力奖

- 理象国–川渝本味抄手系列　殊趣食品（上海）有限公司
- 十七光年–果酒　上海贵酒股份有限公司
- 源氏木语–移门四抽电视柜　上海朵艺家具有限公司

2 技术奖

- PETKIT小佩–小佩智能全自动猫厕所MAX　上海佩奇网络科技有限公司
- TOKIT厨几–AI多功能料理机　纯米科技（上海）股份有限公司

2 营销奖

- 波司登–首创风衣羽绒服　波司登国际服饰（中国）有限公司
- 布鲁可积木–创造大师我的乐园　上海布鲁可积木科技有限公司

2 设计奖

- 雅瓷–汝窑五君子杯　上海雅瓷文化传播有限公司
- 古韵金–鸿运升升系列饰品　上海老庙黄金有限公司

3 概念奖

- 永璞咖啡–冻干即溶乌龙咖啡　上海永璞文化创意有限公司
- 钟薛高–金桂红小豆雪糕　钟薛高食品(上海)有限公司
- U牌–玫瑰纯露　优牌生物科技有限公司

2 最佳人气奖

- iDfashion–新国风系列　上海伊舍服饰有限公司
- 三枪–艾草吊带裙　上海三枪（集团）有限公司

2 主播喜爱奖

- 逐本–卸妆油　上海逐本化妆品有限公司
- 林清轩–荷包蛋护肤组合　上海林清轩生物科技有限公司

- DR PLANT植物医生-石斛兰鲜肌凝时肌底精华液
  北京植物医生生物科技有限公司
- OWSPACE-单向历2022黑金版
  北京单向街文化有限公司
- 元气森林-满分
  元气森林(北京)食品科技集团有限公司
- Ubras-无尺码内衣
  彼悦(北京)科技有限公司

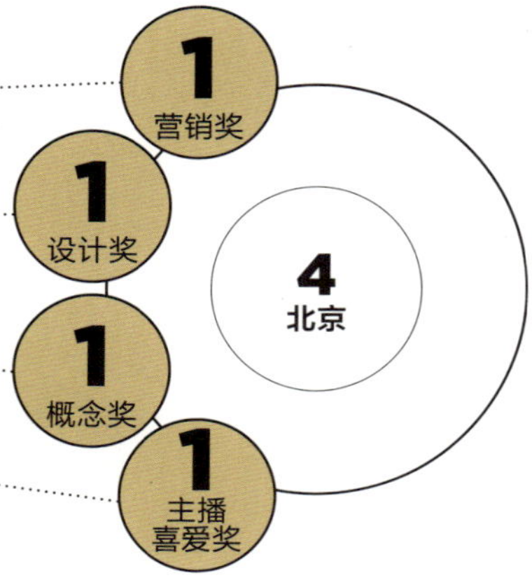

- CIGA Design玺佳-X系列·大猩猩
  深圳市玺佳创新有限公司
- Pinlo-无线果汁杯Pro
  深圳市品罗创新实业有限公司
- C咖-白泥清透净肤精华面膜
  广州火啦网络科技有限公司
- 一鞋一码-牛小P
  广东一鞋一码时尚科技有限公司
- 锦恩记-醒前醉后茶
  广州锦恩记健康产业有限公司
- 初吻-胶原Q弹内衣521
  广东云裳科技有限公司
- 冰泉-口香味牙膏
  广州冰泉化妆品科技有限公司
- Liby立白-浓缩除菌倍净洗衣凝珠
  广州立白企业集团有限公司
- 熊猫不走-四大美人4拼慕斯蛋糕
  惠州市熊猫不走烘焙有限公司
- HEFANG-筷子锁骨链
  珠海何方珠宝有限公司
- 恒洁卫浴- R11智能一体机
  恒洁卫浴集团有限公司
- 云鲸-扫地机器人
  云鲸智能科技(东莞)有限公司

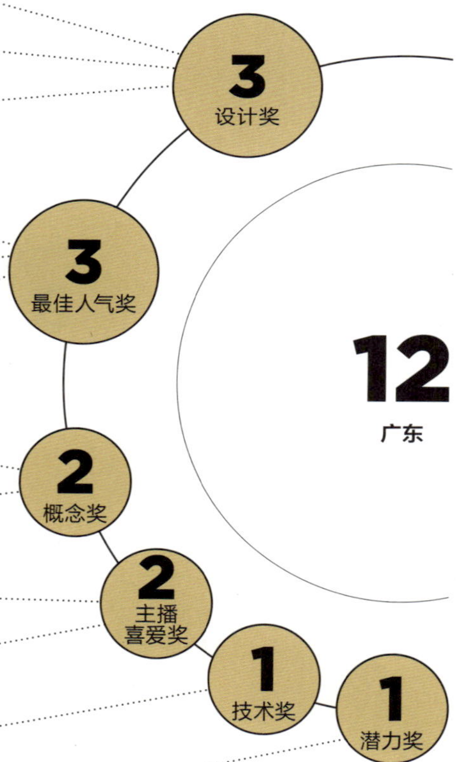

12 浙江

4 技术奖

云犀–云犀MIX
杭州星犀科技有限公司

正泰–Z9系列智能家居
浙江正泰网络技术有限公司

度可可–智能冷暖杯
杭州尚选科技有限公司

拇指白小T–气凝胶抗寒服
拇指衣橱（浙江）服装科技有限公司

3 最佳人气奖

暴走的萝莉–运动无尺码系列
杭州心赢科技有限公司 杭州恢弘科技有限公司

春山喜食–森林琥珀山核桃仁
杭州小歌科技有限公司

东方素养–肽素乳
三生（中国）健康产业有限公司

2 概念奖

春游计–云水谣抗菌釉大碗
杭州高炽贸易有限公司

德力西电气–开门红开关
德力西电气有限公司

1 主播喜爱奖

Spes诗裴丝–海盐洁发膏
浙江浩迈科技有限公司

1 设计奖

亿田–S8C集成灶
浙江亿田智能厨电股份有限公司

1 潜力奖

德施曼–月光宝盒Q8Fpro
德施曼机电（中国）有限公司

4 山东

2 营销奖

凌博士–凝时弹润水乳
梅晔生物医药股份有限公司

六月鲜–「轻」盐酱油
烟台欣和企业食品有限公司

1 潜力奖

虎邦–肉辣酱
青岛辣工坊食品有限公司

1 概念奖

鲨鱼菲特–即食鸡胸肉
山东鲨鱼菲特健康科技有限公司

2 云南

- 勐昌號–熊猫班章　云南勐昌茶业有限公司 —— 1 主播喜爱奖
- 微诺娜–舒敏保湿修护精华液　云南贝泰妮生物科技集团股份有限公司 —— 1 技术奖

1 江苏

- 龙蟠1号–SP全合成润滑油　江苏龙蟠科技股份有限公司 —— 1 营销奖

1 安徽

- 老金磨方–黑芝麻丸　安徽老金磨方电子商务有限公司 —— 1 主播喜爱奖

1 重庆

- 梅见–青梅酒烟熏风味　重庆江记酒庄有限公司 —— 1 潜力奖

6 四川

- FITURE 魔镜–智能健身镜　成都拟合未来科技有限公司 —— 1 概念奖
- 帝标–孔雀单椅　成都帝标全屋科技有限公司 —— 2 设计奖
- 成都漆器工艺厂–雕银丝光晕彩虞美人花瓶　成都漆器工艺厂有限责任公司 —— 2 设计奖
- 新希望乳业–黄金24小时鲜牛乳　新希望集团有限公司 —— 2 潜力奖
- 逗嘴–谜汁凤爪　四川品品食品有限公司 —— 2 潜力奖
- 长虹–激光电视D7U　四川长虹电器股份有限公司 —— 1 技术奖

7 福建

- 2 营销奖
  - 片仔癀－皇后牌片仔癀珍珠膏　福建片仔癀化妆品有限公司
  - 九牧王－小黑裤　九牧王股份有限公司
- 1 设计奖
  - 安踏－AT91运动鞋　安踏（中国）有限公司
- 2 最佳人气奖
  - 中乔体育－飞影PB跑鞋　中乔体育股份有限公司
  - onemix玩觅－轻甲爽跑鞋　青春之家体育用品有限公司
- 1 主播喜爱奖
  - 匹克－态极云R1潮流跑鞋　福建匹克集团有限公司
- 1 潜力奖
  - 爱立方－冻干鱼籽蛋黄　宠爱生活(厦门)科技有限公司

1 广西

- 1 营销奖
  - 五菱－宏光MINIEV　上汽通用五菱汽车股份有限公司

1 内蒙古

- 1 主播喜爱奖
  - 特仑苏－沙漠·有机纯牛奶　蒙牛集团

1 陕西

- 1 技术奖
  - 可丽金类人胶原蛋白健肤喷雾　西安巨子生物基因技术股份有限公司

1 湖北

- 1 营销奖
  - Rever乐若－巧克力转转浴爆套组　POLYVOLY_保利沃利科技(武汉)有限公司

我们每次去做一款产品总会想这样一个问题，同样的一件产品，为什么一定会在我这里来购买？我做产品的哲学大概是这样的，先把自己做成唯一，然后在唯一的赛道里面再把自己变第一。全球伟大的企业绝对不是因为营销而伟大，更不是因为什么裂变销售能力、社群营销能力，全世界的伟大企业皆因产品（而伟大）。但营销是挥之不去的。如今我更理解流量在哪里，商业就在哪里。流量非常简单，就是一个池子里面到底有多少人能够被你影响到，那就是企业的流量。然后你要把公域流量转化为私域流量。今天这个时代，眼球经济如此宝贵，信息化碎片如此泛滥，相应地，如果你想要卖一件产品，就不可能只有卖点，此时必须拥有显性卖点。然后你不要光靠嘴巴讲，必须通过场景来表达它。

白小T创始人（营销）：张勇

我们一直坚持长期主义价值，我们需要做的是长期的生意。

白家阿宽副总经理：代贵春

当我们在讨论国货品牌时，我们在讨论什么

姚臻：Z世代标准界定年龄是95后，刚刚有独立经济和决策能力。先谈一谈你们在创业的环境里所感受到的这群Z世代消费者本身到底发生了一些什么样的变化？

我们在理解消费投资的时候，可能从三个维度去考虑它。第一个维度：洞悉新人群，掌握人群流量价值。人在哪里？人的状态发生了什么变化？人群流量到底有什么价值？第二个维度：重视新科技，把握科技创新对消费带来的改变。我觉得科技和消费结合有几个维度：（1）运用科技进行公司运营/管理：科技赋能、技术创新为消费升级孕育了坚实的土壤。（2）和你的用户发生关系。（3）科技的创新：努力把握科技创新驱动成长的拐点。对消费公司、消费创业者来说，科技定义你的上游。第三个维度：投资新品牌，支持更多新产品满足消费需求。如何识别一个好的消费品或者消费服务的创业者？可以从这几个维度看：（1）有发现或者定义用户需求的能力。发现，就是说他有这个需求，你能够先于别人发现，但是别人还没有做；定义，就是你能定义他的需求、痛点。（2）有重新设计和研发产品的能力，而不是做一个简单的组合，这是没有前途的。（3）有运用新技术提高你企业运营效率的能力，包括企业的内控问题和供应链问题。

君联资本联席首席投资官（投资）：陈瑞

谈国货的时候，其实一定要有穿越四个周期的能力：第一个是经济周期，第二个是时代周期，第三个是成长周期，第四个是资本周期。顺风不重要，关键是逆风能不能熬过去。

上海正见品牌管理有限公司创始人（经济周期）：崔洪波

国货需要让14亿人改善生活。国货设计要的是现代文明，不要"巧夺天工"。设计不能光是商业说了算、科技说了算，设计还要有思想，是要跟商业、跟科技博弈。做设计首先要了解人，甚至于同一个人由于你的场景、时间不一样，你的需求是在变化的，这个需求是要去研究的。搞设计的人最好不要用名词思考，名词永远是过去已经有过的东西了，只能是改良，而我们必须要用动词思考，动词思考是根本的。

清华大学美术学院责任教授、光华设计龙腾奖荣誉主席、中国工业设计协会荣誉副会长（设计）：柳冠中

第一，他们对这个国家更有感情。第二，这一代人因为互联网，所以他接触了更多文化，更多亚文化，所以要打动这一批人就更难。

——OST娱乐红人总经理 袁方

"Z世代"这部分人他们更自我，有自己的判断力，不会随波逐流，他对看待产品有自己的性格和消费观，我觉得这是他们最大的亮点。

——须眉创始人 陈兴荣

新国货有两个目标是很有挑战性的，一个是高端化，一个是国际化。如何把国货做得高端化，全球化，这是新国货真正的课题。

前上海家化总经理、美国BeautyStreams美妆智库全球合伙人：王茁

未来十年，中国的文化自信转化为消费自信，消费自信转化为品牌自信，品牌自信转化为巨大的创业浪潮，有可能改造每个行业，每个品类，这件事情是确定的。2021年，第三次新国货运动的第一阶段可能已经结束了，也出现了一些变化和趋势。第一个趋势：新国货正在完成全品类扫射，期待出现百亿级收入的品牌阵营。第二个趋势：新国货成为一二线城市消费新主流，未来三年将向城镇市场快速下沉。这一轮的新国货运动它是产品、供应链、消费者关系、基础设施共生的一个过程。第三个趋势："故宫效应"引发了新一轮国货自信，从审美迭代向新的竞争域场演进。第四个趋势：新国货成为硬核创业的"第二势力"，大都市的文化聚合能力再度得到引爆。我们发觉大都市在过去十几、二十年来所形成的人才能力、文化能力、供应链能力、整合资源能力变成了一个新的可能性。

财经作家、"金物奖"评委会主席：吴晓波

柳冠中　中国工业设计协会荣誉副会长　　吴晓波　财经作家

吴声　　场景实验室创始人

李琦　　中国工业设计协会副会长　　　王昀　　DIA组委会秘书长

江南春　分众传媒创始人、董事长　　　马龙龙　中国商业经济学会会长

廖信嘉　宝珀中国区副总裁　　王茁　　美国BeautyStreams美妆智库全球合伙人

王永平　全联房地产商会商业地产工作委员会会长

姚臻　　头头是道基金合伙人　　陈瑞　　君联资本联席首席投资官

周宏骐　新模式与新营销专家　　肖明超　知名趋势营销专家

崔洪波　上海正见品牌管理顾问有限公司创始人

谢如栋　遥望网络董事长

孙云　　内建筑设计师事务所设计总监

林敬亭　福建省工业设计协会秘书长

章群星　浙江省工业设计协会副会长兼秘书长

申晨　　中国新媒体营销专家

任进　　中国珠宝首饰设计大师

宋洋　　国际著名艺术家、策展人　　　王煜全　海银资本创始合伙人

刘勇　　中国服装设计师协会副主席　　唐子岚　成都国际时尚联合会理事长

武宽夫　深圳卓上品牌设计顾问有限公司创始人

李康林　天图资本合伙人　　　王刚　　厦门理工学院产品设计系主任

滕磊　　ARK首席创新官　　金霞　　艾特整合营销创始人

文帅　　纺客传媒创始人　　吴欣　　新匠人新国货加速计划总策划

小马宋　小马宋战略营销咨询创始人

董志国　闪殿创始人、《潮玩人类》评委　　聚美丽　　金物奖

智

吴晓波频道　城市中国

胡晓东　新匠人新国货促进会执行会长　一财商业数据中心

高琨　中国女性财经媒体TOPHER创始人

丁惠敏　浙江省老字号企业协会常务副会长兼秘书长

余秋荣　中国新零售联盟创始人&理事长　王浩　元创资本创始人

苗桢　毕马威中国审计合伙人　赖晓东　《中国茶商业白皮书》主编

王詠　南讯股份合伙人、高级副总裁　翁艳玲　前国际美妆品牌总经理

邢东进　蝉大师&蝉妈妈数据创始人　张奥平　知名经济学者、创投专家

黄伟　认知锥咨询管理有限公司CEO

库

张汐璠　众源资本董事总经理

薛薇　拜尔斯道夫集团东北亚董事总经理

王琪（七天）　领播者教育集团董事长

余泽平　时尚产业投资人

聂冬辰　创世伙伴合伙人　邓敏　永达传媒副总裁

龚铂洋　钛铂新媒体董事长&CEO

龚凯　著名战略品牌家　梁启春　ACCESS集团副总裁

万金玲　玛氏箭牌市场营销副总裁　李潇　格家网络创始人

卢显潮　海峡直播电商产业联盟发起人　蒋跃敏　龙柏资本董事长

雷彬艺　无忧传媒创始人兼CEO　木兰姐 木兰姐品牌咨询创始人

扈玉舟　国测地理信息科技产业园集团有限公司总裁

蔡钺　优居CEO 新国货智造发起人　段瑶　同创伟业合伙人

刘佩芳　中国服装年度人物　方军　快知实验室合伙人

果集数据　新国货促进会

河北博物馆 百家利 滋源 咏梅 甜朵 赛娜赫伯 德尔惠 万事利 每日黑巧
大成 韩后 林清轩 颐莲 水母娘娘 鸿星尔克 太平鸟 魁星面粉
海南博物馆 三凤 广州娇兰 优时颜 善颜 EVM 361° 雅鹿 虹口咖啡馆
广生行 广州科颜氏 PMPM 瑷尔博士 BOBORE 安踏 沙涓 德胜咖啡行
唐裕生 水密码 Girlcult 神秘博士 DOCUMENTS闻献 MANNER COFFEE
诺斯贝尔 毕生之研 海洋之风 观夏 乔丹质燥 鳄莱特 汉尚华莲
花西子 植观 橘朵 可丽金 蜂花 李宁 特步 如梦霓裳 瑞幸咖啡
敦煌网 毛戈平美妆 溪木源 摇滚动物园 华兴玻璃 玉泽 喜得龙 重回汉唐
丹姿 943颜究所 万花镜 李记包装 福瑞达 回力 十三余 三顿半
拉芳 孔凤春 BOP 唐三彩 焦点福瑞达 诗与万花镜 桔屿 老麦咖啡
北京故宫博物院 丸美 谢馥春 MOJA 御泥坊 阜丰生物 内外 池夏 开小灶
卡姿兰 百雀羚 酵色 moody 东辰生物 幼岚 钟灵记 有乐岛
真不二 SIT.E 小奥汀 安华生物 隅田川咖啡
自然堂 佰草集 LAKELAB 百植萃 齐鲁制药
珀莱雅 六神 春丝丽 听妍 华联 M Stand
HomeFacialPro 双妹 丽人丽妆 Amiro 名创优品
欧诗漫 美加净 高浪 理然 物美 Ubras
完美日记 露美 LAN蘭 Jovs 先施
栋方生物 丁家宜 逐本 参半 永安百货
芭薇 隆力奇 菜鸟和配方师 HBN 新新百货
珀薇 千纤草 半亩花田 inface 大新百货
好迪 薇诺娜 朵拉朵尚 WOSADO悦瞳 韩都衣舍
娇兰佳人 韩束 自然旋律 MENXLAB漫仕 蕉内 THE BLANDER 劲合汉服
妍丽 一叶子 润百颜 Spes诗裴丝 MoodyTiger 小训狐 虎头局渣打饼行
温碧泉 相宜本草 夸迪 usmile 曼妮芬 7or9 夕洛茜 Wonder Lab
立白 玛丽黛佳 米蓓尔 COLORKEY珂拉琪 芬腾 Bosie 悟空茶饮 王饱饱
斑马会员 雅邦 上海臻臣 BM肌活 AOEO 雅潮内衣 独束 茅台 李子柒
蒂花之秀 羽西 德玛润 朴物大美 爱慕 GOTO 拉面说 小鹿蓝蓝
陕西历史博物馆 飘影 小护士 润月雅 KONO 美标 素肌良品 永璞咖啡 空刻
雅丽洁 美即面膜 丝丽 C咖 椰满满 彩婷 奶糖派 陈香贵·兰州牛肉面
法兰琳卡 大宝 润熙禾 Pinkbear皮可熊 都市丽人 年衣 马记永 锋味派
河南博物馆 美肤宝 孩儿面 佰奥本集 HELIUS 瑞贝卡 高梵 钟薛高 窝小芽
幽雅 宫灯 海宝诗 亲爱男友 乔丹体育 衣邦人 乐乐茶 爷爷的农场

元气森林　飞宏　安克创新　飞荣达　方太　创智优品　轩客会书店　Digitown数字重阵

王小卤　台达　大疆　倍思　公牛电器　莉莉丝游戏　美ONE　蘑菇街

狮子歌歌　正崴　荣耀　菠萝君　百度　卓力电器　沐瞳科技　微念　微拍堂

oatoat　金立　柔宇科技　蔚来　河南卫视　韩电电器　桥合动漫　缇苏　粉象生活

柠檬共和国　鸿海精密　德赛　易车网　先锋　薄荷健康　宸帆　甩甩宝宝

茶小空　富士康　侨兴集团　比亚迪　凯波　第五人格　聚匠星辰　好易购

种子特工队　工业富联　欧菲光　荣威　大象融媒体　月立　博达　交个朋友　云创

奈雪的茶　联滔电子　舜宇光学　海歌电器　肆拾玖坊　嘻柚互娱　壹网壹创

大希地　步步高　小鹏汽车　汇顶科技　理想汽车　华裕　上海金币　遥望网络

信良记　宏碁　华星光电　江淮汽车　帅威电器　海通证券　蚊子会　若羽臣

汇源　小霸王　信维通信　安凯客车　三联家电　胡庆余堂　宇佑　宝尊　SHEIN

百草味　天宇朗通　硕贝德　国轩高科　帅康　熊猫不走蛋糕　搜道　京东

牌

中航锂电　老板电器　国宝造币　如懿文创

巨一电机　华生电风扇　江小白　彦祖文化　抖音

美的　Cubetoou　WAT　格家网络　bilibili

裕华风扇　几素　超级猩猩健身　谦寻文化

容声冰箱　ihoco轻松伴侣　君盟文化　小红书

华宝空调　缤兔　喜茶　快手短视频　无忧传媒

科龙空调　几光　太古里　泰洋川禾　网易

格兰仕　大力智能　IFS国际金融中心　天眼查

万家乐　九阳　德基广场　构美　艾瑞咨询

小熊电器　TCL　上海国金中心IFC　纳斯机构

青岛啤酒　中兴通讯　麦捷科技　钻石牌风扇　bebebus　上海环球港　言止文化

泸州老窖　酷派　国民飞骧　广州航海仪器厂　菠萝斑马　SKP　帅库网络　Keep

OPPO　海思　慧智微电子　小天鹅　龙猫先森　国贸商城　微辣新零售　多抓鱼

vivo　加点滋味　软通动力　乐鑫科技　菱王电梯　顾家家居　上海恒隆广场　妙趣互娱

华为　易宝软件　深南电路　美仁　奥普卫浴　武商摩尔城　西多文化　中国国航

小米　迈威科技　生益科技　海尔　西西弗书店　pidan　万象城　子默　中国东航

联想　中软国际　鹏鼎控股　春兰空调　PIU宠物鲜食　杭州大厦　凯宇信息　中国银行

富港电子　TECNO　兴森科技　海信　寻找独角兽　赛格国际　势为文化传媒　菜鸟

立讯精密　itel　微博　顺络电子　格林柯尔　泡泡玛特　新天地　拼多多　去哪儿旅行

伟创力　波导　风华高科　万宝电器　唐妞　晶品汇　淘宝　携程旅行

光宝　一加　今日头条　宇阳科技　新宝电器　如涵　趣加　無早书店　天猫　腾讯

《新国货浪潮·中国城市商业密码》MOOK团队

吴晓波 总顾问

著名财经作家。“890新商学”“蓝狮子”出版创始人，常年从事中国企业史和公司案例研究。他创作的《大败局》《激荡三十年》《激荡十年，水大鱼大》《历代经济变革得失》《腾讯传》等作品均跻身畅销书行列，作品两度入选“《亚洲周刊》年度十大图书”。近年致力于发起倡导与研究新国货运动。

何丹 主编

商业史学者、出版人。策划“标杆100”中国著名企业书系，编著有“企业变革三部曲”《新制造时代》《从+互联网到互联网+》《改革方法论》以及《极简企业史》《大国出行》等多部图书，策划“中国基本盘”系列、“新国货浪潮”系列图书，专注转型史研究。

杨忠琦 策划

品牌策划人。具有品牌咨询、互联网营销12年从业经验，曾监制吴晓波频道、腾讯视频于2019年联合出品的《新国货》纪录片，致力于以营销战略推动新国货品牌的崛起。

王雪娇 策划

图书策划人。具有商业出版策划十多年的经验，曾主编“美好书系”以及策划出版《名创优品没有秘密》《造物之美》，“中国基本盘”系列、“新国货浪潮”系列等畅销图书，致力于记录出版中国商业优秀案例。

郭旻汐 执笔人

聚美丽美妆媒体记者。专注于美妆行业发展研究，曾任职于美妆品牌及MCN机构。
聚美丽成立于2012年，旗下“聚美丽”微信公众号、官网及新媒体矩阵等拥有精准而优质的化妆品产业上下游行业150万专业用户，是中国化妆品产业领先的美妆专业新商业媒体。

闻涛 执笔人

蓝狮子签约创作研究员。专注于公司研究和商业观察，已出版多部财经作品。

杨春秀 执笔人

行业分析师。拥有互联网行业新兴领域、新媒体营销行业8年从业经验，曾撰写《社交媒体平台发展现状及KOL价值研究》《2020直播电商年度数据报告》《2021年社交电商行业报告》等行业分析报告，通过数据分析与行业洞察，为新国货品牌营销决策赋能，助力品牌增长。

徐军 执笔人

蓝狮子签约创作研究员，财经作家，企业案例研究者。长期专注公司研究，合著作品有《从+互联网到互联网+》《尚品宅配凭什么》等。

金丹萍 执笔人

行业分析师。专注于新媒体、新消费行业发展研究，撰写《2021年直播电商数据分析》《服装品牌营销分析》《2022年冬奥品牌内容营销策略分析》等行业分析报告，致力于推动品牌提升数据、行业洞察能力。

李檀 执笔人

媒体人，蓝狮子图书策划编辑。

崔国 执笔人

策展人、城市规划师、《城市中国》杂志社执行主编。专注于城市更新发展及商业空间的研究与实践。是全球城市研究议题“海外观察员”项目发起人，2019年苏州国际设计周(SDW)城市主题展策展人。著有《未来社区：城市更新的全球理念与六个样本》。

项侃 编辑

蓝狮子图书资深编辑。策划出版《向美而生》《一辈子只为一颗珍珠》《大国出行》，“中国基本盘”系列、“新国货浪潮”系列等多部图书。

廖文就 编辑

蓝狮子图书策划编辑，项目管理工程师。曾参与《中国工业史——电力工业卷》等工业历史题材的图书撰写，以及口述历史、档案历史等类型的图书策划。

苏莉 编辑

蓝狮子图书流程编辑。负责项目进度把控，致力于观察品牌营销、发现品牌故事。

内容与商务请洽：qiyechuban@lanshizi.com　0571-86535644　15858206358

图书在版编目（CIP）数据

新国货浪潮：中国城市商业密码 / 何丹主编. --
昆明：云南人民出版社, 2022.8
ISBN 978-7-222-21111-7

Ⅰ. ①新… Ⅱ. ①何… Ⅲ. ①商业地理－研究－中国
Ⅳ. ①F729.9

中国版本图书馆CIP数据核字(2022)第135072号

策划出版：刘诚林
责任编辑：李　爽　张益珲　刘振芳
装帧设计：@刘哲_NewJoy　林　记
责任校对：张丽园
责任印制：李寒东

新国货浪潮：中国城市商业密码

何丹◎主编

出版　云南出版集团　云南人民出版社
发行　杭州飞阅图书有限公司
社址　昆明市环城西路609号
邮编　650034
网址　www.ynpph.com.cn
E-mail　ynrms@sina.com
开本　710mm×1000mm　1/16
印张　19
字数　250千
版次　2022年8月第1版第1次印刷
印刷　上海盛通时代印刷有限公司
书号　ISBN 978-7-222-21111-7
定价　128.00元

声 明

由于本书所用图片涉及范围广，部分图片的版权所有者无法一一取得联系，请相关版权所有者看到图书后，与蓝狮子图书联系，以便敬付稿酬。

联系邮箱：qiyechuban@lanshizi.com

电话：0571—86535644